UM MUNDO A CONSTRUIR: NOVOS CAMINHOS

MARTA HARNECKER

UM MUNDO A CONSTRUIR: NOVOS CAMINHOS

1ª edição

EXPRESSÃO POPULAR

São Paulo – 2018

Copyright © 2018 by Editora Expressão Popular

Título original: Un mundo a construir: nuevos caminos.
Editado primeiramente por El Viejo Topo, Barcelona, 2006.

Revisão
Lia Urbini e Miguel Yoshida

Tradução
Maria Almeida

Projeto gráfico e diagramação
ZAP Design

Capa
Felipe Canova

Impressão e acabamento
Cromosete

Imagem da capa
Campesino, Stencil do coletivo: Comando Creativo, Venezuela

```
         Dados Internacionais de Catalogação-na-Publicação (CIP)
         Harnecker, Marta
H289m      Um mundo a construir: novos caminhos. / Marta
         Harnecker-- 1.ed.— São Paulo : Expressão Popular,
         2018.
         271 p.

         Indexado em GeoDados - http://www.geodados.uem.br.
         ISBN 978-85-7743-329-2

         1. Marxismo. 2. Socialismo. 3. Lutas de classe.
         I. Título.
                                                      CDD 335
         Catalogação na Publicação: Eliane M. S. Jovanovich  CRB 9/1250
```

Todos os direitos reservados.
Nenhuma parte deste livro pode ser utilizada
ou reproduzida sem a autorização da editora.

1ª edição: junho de 2018
1ª reimpressão: setembro de 2022

EDITORA EXPRESSÃO POPULAR
Rua Abolição, 197 – Bela Vista
CEP 01319-010 – São Paulo – SP
Tel: (11) 3112-0941 / 3105-9500
livraria@expressaopopular.com.br
www.expressaopopular.com.br
🅕 ed.expressaopopular
🅞 editoraexpressaopopular

SUMÁRIO

Apresentação à edição brasileira 9
Juliane da Costa Furno e Olívia Carolino Pires

Introdução 19

PRIMEIRA PARTE – AMÉRICA LATINA EM MARCHA

Pioneira na rejeição ao neoliberalismo 27

Correlação atual de forças 49

Tipologia dos governos da América Latina 71

Governos de "esquerda", mas com mais limitações objetivas 75

SEGUNDA PARTE – ATÉ ONDE AVANÇAR: O SOCIALISMO DO SÉCULO XXI

Porque falar de socialismo 87

Resgatando o pensamento socialista original 95

Algumas reflexões atuais sobre o socialismo do século XXI 105

A transição e suas formas 143

Tarefas em que se pode avançar a partir do governo 159

Um guia para avaliar como se está avançando 213

TERCEIRA PARTE – UM NOVO INSTRUMENTO POLÍTICO PARA CONSTRUIR UMA NOVA HEGEMONIA

Construindo uma nova hegemonia...219

Um novo instrumento político..231

Conclusão..257

POSFÁCIO

"Para construir uma sociedade socialista
se requer uma nova cultura de esquerda"..259
*Discurso de Marta Harnecker ao receber o prêmio Libertador
Simón Bolívar ao Pensamento Crítico*

Ao comandante Chávez cujas palavras, orientações e entrega exemplar à causa dos pobres servirão de bússola para seu povo e para todos os povos do mundo, e serão nosso melhor escudo para nos defender daqueles que pretendam destruir essa maravilhosa obra que ele começou a construir.

APRESENTAÇÃO À EDIÇÃO BRASILEIRA

JULIANE DA COSTA FURNO
OLÍVIA CAROLINO PIRES

Quando o leitor está com um livro de Marta Harnecker nas mãos, porta um patrimônio de reflexões de quem aos vinte e poucos anos foi tocada pela Revolução Cubana, e com um pouco mais de sessenta abraçou com sua contribuição madura a Revolução Bolivariana.

Marta Harnecker nasceu em 1937 no Chile e se tornou uma das principais teóricas do marxismo na América Latina; uma militante com postura de educadora popular – rigorosa com a teoria, engajada em processos reais e incapaz de terminar um livro sem apontar o "como fazer". Com uma vasta obra publicada, suas formulações apresentam tipologias, guias e orientações direcionadas a formar os que estão na luta. Sua trajetória como diretora do Centro de Investigaciones Memoria Popular Latinoamericana de la Habana (1974) e do Centro Internacional Miranda em Caracas (2002) revela a dedicação de uma intelectual que, como poucos, sabe reunir teoria e prática num pensamento vivo, capaz de contribuir para o marxismo que serve para fazer revolução.

Atenta às modificações que ocorrem no mapa político da América Latina, em *Um mundo a construir: novos caminhos,* a autora lança um olhar ousado para os acontecimentos das últimas décadas, identificando uma mudança na correlação de forças entre os Estados Unidos e nossa região resultante de mobilizações sociais. Essa mudança impactou as tentativas de recolonização e disciplinamento que a potência imperialista esteve realizando no que ela chama de "nosso subcontinente". A tese central é a de que a América Latina foi o primeiro laboratório do neoliberalismo (Chile, 1973), mas também é a primeira na resistência ao modelo e em despontar experiências de alternativas.

A categoria que guia as análises nessa obra é a "correlação de forças" existente em uma conjuntura por meio dela, a autora nos conduz a um recorrido de lutas e resistências que constituem um legado com base em uma revolução que triunfou na resistência ao neoliberalismo.

Assim como a Revolução Socialista de Libertação Nacional é um legado da Revolução Cubana (1959) para as estratégias de emancipação no continente latino-americano, que tocou gerações de militantes nos anos 1960 e 1970, o "socialismo do século XXI" é um uma revolução para as jovens gerações de militantes dos anos 2000 chamarem de sua.

> Para todos é evidente que o mapa da América Latina tem mudado radicalmente desde 1998, quando Hugo Chávez foi eleito presidente na Venezuela. Foi criada uma nova correlação de forças que torna mais difícil que os Estados Unidos possam conseguir seus objetivos na região, mas ao mesmo tempo, se intensificam as tentativas do imperialismo estadunidense para deter o avanço de nossos povos.

É levando em conta essa inflexão na América Latina que Harnecker afirma que o neoliberalismo perde legitimidade, é interditado e tende ao desprestígio da democracia liberal burguesa à medida que aumenta o nível de consciência dos povos.

Na primeira parte do livro a autora nos leva pelas mãos a conhecer e entender os movimentos populares da história recente como os grandes protagonistas que surgem da crise de legitimidade do neoliberalismo. O leitor tem acesso a uma precisa resenha de processos de resistência nos anos 1990 na América Latina desde o Caracaço na Venezuela (fevereiro de 1989), passando pela luta do movimento Mapuche no Chile (1990), a simbólica vitória do plebiscito contra privatizações no Uruguai (dezembro 1992), o Exército Zapatista lutando contra o Tratado de Livre Comércio (TLC) no México (janeiro 1994) e o MST do Brasil (1995 em diante). Os anos noventa findaram com a guerra da água na Bolívia (1999) e os anos 2000 chegam com plebiscitos contra a dívida externa e a Alca no Brasil (2000 e 2002), mobilizações populares na Argentina derrubando quatro presidentes (2001-2002), estudantes secundaristas chilenos levantando o país (2006), sem esquecer da mobilização dos "foragidos" no Equador (2006). Muitos de nós que participamos dessas lutas na ocasião provavelmente tínhamos pouca dimensão de que se tratava de um processo da *América Latina em marcha*, fazendo história em momento de fragmentação própria da hegemonia neoliberal. Cada processo de resistência, em cada país, contribuiu com uma estratégia de acumulação ampla que buscou somar tudo que era possível somar, levantando objetivos de luta muito concretos que conseguiram despertar o entendimento comum entre diversas forças, com tradições e práticas políticas muito distintas.

Nesse contexto, e em grande medida como desdobramento desses processos, é que se entende os governos progressistas na América Latina nos últimos vinte anos (1998-2018). Para efeito de informação, agrupados por meio de uma tipologia proposta pela autora, verifica-se dois grupos de governos: o primeiro que aprofunda o neoliberalismo, com os exemplos do Chile, Colômbia e México; e um segundo grupo que busca alternativas *pós neoliberais*. Dentro desse segundo grupo há duas divisões, a saber: os governos que não rompem totalmente com as políticas econômicas neoliberais, mas colocam ênfases em políticas sociais, como é o caso de Brasil, Uruguai e Argentina; e os governos que rompem com o neoliberalismo e fazem isso se apoiando no povo, como é o caso da Venezuela, Bolívia, Nicarágua e Equador. Mais importante que uma tipologia que fornece uma classificação didática é ter em conta que as opções dos governos não se dão em abstrato, nem são fruto apenas de vontades políticas. Na avaliação crítica dessas experiências, devemos levar em conta a correlação de forças existentes em uma conjuntura dada e avaliar seu desempenho considerando a *orientação* ou *direção* em que se enquadram as medidas adotadas e o *ritmo* do processo, que depende – em grande medida – dos obstáculos encontrados no caminho.

Além dos governos, outra conquista da *América Latina em marcha* são as iniciativas de integração continental como a criação da Unasul e Celac, a derrota da Alca e a emergência da Alba, o convite à Cuba para somar-se à OEA e a retirada de diversas tropas militares estadunidenses de alguns países, a exemplo do Paraguai e do Equador. A autora pondera que, embora a correlação de forças tenha apontado um fortalecimento da integração latino-americana e um freio à intervenção estadunidense, um conjunto de fatos atesta que isso não ocorre sem resistência, uma vez que os EUA reagem a sua perda de hegemonia e tendem – cotidianamente e de maneira sofisticada – a recuperar seu poder na região.

Aqui cabe uma contextualização da obra. O livro foi escrito e publicado em sua edição original em 2013 na Venezuela. Nesse momento já se observa a movimentação dos EUA no sentido de restaurar seu poder na região com apoio (explícito ou não) a golpes contra governos progressistas – como Manuel Zelaya em Honduras (2009) e Fernando Lugo no Paraguai (2012) – e tentativas de golpe contra Chávez na Venezuela, Rafael Correa no Equador e Evo Morales na Bolívia. Nesse intervalo de cinco anos até a publicação da presente edição, a ação dos EUA se intensificou e talvez nos autorize a afirmar que, diante do realinhamento das forças geopolíticas mundiais, com maior influência da China na América Latina e diante dos desdobramentos da crise econômica mundial profunda, o cenário vem sendo cada vez mais caracterizado pela ofensiva do império na

América Latina. Não se compreende a vitória de Mauricio Macri na Argentina (2015), o golpe contra a presidenta Dilma no Brasil (2016) e a criminalização da Venezuela e do governo de Nicolás Maduro sem levar em conta a ofensiva neoliberal e o papel dos Estados Unidos buscando retomar sua ingerência. Mas o avanço da direita antinacional, antipopular e antidemocrática impondo derrotas aos povos da América Latina quer dizer que *o jogo virou?*

A atualidade do pensamento de Harnecker está em jogar luz sobre contradições potenciais e limites das experiências de resistência ao neoliberalismo, combinando as condições concretas para um balanço crítico necessário dessas experiências com as mediações históricas radicais, no sentido de estarem nas raízes das lutas e resistências na América Latina, combinação essa com intuito de apontar "novos caminhos" – como diz o subtítulo do livro.

A segunda parte tensiona esse debate: *até onde avançar?* A América Latina tem uma tradição de pensamento crítico que se apropria da teoria marxista universal com rigor e a aplica com criatividade em processos concretos de lutas. A Luta de Libertação Nacional está para a revolução cubana como o socialismo do século XXI está para a revolução bolivariana, processo que forjou um modelo tipicamente latino-americano e baseado em transições democráticas e institucionais ao socialismo em seu momento histórico.

O "socialismo do século XXI", termo cunhado por Hugo Chávez, resgata princípios da tradição socialista original, ou seja, baseia-se em princípios marxistas tais como a necessidade de avançar no pleno desenvolvimento humano (entendo o ser humano como um ser social e que precisa avançar e desenvolver todas as suas potencialidades de forma integral), a necessidade de avançar para a propriedade comum (superando um dos pilares de sustentação do capitalismo que é o da propriedade privada dos meios de produção), e a necessidade de suprimir a divisão entre o trabalho manual e o intelectual (resgatando a capacidade dos seres humanos realizarem-se na produção cotidiana, que é produção material mas que também é produção da vida, e exige – para isso – o "pensar" e o "agir").

O socialismo do século XXI também amplia o objeto do marxismo a partir dessa experiência prática para temas como o *metabolismo entre o homem e a natureza* (não somente porque isso é um princípio socialista, mas também pela necessidade histórica de seguirmos existindo como espécie, uma vez que o planeta está sendo fortemente ameaçado pelo avanço da degradação ambiental, típica dos países de capitalismo central e sua lógica de maximização de lucro a qualquer custo); a chamada "eficiência socialista" (entendida como a capacidade de criação de mercadorias que satisfaçam as necessidades do povo, que permitam que o ser humano se reconheça e se forme no trabalho, além de levar em conta a capacidade de produção material de uma dada sociedade em "harmonia" com a natureza); e o tema da necessidade de "planejamento" *socialista*, como uma forma pedagógica de participação dos trabalhadores e do Estado nos rumos do processo de desenvolvimento nacional (tanto os setores estratégicos – água, energia elétrica e petróleo, por exemplo – como a padaria precisam ter planejamento, envolvendo os trabalhadores e a comunidade na gestão da produção, que envolve quantidade de bens explorados, preços de mercado e necessidade de serviços da comunidade).

A sutileza da autora ao abordar o socialismo do século XXI é um propósito de quem participa na prática do processo de construção de modo a fazer com que o leitor compreenda o porquê falar em socialismo, essa palavra com tanta carga histórica, sendo evocada pelo líder venezuelano pouco compreendido pela própria esquerda. Harnecker mostra como Hugo Chávez não era um ingênuo, como alguns poderiam pensar, sabia que as forças que se opunham à materialização deste projeto eram enormemente poderosas, no entanto – para ele – ser realista não significou cair na visão conservadora da política concebida como a arte do possível. Para Chávez, a arte da política era tornar possível o impossível, não por simples voluntarismo, mas porque, partindo da realidade existente, buscou criar as condições para que ela mudasse. Nas palavras da própria autora:

> ele entendeu muito bem que para tornar possível no futuro aquilo que nesse momento aparecia como impossível era necessário mudar a correlação de forças tanto no plano interno de seu país como no terreno internacional. E durante todo seu governo trabalhou de forma magistral para consegui-lo, entendendo que para construir força política não bastam os acordos de cúpula, mas que o principal é construir força social.

A originalidade da autora ao abordar o socialismo do século XXI é a ênfase dada à participação popular – ou seja, à necessidade do protagonismo popular por meio do qual as pessoas crescem, ganham em autoconfiança e se desenvolvem humanamente – e à construção de força social como condição de viabilizar as transformações na construção nacional e internacional, entendimento esse que distancia esse processo de outras propostas de socialismo democrático.

Aqui destacamos uma ideia central no eixo de exposição de Harnecker, que é da transição ao socialismo como algo processual, que dialoga com a realidade e com a correlação de forças de cada formação social específica. Existe um aspecto comum às experiências recentes de transição latino-americanas que é o fato de terem avançado pela "via pacífica", diferentemente das experiências dos demais países socialistas em que houve o "assalto ao poder". No entanto, há outros aspectos que diferenciam essas experiências no subcontinente. A primeira delas é que nas experiências de transição que conquistaram o poder de Estado (Equador, Venezuela e Bolívia) houve movimentações importantes no sentido de alteração constitucional, avançando de forma mais acentuada para a transformação das estruturas herdadas do Estado propriamente capitalista, para experiências alternativas, em que o Estado vai perdendo o caráter centralizado e em que são criados mecanismos de democracia direta e participação dos trabalhadores nas esferas de poder. Nos demais países latino-americanos protagonizados por governos de partidos de esquerda ou centro-esquerda, as condições são mais adversas, uma vez que não se conquistou o poder de Estado, e se convive com as limitações de Executivos progressistas em consonância com Judiciários e Legislativos conservadores com limitada participação popular.

Hoje podemos dizer, nos apoiando em Harnecker, que os países que dispõem de melhores condições para resistir à ofensiva neoliberal e aos golpes na América Latina são aqueles em que os governos estiveram mais próximos do povo, ou seja, que apostaram na via do protagonismo popular combinado com a centralidade do poder de Estado por meio de mecanismo de democracia direta, o que ela vai chamar também de descentralização.

A correlação de forças real existente em cada formação social e econômica é o termômetro para os avanços nas experiências latino-americanas das últimas décadas. Dessa forma, a avaliação das experiências de governos progressistas se desloca do idealismo esquerdista que brada constantemente sobre as "concessões" que eventualmente são feitas aos setores conservadores e passa para a realidade material e social existente em cada nação, levando em conta suas próprias contradições e limites.

Para além de um eixo de interpretação, guias e tipologias que a autora sugere para avaliar o legado de lutas e governos alternativos no continente (que foi o primeiro laboratório, mas também é a primeira trincheira na resistência do neoliberalismo), essa obra não termina sem sinalizar o legado desse processo. É com essa intencionalidade que a terceira parte do livro é dedicada à necessidade de construir nos processos de luta um instrumento político e a estratégia da frente ampla.

Esses são dois temas de extrema atualidade na América Latina. Por um lado, segue patente a incapacidade do neoliberalismo de resolver os problemas do povo, há o agravamento das condições de vida da classe trabalhadora e a persistência da crise capitalista que não cumpre seus desígnios do próprio ponto de vista capitalista. A ofensiva neoliberal se move em um conjunto de iniciativas antidemocráticas e antinacionais que constituem um cerco para asfixiar as experiências progressistas e aniquilar qualquer alternativa que apresente uma saída popular para a crise. A meta síntese dos inimigos do povo é legitimar o programa neoliberal pela via institucional e não permitir outra reação como foi a guinada progressista que América Latina deu nos anos 1990/2000. Por outro lado, a experiência recente de luta e resistência da classe trabalhadora na América Latina (re) coloca a necessidade de uma ferramenta organizativa que zele pela autonomia das organizações políticas, atuando como "organizador" dos espaços de diálogo e proposição entre "as partes", ou seja, um instrumento político dotado de um projeto nacional que aglutine setores e organizações sendo uma bússola que indica a direção da caminhada de milhões que – convencidos e partícipes do processo – marcham a passos firmes para a destruição do velho e para a construção do novo mundo. Isso diz respeito a uma organização adequada aos novos tempos, ou seja, um instrumento político com condições históricas de representar e ser parte dos anseios populares e conquistar hegemonia na sociedade, isso quer dizer, capacidade de fazer com que os valores e o projeto popular para o país sejam assumidos como próprios de amplos setores sociais. De modo que se trata de uma organização política disposta a levar adiante a revolução nacional e assumindo que o capitalismo se estruturou no nosso subcontinente associando exploração econômica com opressão social. Para abarcar a diversidade dos trabalhadores da América Latina, os formais, informais, rurais, urbanos, autônomos, desempregados, profissionais liberais, entre outros, a estratégia que a autora propõe a ser adotada pelas esquerdas latino-americanas para simultaneamente enfrentar a ofensiva conservadora e fortalecer a transição ao socialismo deverá ser a estratégia de "frente ampla", capaz de atrair

APRESENTAÇÃO À EDIÇÃO BRASILEIRA

alguns setores da pequena e média burguesia interna de cada país, aproveitando-se das contradições internas no bloco burguês e arrastando – sob hegemonia dos trabalhadores – setores empresariais que também tenham tido perdas com a política neoliberal.

O ano de 1978 marca um dos anos mais críticos da ditadura de Pinochet no Chile; começava-se as primeiras críticas internas ao modelo econômico, relações diplomáticas com os países vizinhos foram rompidas durante esse ano e a própria postura dos EUA teve uma guinada com Jimmy Carter. Vinte anos depois, em 1998, Hugo Chávez encerra os quarenta anos de vigência do Pacto de Punto Fijo eleito presidente com 56,24% dos votos e, desde sua chegada ao poder em 1999, houve 16 eleições na Venezuela.

> Este livro terminou de ser escrito um mês depois do desaparecimento físico do presidente Hugo Chávez Frías [5 de março de 2013, aos 58 anos] e não poderia ter sido escrito sem sua intervenção na história da América Latina.

É assim que Marta Harnecker nos convida a conhecer a trajetória política atual de Nossa América. Publicar *Um mundo a construir* em 2018 no Brasil é um compromisso com a resistência à ofensiva neoliberal, um apelo a reconhecer e se apropriar do legado dos últimos 20 anos de luta na América Latina e é um chamado para a militância seguir o exemplo de Chávez na construção de "um socialismo que não é decalque nem cópia, é enraizado em nossa história".

INTRODUÇÃO

1. Este livro terminou de ser escrito um mês depois do desaparecimento físico do presidente Hugo Chávez Frías, e não poderia ter sido escrito sem sua intervenção na história da América Latina. Muitas das ideias expostas neste trabalho estão relacionadas de uma ou outra maneira ao dirigente bolivariano, seja a seu pensamento, seja a suas ações em âmbito interno, regional e mundial. Ninguém pode duvidar que, entre a América Latina que ele recebeu e a América Latina que deixou, há um abismo.

2. Quando Chavez triunfa solitário, nas eleições presidenciais de 1998, o modelo capitalista neoliberal começava a fazer água. O dilema, então, era refundar esse modelo, evidentemente que com mudanças, entre elas uma maior preocupação pelo social, mas movido pela mesma lógica da busca do lucro; ou avançar na construção de outro modelo. Chávez teve a audácia de incursionar por esse último caminho e para denominá-lo decidiu usar a palavra socialismo, apesar de sua carga negativa. Especificou que se tratava do socialismo do século XXI, diferenciando-o, assim, do socialismo soviético desenvolvido durante o século XX. Não se tratava de "cair nos erros do passado": nesse "desvio stalinista" que burocratizou o partido e acabou eliminando o protagonismo popular.

3. Pensou – como Mariátegui – que o socialismo do século XXI não podia ser nem decalque nem cópia, mas "criação heroica", e por isso falou de um socialismo bolivariano, cristão, robinsoniano,[1]

---

[1] Referência ao pensamento de Simón Rodriguez (Samuel Robinson, 1771-1853), educador venezuelano que defendia educação popular, liberdade; mestre e professor de Simón Bolívar, foi também uma das fontes e inspiração de Hugo Chávez. (N. E.)

indo-americano. De um socialismo imaginado como uma nova existência coletiva onde reine a igualdade, a liberdade, uma democracia verdadeira e profunda; onde o povo chegue a ter o papel protagonista, onde exista um sistema econômico centrado no ser humano e não no lucro, uma cultura pluralista e anticonsumista em que o ser tenha primazia sobre o ter.

4. A necessidade do protagonismo popular era uma de suas obsessões e é o elemento que o distancia de outras propostas de socialismo democrático. Estava convencido de que é através desse protagonismo que as pessoas crescem, ganham em autoconfiança, ou seja, se desenvolvem humanamente.

5. No entanto, seriam palavras ao vento se Chávez não houvesse promovido a criação dos espaços nos quais esses processos participativos pudessem acontecer plenamente. Por isso, foram tão importantes sua iniciativa de criar conselhos comunais (espaços comunitários autogestionados), os conselhos de trabalhadores, os conselhos estudantis, os conselhos camponeses para ir constituindo uma verdadeira construção coletiva, que deve plasmar-se em uma nova forma de Estado descentralizado, cujas células fundamentais deveriam ser as comunas.

6. Mas o líder venezuelano não era um ingênuo como alguns poderiam pensar, sabia que as forças que se opunham à materialização deste projeto eram enormemente poderosas. No entanto, para ele, ser realista não significou cair na visão conservadora da política concebida como a arte do possível. Para Chávez, a arte da política era tornar possível o impossível, não por simples voluntarismo, mas porque, partindo da realidade existente buscou criar as condições para que ela mudasse. Ele entendeu muito bem que era necessário mudar a correlação de forças tanto no plano interno de seu país como no terreno internacional para tornar possível no futuro aquilo que nesse momento aparecia como impossível. E durante todo seu governo trabalhou de forma

magistral para consegui-lo, entendendo que para construir força política não bastam os acordos de cúpula, mas que o principal é construir força social.

7. Vislumbrou muito bem que uma sociedade alternativa ao capitalismo implicava, ao mesmo tempo, uma globalização alternativa à globalização neoliberal. Nunca pretendeu tentar construir o socialismo em um só país. Teve completa lucidez de que isto não era possível e, por isso, é que se preocupou com tanto afinco em criar uma correlação de forças na região e em âmbito mundial que facilitasse a sua construção.

8. Chávez percebeu muito cedo as particularidades deste processo de transição que se iniciava em seu país, e que seria o precursor de processos semelhantes em outros países da América Latina. Entre essas particularidades, a de que essa transição não se realiza a partir do zero, se realiza partindo do aparelho de Estado, do sistema econômico e da cultura herdados. Portanto, ao se eleger por via institucional, julgou necessário mudar as regras do jogo institucional como primeiro passo para, a partir daí, ir superando os imensos obstáculos que sabia que iriam se apresentando no caminho.

9. Entendeu também que, para ir caminhando para uma sociedade em que o Estado devia desaparecer como uma instituição acima da sociedade, transformando-se em um instrumento a serviço dela e controlado por ela, era necessário um Estado forte. É justamente este Estado forte que cria as condições internacionais para conquistar a soberania nacional e a integração continental, e promove internamente a mudança das instituições herdadas por outras instituições que permitam realmente construir a nova sociedade (nova Constituição, novo corpo de leis, desenvolvimento maior dos poderes locais etc.). E o mais importante, é esse Estado herdado – mas agora preenchido de quadros revolucionários – o que promove a organização e o protagonismo popular através dos quais se gesta um novo Estado de baixo para cima.

10. Muitas das ideias que acabo de expor serão desenvolvidas amplamente neste livro, que é uma atualização, ampliação e aprofundamento dos temas abordados em *Inventando para não errar*. *O socialismo do século XXI*,[2] publicado em 2010. Nele incorporei parágrafos completos de meus mais recentes artigos e de trabalhos anteriores relacionados com os temas abordados. Pareceu-me desnecessário me autocitar, bastou pôr ao pé de página as fontes que inspiraram essas ideias para que o leitor possa recorrer a elas se assim lhe parecer conveniente.

11. O livro é composto por três partes.

12. A primeira parte, *América Latina avança*, se refere a uma breve revisão do que tem acontecido na América Latina nessas últimas décadas, à modificação do mapa político que vai ocorrendo, às mobilizações sociais que explicam muito essas mudanças, aos fatos que nos indicam que houve uma mudança na correlação de forças entre os Estados Unidos e nossa região, e nas tentativas de recolonização e disciplinamento que a principal potência imperialista está realizando em nosso subcontinente. Esta parte termina com uma tipologia que agrupa os diferentes governos, para efeito de informação, porque eu penso que em vez de enquadrar governos em uma determinada classificação, o que temos que tentar fazer não é ficar em suas declarações, mas avaliar seu desempenho levando sempre em conta não tanto o ritmo com que avançam, mas a orientação em que se enquadram, as medidas adotadas, já que o ritmo dependerá em grande medida dos obstáculos que vão encontrando em seu caminho.

---

[2] Publicado em espanhol por El Viejo Topo, na Espanha; pela Secretaria de La Paz, na Guatemala; IPTK, em Sucre, Bolívia; e em Caracas, Venezuela, dividido em três livros de bolso, por XSTAK produções. Foi traduzido ao inglês por Monthly Review em sua edição de verão jul-ago 2010, e em francês por Les Editions Utopia, Paris, Nov. 2010. Prepara-se uma tradução ao grego. Pode ser encontrado em formato digital em: <www.rebelion.org/docs/101472.pdf>.

13. A segunda parte, *Até onde avançar: o socialismo do século XXI*, procura fazer com que o leitor compreenda o porquê de falar de socialismo, se essa palavra tem uma carga tão negativa, que coisas devem ser resgatadas do pensamento original dos clássicos do marxismo, que novas reflexões têm surgido, a partir da prática, em alguns governos da América Latina, qual é a característica da transição que estamos vivendo, o que esses governos podem fazer apesar das grandes limitações em que se encontram inseridos e, finalmente, que critérios devemos considerar para fazer um julgamento do desempenho de cada um deles. Todos esses são elementos que podem nos servir – creio – para orientar o nosso caminhar.

14. A terceira parte, *O instrumento político para construir uma nova hegemonia,* aborda o tema de como conseguir a correlação de forças necessária que nos permita ir vencendo os obstáculos e ir avançando na construção da nova sociedade, e a relação que isso tem com o tema da hegemonia. Acredito que em muitos lugares do mundo a hegemonia cultural da burguesia tem começado a se romper, mas isso não significa que já tenha se consolidado uma nova hegemonia popular; para que isso ocorra não bastam as grandes mobilizações populares contra o sistema, mas é necessária a intervenção de uma instância política. Consciente da ampla rejeição existente contra a política e os políticos, compreendo como necessário explicar, então, que não se trata dos partidos tradicionais de esquerda do passado, mas da nova instância que não manipule os movimentos populares, mas que se coloque a seu serviço. Explicito por que a existência de um instrumento político é necessária para a construção do socialismo do século XXI, quais deveriam ser suas principais tarefas, que tipo de militante e de cultura política necessitamos hoje, afirmo que é fundamental combater o burocratismo no qual dirigentes dos partidos e do governo costumam cair e termino defendendo a necessidade da crítica pública para salvar o instrumento político e o governo.

15. Meus leitores devem saber que o essencial deste livro não foi elaborado a partir de leituras – embora, evidentemente, muitas foram as ideias que obtive de valiosos esforços intelectuais de muitos pesquisadores. Este trabalho não teria sido possível sem as lutas e as experiências práticas que vêm se dando em diversos países de Nossa América e que tenho tido a possibilidade de estudar em seu próprio terreno. São muitas as colaborações anônimas que foram plasmadas aqui. Gostaria de fazer uma menção especial a meu companheiro Michael Lebowitz, cujas muitas ideias foram incorporadas ao livro, e a Ximena de La Barra que o leu em sua última etapa de elaboração e fez valiosas contribuições e sugestões. Agradeço a todas e todos os que com paixão revolucionária e práticas coerentes a essa paixão – tanto no terreno da pesquisa como da ação – tornaram possível esse resultado. Minha grande esperança é que este esforço contribua para colocar um grãozinho de areia *para tornar possível em um futuro já não tão distante* o que parecia impossível há um quarto de século atrás.

Marta Harnecker
5 de maio de 2013

PRIMEIRA PARTE

AMÉRICA LATINA EM MARCHA

PIONEIRA NA REJEIÇÃO AO NEOLIBERALISMO

16. Hoje, quando o neoliberalismo é alvo de uma crescente rejeição no mundo, devemos lembrar que a América Latina foi o primeiro cenário onde foram implantadas as políticas neoliberais e que o Chile, meu país, serviu de ensaio, antes que o governo da primeira ministra Margareth Thatcher as aplicasse no Reino Unido. Mas também foi a primeira região do mundo em produzir um processo de rejeição a essas políticas, que serviram apenas para aumentar a pobreza, incrementar as desigualdades sociais, destruir o meio ambiente e debilitar os movimentos dos trabalhadores e populares em geral.

17. Foi em nosso subcontinente onde inicialmente começou a brotar as forças progressistas e de esquerda depois da queda do socialismo no Leste europeu e na URSS. Após mais de duas décadas de sofrimento, começou-se a experimentar uma nova esperança. Em um primeiro momento foram as lutas de resistência frente às políticas neoliberais, mas depois de uns anos passou-se à ofensiva, à conquista de espaços de poder. Em alguns círculos da Europa decadente e em plena crise, os povos depauperados hoje olham a América Latina como exemplo esperançoso.[1]

---

[1] Para esta primeira parte do livro contei com a valiosa colaboração da pesquisadora chilena, Ximena de La Barra, e da pesquisadora mexicana Ana Esther Ceceña, que contribuíram com valiosas sugestões e novos elementos à minha versão original.

Vitória de candidatos de coalizões políticas de esquerda e centro-esquerda

18. Pela primeira vez na história da América Latina – e no cenário da crise do modelo neoliberal –, grupos de esquerda e centro-esquerda conseguem que seus candidatos sejam vitoriosos na maior parte dos países da região.

19. Lembremos que nas eleições presidenciais de 1998 – quando Hugo Chávez é vitorioso – a Venezuela era uma ilha solitária em meio a um mar de neoliberalismo em todo o continente, salvo, certamente, a honrosa exceção de Cuba. Mas, muito rapidamente, em 2000, Ricardo Lagos triunfa no Chile; em 2002, Luís Inácio Lula da Silva, no Brasil; em 2003, Nestor Kirchner, na Argentina; em 2005, Tabaré Vasquez, no Uruguai e Evo Morales, na Bolívia; em 2006, Michelle Bachelet no Chile; Rafael Correa no Equador e Daniel Ortega na Nicarágua; em 2007, Cristina Fernández na Argentina e Álvaro Colom na Guatemala; em 2008, Fernando Lugo, no Paraguai; em 2009, Mauricio Funes em El Salvador; Rafael Correa é reeleito no Equador, José Mujica ganha as eleições no Uruguai e Evo Morales é reeleito na Bolívia; em 2010, Dilma Roussef é eleita no Brasil e Daniel Ortega é reeleito na Nicarágua; em 2011, Ollanta Humala é eleito no Peru e Cristina Fernández é reeleita; em 2012, o presidente Chávez é eleito na Venezuela pela quarta vez.[2] E em 2013, foi eleito pela terceira vez o presidente do Equador, Rafael Correa.

20. Concordo com o pesquisador Roberto Regalado que se trata de uma liderança muito heterogênea. "Em alguns países, como Venezuela, Bolívia e Equador, o colapso ou o enfraquecimento extremo da institucionalidade neoliberal conduziu ao governo líderes que capitalizaram o descontentamento dos cidadãos, apesar de não contar de início com fortes partidos de esquerda. Em outros, como o Brasil

---

[2] Ganhou nas quatro eleições presidenciais de 1998, 2000, 2006 e 2012 e em um plebiscito em 2004.

e Uruguai, foi o acúmulo organizativo e político da esquerda o que levou seus candidatos à presidência. A isso se somam situações como as da Argentina e Honduras, onde a falta de candidatos presidenciais provenientes dos setores populares faz emergir figuras progressistas dos partidos tradicionais".[3]

Movimentos populares: os grandes protagonistas

Surgem da crise de legitimidade do neoliberalismo

21. Mas mesmo naqueles países onde o papel dos partidos políticos de esquerda foi importante, podemos dizer que não foram os partidos políticos, mas sim os movimentos populares que, de maneiras muito diferentes de um país a outro, estiveram na vanguarda da luta contra o neoliberalismo. Estes movimentos surgem no contexto da crise de legitimidade do modelo neoliberal e de suas instituições políticas e muitas vezes partem de dinâmicas de resistência presentes em suas comunidades ou espaços locais.

Breve revisão das mobilizações mais importantes

22. Façamos uma breve revisão de algumas das mais importantes lutas sociais que vão preparando o terreno para o que hoje vemos na América Latina. A nova realidade que hoje vemos contrasta, sem dúvida, com a solitária luta liderada em 1985, por Fidel Castro, pelo não pagamento da dívida externa.[4]

---

[3] Roberto Regalado, Introdução à *América Latina hoy ¿reforma o revolución?*, México: Ocean Sur, 2009, p. IX.

[4] Segundo Eric Toussaint "Cuba [desempenhou] o papel de pioneiro. Buscou promover a criação de uma frente internacional para não pagar a dívida, mas lamentavelmente não conseguiu o apoio dos governos". Prefácio ao livro de Esther Vivas: *La lucha contra la deuda externa, Campañas internacionales y en el Estado español*, Espanha: El viejo Topo, 2007. Esta campanha "envolveu um número importante de organizações camponesas, sindicatos, partidos no Brasil, Argentina, Peru, Equador e México. Tratou-se de uma campanha maciça e popular em que foram realizadas manifestações e foram editados livros e materiais. Mesmo assim

a) *Caracaço* na Venezuela (27 de fevereiro de 1989)

23. Em 27 de fevereiro de 1989 aconteceu na Venezuela uma grande explosão social em repúdio ao pacote de medidas econômicas neoliberais imposto pelo governo de Carlos Andrés Pérez por orientação do Fundo Monetário Internacional. Segundo o reconhecido intelectual francês Ignacio Ramonet, o povo venezuelano "foi o primeiro do mundo que se sublevou contra a tirania do neoliberalismo"[5] e o fez em pleno auge planetário desse sistema.

24. O pacotaço implicava, entre outras coisas: a redução do gasto público, a liberação dos preços, a liberação do comércio, a promoção do investimento estrangeiro, a privatização das empresas do Estado. Mas a causa imediata da rebelião popular foi o aumento do preço do transporte como consequência da alta do preço da gasolina.

25. A população dos bairros mais pobres saiu maciçamente às ruas e começou a queimar ônibus, a saquear comércios, a destruir lojas e supermercados. Os militares saíram para pôr "ordem". O "Caracaço" – assim denominado por ter tido como epicentro a capital da Venezuela, embora tenham ocorrido fenômenos similares em vários outros estados do país – terminou com um massacre de grandes proporções[6] e foi um acontecimento determinante no amadurecimento político de muitos jovens oficiais.

b) Indígenas equatorianos irrompem no
cenário político nos anos 1990

26. Em 1986 começa a se perceber um refluxo do movimento operário e da Frente Unitária dos Trabalhadores atingidos pelo pro-

---

os governos latino-americanos finalmente optaram por não constituir uma frente comum pelo não pagamento (Millet e Toussaint, 2004)" citado por Esther Vivas.

[5] Discurso no ato de comemoração dos 24 anos desta sublevação social na cidade de Caracas, 7 de fevereiro de 2013.

[6] Nunca se soube exatamente o número de mortos. O governo reconheceu oficialmente 372 mortos, mas alguns organismos de direitos humanos calcularam um número de cinco mil.

cesso de neoliberalização. A água, o serviço de saneamento e a coleta de lixo foram privatizados e milhares de trabalhadores municipais foram demitidos. Mas, enquanto o movimento operário decaía, cresciam os conflitos no campo. Em inícios dos anos 1990, o país se transforma em um barril de pólvora, há muitas ocupações de terras, basicamente contra o tema do latifúndio e reivindicando fortemente a reforma agrária.

27. Em 1990, o movimento indígena irrompe no cenário político com a tomada da igreja de Santo Domingo. Essa ocupação – que dura dez dias – permite divulgar nacionalmente as reivindicações dos povos indígenas e obriga o governo de Rodrigo Borja a iniciar um diálogo com aquele movimento.

28. Imediatamente, o movimento indígena começa a levantar bandeiras de interesse nacional como a luta pela nacionalização do petróleo e, em geral, contra as privatizações. Setores não indígenas começam a acompanhá-los (movimentos populares de bairros, de jovens influenciados pela Teologia da Libertação). Cria-se uma ampla Frente Patriótica em que a Confederação de Nacionalidades Indígenas (Conaie), a mais importante organização indígena, se constitui como força dirigente.

29. Em 1995, uma ampla articulação de movimentos populares (indígenas, setores urbanos, jovens reunidos na coordenação pelo NÃO conseguem derrotar um plebiscito proposto) pelo governo que pretendia a institucionalização absoluta do neoliberalismo. A consulta obteve 75% de rejeição.

30. Graças à resistência indígena o neoliberalismo no Equador não conseguiu privatizar empresas estratégicas como o petróleo, a eletricidade, as comunicações, dentre outras.

31. Em 1997, o movimento indígena se levanta contra o presidente Bucaram, conseguindo sua saída do governo. Aceita-se a proposta indígena da convocação de uma Assembleia Constituinte, mas a direita se organiza e coopta o processo. A constituição de junho de

1998, embora reconheça alguns direitos dos povos indígenas, cria melhores condições institucionais para aprofundar o neoliberalismo.

32. Em começos do ano 2000, uma mobilização popular pacífica indígena contra as medidas privatizadoras neoliberais no Equador ocupa o Congresso Nacional, conseguindo a saída do presidente da República Jamid Mahuad. O movimento indígena se transforma em um dos eixos articuladores da ação política e um fator indispensável para qualquer tentativa que pretenda transformar o país.[7]

c) Luta do movimento mapuche no Chile (1990 até hoje)

33. Os mapuches, povo indígena que habita a Araucanía chilena, foram muito atingidos pelas políticas neoliberais no meio rural, impostas pela ditadura militar e pelos governos da Concertação.[8] As comunidades mapuches não só foram destituídas das terras que lhes haviam sido restituídas antes de setembro de 1973 – pela reforma agrária iniciada pelo governo democrata cristão de Eduardo Frei e

---

[7] Ver mais sobre o tema em: Marta Harnecker, *La izquierda después de Seattle*, Primeira parte, cap. V. "Equador, Movimento indígena encabeza la lucha", publicado por: Siglo XXI da Espanha, 1ª ed. 2002; no Chile, por Ediciones SurDA, 2002; na Venezuela, sob o título de *América Latina, los desafíos de la Izquierda*, pelo Instituto Municipal de Publicações da Prefeitura de Caracas, 2002. Em formato digital em: <www.rebelion.org/docs/95169.pdf>. E em Marta Harnecker, *Ecuador: Una nueva izquierda en busca de la vida en plenitud*, Terceiro Capítulo: "Irrupción del movimiento indígena en el escenario político" e Quarto Capítulo: "Surgimiento de un instrumento político a partir del movimiento indígena", publicado por El Viejo Topo, Espanha, 2011, e Abya-Yala, Equador, 2011. Existe uma edição em 5 folhetos por Mepla, La Habana, Cuba.

[8] A autora se refere à Concertación de Partidos por la Democracia, uma coalizão de partidos de esquerda, centro-esquerda e centro que esteve no poder chileno de 1990 até 2010. Hoje em dia a maior parte de seus integrantes forma a Nueva Mayoría. A coalizão é herdeira da Concertación de Partidos por el No, que durante a ditadura de Augusto Pinochet articulou a campanha pela não perpetuação do governante no poder por meio do Plebiscito de 1988. Inicialmente composta pelos partidos Democrata-Cristão (DC), Social-democrata Radical (PRSD), Por la Democracia (PPD), Socialista (PS), MAPU Obrero Campesino, Liberal (PL) entre outros. (N. E.)

que continuou com o governo socialista de Salvador Allende – mas também foram atingidas pelos impactos territoriais do processo de liberalização econômica e dos investimentos do grande capital em megaprojetos florestais, turísticos e energéticos que se instalaram em seu território. O resultado imediato foi a transferência forçada de comunidades, o aumento da atividade florestal em detrimento da atividade agrícola e o empobrecimento dos solos, contaminação das águas e do meio ambiente.

34. Em inícios da década de 1990, o Conselho de Todas as Terras, organização mapuche fundada em 1990, realizou várias ocupações simbólicas de terras ancestrais mapuches em mãos privadas. Até 1997, as reivindicações desse setor social estiveram circunscritas a cada comunidade, e foi a partir desse ano que "emergem outras formas de reivindicações por territórios, em que se integram tanto questões de terra como de recursos naturais, participação e desenvolvimento". Isso permite ao movimento mapuche "articular um novo discurso e construir alianças supracomunitárias". Como disse o pesquisador chileno Víctor Toledo Llancaqueo, a situação passa de "terras em conflito" a "territórios em conflito".[9] "[...] já não reivindicam só terras, mas um contínuo espacial, um território com suas águas, suas espécies e seus solos cultiváveis, como também seu direito a participar das decisões que afetam esse território".[10]

35. Para conter essas lutas, os governos da Concertação e o atual governo de Sebastián Piñera fizeram esforços para cooptar o movimento mediante uma política assistencial, mas como não conseguiram dobrar o povo mapuche por essa via, têm utilizado de forma sistemática e aberta a repressão contra suas comunidades

---

[9] Víctor Toledo Llancaqueo, *Pueblo mapuche. Derechos colectivos y territorio: Desafíos para la sustentabilidad democrática*, Programa Chile Sustentable, LOM, Santiago do Chile, primeira edição, 2006, p. 103.
[10] *Ibid*, p. 104-105; p. 107.

e seus dirigentes,[11] e muitos deles terminaram na prisão. Inicia-se, então, a partir desse espaço outra forma de luta: a greve de fome. A greve de fome iniciada em março de 2006 por três dirigentes indígenas e uma teóloga, Patricia Troncoso, que se transformou no símbolo da luta mapuche contra o Estado, teve grande repercussão mundial. Desde então têm sido contínuas essas manifestações, como uma forma de pressionar para que se dê resposta a suas demandas.

d) Vitória do plebiscito contra privatizações no Uruguai (dezembro de 1992)

36. Em dezembro de 1992 ocorre uma das primeiras lutas vitoriosas contra o neoliberalismo: a pouco conhecida vitória do povo uruguaio em um plebiscito que revoga a lei que autoriza as privatizações das grandes empresas públicas, aprovada no ano anterior.[12]

37. A Frente Ampla empreendeu uma formidável campanha de propaganda, incluindo muitos debates pela televisão, para explicar em que consistem as privatizações, as razões pelas quais constituem um perigo etc. Isso faz com que as pessoas, ao votarem, estejam sabendo por qual projeto de país estarão votando. Por isso, vários analistas consideram que esta foi a primeira eleição moderna que houve no Uruguai.

38. O referendo promoveu um alinhamento de 70% dos votantes das mais diversas militâncias e tendências políticas, constituindo um movimento de grande potencial político. Esta amplitude do apoio foi conseguida graças à decisão – após grandes discussões dentro da direção da Frente Ampla – de não impugnar toda a lei

---

[11] Esta repressão tem sido denunciada entre outros pelo Relator Especial das Nações Unidas para os Povos Indígenas, Rodolfo Stavenhagen, e por Pedro Cayuqueo, diretor do jornal mapuche *Azkintuwe*.
[12] Ver Marta Harnecker, *Forjando la esperanza*, LOM ediciones, Santiago do Chile, 1995, cap. XIV: "Plebiscito contra ley de privatización de empresas públicas" (13 dez.1992, parágrafos 731 a 739).

que contava com trinta artigos, como as correntes mais radicais reivindicavam, mas apenas as cinco essenciais referentes às empresas mais estratégicas.

39. Ao mesmo tempo, essa organização política entendeu que não bastava uma campanha de comunicação, era preciso também fazer um trabalho capilar, meticuloso, bairro por bairro e, dentro do possível, casa por casa. Para essa tarefa contribuíram significativamente os aposentados que representam um setor bastante grande da população do Uruguai.

40. Dois anos depois, em 1994, o governo pretendeu aprovar por plebiscito uma lei destinada a modificar a Constituição da República facilitando o avanço neoliberal. Uma das forças que se opôs, e que fez um inestimável trabalho de base, especialmente no interior do país, foram novamente os aposentados, setor social severamente atingido pela privatização do sistema de seguridade social. Uma quantidade de antigos e excelentes dirigentes sindicais conseguiu criar a Organização Nacional dos Aposentados, que se colocou em pé de guerra e começou a se mobilizar por todo o país. E como todos os seus militantes eram aposentados dispunham do dia todo para militar.[13]

e) Exército Zapatista irrompe lutando contra o Tratado de Livre Comércio (TLC) no México (1 de janeiro de 1994)

41. Então, em 1º de janeiro de 1994, irrompe em Chiapas, região indígena do sudeste do México, o Exército Zapatista de Libertação Nacional, desfraldando a bandeira da luta contra o Tratado de Livre Comércio da América do Norte (Nafta, na sua sigla em inglês). Independentemente do resultado final de sua luta, penso que este movimento conseguiu trazer à tona o tema da opressão e discri-

---

[13] *Ibid.* ver ponto XVIII: Plebiscito sobre reforma constitucional (28 ago. 1994), p. 177-178, parágrafos 808-815 da versão digital.

minação sofridas pelos povos indígenas mexicanos, o tema da ética na política e a necessidade de reformar o Estado. Todos reconhecem, além disso, as espetaculares iniciativas que foram desenvolvidas no plano internacional e que provocaram uma grande simpatia e adesão a sua causa, especialmente nos meios intelectuais e estudantis. O EZLN soube não só construir força social nos territórios onde se assentou, mas também, algo que muitas vezes a esquerda não consegue, construir opinião pública em âmbito nacional e internacional.[14]

f) MST do Brasil: principal referência nacional na luta (1995 em diante)

42. No Brasil, o Movimento dos Trabalhadores Rurais Sem Terra (MST)[15] vai se consolidando como a principal referência nacional da luta contra o neoliberalismo, promovendo a articulação de todos os setores excluídos pelo sistema: os sem-terra, os sem-teto, os sem-trabalho. Atacado pela direita por seu radicalismo, é, no entanto, crescentemente respeitado por setores cada vez mais amplos da sociedade, que encontram neste movimento a coerência política e a preocupação pelos aspectos ideológicos que, com frequência, estão ausentes dos partidos políticos de esquerda.

43. Embora suas lutas provenham de meados dos anos 1980, este movimento começa a ser mais conhecido nacional e internacionalmente a partir de 1995 – depois de seu III Congresso – quando proclama que não haverá reforma agrária no Brasil se não se conseguir mudar o modelo econômico neoliberal, e que só se pode

---

[14] Ver Marta Harnecker, *La izquierda después de Seattle*, Capítulo VII. "MST en primera barricada", *op. cit.*

[15] O MST, fundado em 1984, reúne parceiros, arrendatários, meeiros, assalariados rurais, posseiros e pequenos camponeses. Atualmente calcula-se que das 800 mil famílias que tiveram acesso à terra desde a ditadura militar até hoje, umas 450 mil estão relacionadas com o MST e outras 80 a 100 mil estão acampadas em todo país pressionando por terra.

avançar neste terreno se toda sociedade começa a ver a luta pela terra como algo legítimo e necessário.

44. O MST compreende que para deter o avanço do neoliberalismo é necessário estabelecer uma ampla política de alianças tanto em âmbito nacional como internacional, e não fica no discurso, se transforma em um dos mais destacados impulsionadores de importantes mobilizações. Os plebiscitos sobre a dívida e contra a Área de Livre Comércio das Américas (Alca) e a luta contra os transgênicos permitiram-lhe estabelecer uma aliança com os movimentos camponeses de todo o planeta.[16]

g) Guerra da água na Bolívia (1999)

45. Em 2000, na Bolívia – o país que seguiu mais fielmente o modelo de reajuste estrutural neoliberal de nosso subcontinente, segundo as palavras do próprio Jeffrey Sachs, o maior conselheiro desse modelo[17] –, explode a chamada "guerra da água".

46. No contexto de uma série de privatizações das empresas públicas,[18] Cochabamba, a terceira cidade em importância do país, se levanta contra as privatizações. Os distúrbios só se dissolvem quando o governo boliviano concorda em voltar atrás na concessão à empresa Águas del Tunari.

---

[16] Ver mais detalhes em: Marta Harnecker: *Sin Tierra. Construyendo movimiento social*, Siglo XXI, Espanha, 1ª ed. 2002; no Brasil, em inglês, pela Editora Expressão Popular, 2003; em francês por Cetin, Suíça, 2004; na Venezuela, 2005, pelo Ministério de Agricultura e Terra. Em formato digital em: <www.rebelion.org/docs/98479.pdf> e Marta Harnecker, *La izquierda después de Seattle, op. cit.* primeira parte, cap. 7: "MST en La primera barricada".

[17] Marta Harnecker e Federico Fuentes, *MAS-IPS. Instrumento político que surge de los movimientos sociales*. Publicado por CIM – Monte Ávila Editores, Venezuela, 2008 e pela bancada de deputados MAS-IPSP, conselho de formação Política, La Paz, Bolívia. Encontra-se em: <www.rebelion.org/docs/97083.pdf>. Mais informações podem ser encontradas no Capítulo I da segunda parte: "Explosiones sociales y ciclos de lucha".

[18] Linhas aéreas, serviço de trens, fornecimento de energia elétrica.

47. Segundo a pesquisadora mexicana Ana Esther Ceceña: "Em um curto período, toda a cidade havia organizado uma revolta na qual confluíram todos os setores sociais. A multidão tomou a cidade e impediu a entrada das forças de segurança até que o governo voltou atrás na concessão e fez um acordo para o manejo de água compartilhado com os representantes da população mobilizada".[19]

48. Este foi o estopim para o início de amplas mobilizações populares: o levante dos *cocaleros* no Altiplano e em Chapare em defesa da coca, liderado por Evo Morales, que a partir daí começa a ser conhecido nacional e internacionalmente; a guerra do gás, o levante da polícia e a sublevação de El Alto, e outros levantes camponeses indígenas em 2003. Todas essas mobilizações culminam com a vitória de Evo Morales nas eleições presidenciais de 2005.

h) Plebiscitos contra a dívida externa e a
Alca no Brasil (2000 e 2002)

49. Dentro do contexto da campanha Jubileu 2000,[20] no Brasil seis milhões de pessoas participaram de um *plebiscito nacional contra a dívida externa* e mais de 90% dos votantes foram contra seu pagamento. Entre os grupos organizadores dessa campanha – que incluiu um considerável número de movimentos populares e algumas entidades partidárias e religiosas, entre elas a Conferência Nacional dos Bispos do Brasil (CNBB) e o Conselho Nacional de Igrejas Cristãs (Conic) surgiu outra iniciativa que logo tomou uma dimensão continental: a realização de um *plebiscito nacional contra a Alca*. Este referendo infor-

---

[19] Ana Esther Ceceña, *Procesos emancipatorios y militarización de Nuestra América en el siglo XXI*, artigo apresentado na revista Línea Sur-4, Ministério de Relações Exteriores, Comércio e Integração, Equador, 2013, *op. cit.*, p. 86.

[20] Thomas E. Ambrogi, Jubileo 2000. "La campaña para la cancelación de la deuda", set. 1999.

mal foi realizado no Brasil, em setembro de 2002, conseguindo uma importante mobilização e um inquestionável êxito: foram recolhidos aproximadamente 10 milhões de votos, dos quais 98% foram contra a Alca. Um grande trabalho educativo e de mobilização anterior a esta consulta popular, realizado por mais de 150 mil ativistas voluntários – que participaram de cursos de formação e que fizeram um trabalho de base, muitas vezes de casa a casa, divulgando as consequências negativas da Alca– explicam esses resultados.[21]

50. Eventos semelhantes, mas de menor magnitude, foram realizados em vários outros países da América Latina com uma pergunta comum: Você está de acordo que o governo assine o tratado de Área de Livre Comércio das Américas?

51. Sem dúvida que este trabalho de conscientização popular e ampla mobilização foi levado em conta pelos governos latino--americanos para adotar, em 2004, uma atitude de rejeição a essa nefasta iniciativa econômica do governo dos Estados Unidos.

i) Mobilizações populares na Argentina derruba quatro presidentes (2001-2002)

52. Entre 2001 e 2002 os setores populares argentinos despertam de sua letargia e, liderados por movimentos de trabalhadores desempregados, resultado das medidas do neoliberalismo – os *piqueteros* –, se insurgem contra as "duvidosas manobras financeiras, o cinismo político e os grosseiros níveis de corrupção governamental e derrubam quatro presidentes, um após o outro, num lapso de um mês. Os protestos se generalizam e se estendem a todo o sistema político, chegando a produzir uma sensação compartilhada de cansaço que propõe que 'todos se vão'".[22]

---

[21] Mais informação em: Justino Martínez Pérez, "Triple grito por dignidad, justicia y vida", disponível em <www.rcade.org/deuda/articulos/consultabrasil.doc>
[22] Ana Esther Ceceña, *Procesos emancipatorios e militarización de Nuestra América en el siglo XXI*, op. cit., p. 89.

j) Estudantes chilenos levantam o país (2006 em diante)

53. *Em 2006, no Chile, foram os estudantes secundaristas* que, prejudicados pelas deficiências do sistema educacional público, souberam vencer o medo que ainda prevalecia na sociedade chilena após os longos anos de ditadura e se levantaram em todo o país – a partir de abril de 2006 – para questionar o sistema de educação. A rebelião dos pinguins – assim chamada pelas calças escuras e as camisas brancas usadas por seus protagonistas – marcou uma etapa na sociedade chilena.

54. Apesar de ao final terem sido cooptadas pelo governo de Bachelet, essas lutas ficaram gravadas na memória de seus protagonistas. Muitos líderes do movimento de 2006 voltam a aparecer na cena política na *rebelião universitária de 2011*, à qual os secundaristas prontamente se somam. Esta nova sublevação estudantil não é fruto do espontaneísmo nem nasceu a partir da liderança conjuntural de Camila Vallejo – líder estudantil comunista – como a imprensa internacional tem buscado apresentar, mas é o fruto de "um processo de acúmulo de lutas sociais", como as lutas pela democratização nos anos 1990, os primeiros levantes estudantis de 2001 e a chamada "revolução pinguim" recentemente mencionada.[23]

55. Aproximadamente cem mil pessoas saem às ruas para se solidarizar com o movimento estudantil em sua luta contra o lucro na educação, apoio nacional nunca visto nos últimos tempos. Esse tema consegue despertar uma grande simpatia na população. O "endividamento" – diz Andrés Fielbaum, o atual presidente da FECH – é algo que não atinge apenas os estudantes, mas toda

---

[23] Gabriel Boric, ex-presidente da Federação de Estudantes da Universidade do Chile (FECH) em 2011, em: Marta Harnecker, "Entrevista colectiva a dirigentes estudantiles de La FECH", Santiago, Chile, 25 de novembro de 2012, inédita.

sociedade chilena por ser "essa a forma pela qual o povo está financiando todos os seus direitos básicos".[24]

56. "Não são apenas os estudantes que se rebelam, mas também as famílias e, em última instância, todo o povo que está por trás".[25] É o "homem cartão de crédito" – citando o sociólogo chileno Tomás Moulián[26] – quem começa a se libertar desse processo de domesticação exercido tão habilmente pelo neoliberalismo.

57. Com as mobilizações de 2011 deu-se um salto qualitativo. "Anteriormente só se conseguia convocar os que já estavam convencidos, o militante de esquerda ou o agitador, o tipo que vai a todas as manifestações. Desta vez aderiu muita gente que jamais havia participado de manifestações na vida", diz o ex-presidente da FECH, Gabriel Boric.[27] E elas também demonstraram quão distante está a ação dos dirigentes políticos tradicionais do verdadeiro sentimento popular.[28]

58. O movimento estudantil chileno tem manifestado rejeição à forma habitual de fazer política. Já não aceita ser manipulado pelos partidos políticos. As decisões entre eles são tomadas utilizando-se métodos muito democráticos. Em um processo denominado assembleísta as ideias são discutidas abertamente e as decisões são tomadas em conjunto. Por outro lado, seus dirigentes devem estar constantemente prestando contas às suas bases das decisões implementadas. Criou-se a figura do "olheiro", espécie

---

[24] *Ibid.*
[25] Francisco Figueroa, vice-presidente da FECH, em 2011.
[26] Tomás Moulián, *Chile actual, anatomía de un mito*, Ed. Arcis/LOM, Santiago do Chile, 1997, p. 102-114, citado em Marta Harnecker, *Haciendo posible lo imposible. La izquierda en el umbral del siglo XXI*, de España editores, Madri, 3ª ed. 2000, parágrafo 338. Ver também a seção: "El consumismo: otra forma de domesticación", parágrafos 634-641. [Há edição brasileira: Tornar possível o impossível. São Paulo: Paz e Terra, 2000. (N. E.)]
[27] Gabriel Boric, *ibid.*
[28] Andrés Fielbaum, *Ibid.*

de comissário político, mas agora já não um comissário de um partido, mas um comissário do movimento popular para exercer controle sobre seus dirigentes.

59. Outra de suas grandes conquistas tem sido sua capacidade de aceitar as diferenças entre os diversos grupos estudantis e entender que é preciso se articular para poder lutar juntos e conseguir, assim, fazer o movimento avançar.

60. No calor da luta, o movimento estudantil vai radicalizando suas bandeiras: não só questiona o sistema de educação, defendendo uma educação pública gratuita para todos, mas começa a questionar cada vez mais o sistema político em sua totalidade, aparecendo nos debates o tema da necessidade de convocar uma assembleia constituinte para transformar as regras do jogo político que têm se mantido quase intactas desde a ditadura. Também reivindicam a renacionalização do cobre, de onde surgiriam os recursos para uma educação gratuita e de qualidade para todos. E, no fundo, aponta "para transformar a essência do modelo".[29]

k) Rebelião no estado mexicano de Oaxaca e sua transformação em autogoverno (junho de 2006)

61. Por outro lado, em junho de 2006, a população inteira do estado mexicano de Oaxaca se subleva para protestar pela repressão infligida a uma vigília na greve do magistério e exige a saída do governador. Constitui-se a Assembleia Popular dos Povos de Oaxaca (APPO) e durante seis meses esse território mexicano "se transforma na comuna de Oaxaca, com audiência pública na praça central".[30]

---

[29] Gabriel Boric, *Ibid*.
[30] Ana Esther Ceceña, *op. cit.*, p. 89.

l) Mobilização dos "foragidos" no Equador (2006)

62. Também em 2006 ocorre a mobilização dos "foragidos"[31] em Quito, Equador, em repúdio à traição de Lucio Gutiérrez ao programa antineoliberal, pelo qual foi eleito com o apoio do movimento popular e especialmente dos indígenas. O interessante desta rebelião popular foi: primeiro, seus protagonistas não foram os setores sociais que apoiaram Lucio – muito atingidos por essa experiência negativa e pelos efeitos do neoliberalismo sobre seus locais de trabalho –, mas sim uma mobilização "sem uma referência particularmente definida e com o particular impulso da presença da juventude"; segundo, que se caracterizava por "um funcionamento em rede, sobretudo entre os setores médios e, inclusive, setores altos imbuídos de uma dose de racismo"; e, terceiro, são algumas rádios, particularmente Rádio La Luna, que desempenham um papel de organizadores coletivos.[32]

63. Várias destas mobilizações levantaram entre suas bandeiras a luta por uma assembleia constituinte, conscientes dos limites que significava a institucionalidade vigente.

64. Os processos constitucionais realizados na Venezuela, Bolívia e Equador e referendados por plebiscitos contaram com uma combinação eficaz de líderes populares e carismáticos como dirigentes de governo e forte pressão das bases populares, que tiveram a habilidade de unir, organizar e mobilizar em torno de sua própria agenda de justiça e soberania.[33]

---

[31] Nome com que Lucio Gutiérrez apelida os sublevados e que imediatamente é apropriado pelo movimento que o derruba.

[32] "Uma parte do movimento considerava Lucio um 'delinquente' que não podia ser presidente do Equador, afirma Osvaldo León em entrevista que me concedeu para o livro *Ecuador:* una nueva izquierda en busca de la vida en plenitud, *op. cit.* Ver mais sobre esse tema na primeira parte, cap. V. "Lucio Gutiérrez y El movimiento indígena", parágrafos 267 a 283.

[33] Ximena de la Barra, "Estructuras legales transformadoras en América Latina en el siglo XXI". *Revista Sociedad y Equidad*, n. 1. Janeiro. Universidade do Chile: Santiago do Chile, 2011

m) A principal lição dessas mobilizações

65. São muitas as lições que podem ser tiradas dessas lutas populares, mas, segundo opinião, uma das mais importantes é que se demonstrou o acerto de uma estratégia de acumulação ampla que busca somar tudo que é possível, levantando objetivos de luta muito concretos que conseguem despertar o entendimento entre diversas forças, com tradições e práticas políticas muito distintas.

Velhos e novos movimentos sociais

66. Como podemos ver, junto aos velhos movimentos, especialmente camponeses e indígenas, surgem novos movimentos sociais. Tratam-se de movimentos muito pluralistas onde coexistem componentes da Teologia da Libertação, do nacionalismo revolucionário, do marxismo, do indigenismo, do anarquismo. Deixam de se ocupar de temas pontuais que os atingem, como no passado, e passam a se preocupar com temas nacionais. Isto não só enriquece suas lutas e suas demandas, mas, além disso, permite que sejam incorporados os setores mais diversos, todos atingidos pelo mesmo sistema.

67. O grande ausente do cenário político latino-americano, salvo raras exceções, é o movimento operário tradicional, que se encontra muito combalido pela aplicação de medidas econômicas neoliberais como a flexibilização do trabalho e a terceirização. E se em alguns casos participa, não o faz na primeira linha de combate.

Da simples resistência ao questionamento do poder

68. Estes movimentos geralmente começam rejeitando a política e os políticos, mas à medida que avança o processo de luta, passam gradualmente de uma atitude apolítica de mera resistência ao neoliberalismo e lutas pontuais a uma atitude cada vez mais política, de questionamento do poder estabelecido, e começam a compreender a necessidade de construir seus próprios instrumentos

políticos, como ocorreu no Equador, primeiro com o Movimento de Unidade Plurinacional Pachakutik[34] e depois com o movimento Aliança PAIS[35] e, na Bolívia, com o Movimento ao Socialismo – Instrumento Político pela Soberania dos Povos (MAS-IPS).[36]

Neoliberalismo perde legitimidade na América Latina

a) O neoliberalismo interditado

69. A época de auge do neoliberalismo em nosso subcontinente ficou para trás. O fim da história anunciado por Fukuyama, em 1989,[37] não se materializou. A atual crise econômica mundial do capitalismo contribuiu para dar o golpe de misericórdia a tal afirmação.

70. É interessante lembrar que embora a queda do Muro de Berlim – apenas alguns meses após o anúncio de Fukuyama, seguida pela derrocada do socialismo soviético –pareceu lhe dar razão, nesse mesmo ano acontecia na Venezuela a primeira explosão mundial contra o neoliberalismo, que seria seguida imediatamente de todas as demais explosões sociais já mencionadas anteriormente.

71. Embora a maior parte dos governos da região ainda siga pautas neoliberais, já são muito poucos os que defendem esse mo-

---

[34] Ver Marta Harnecker, *Ecuador:* una nueva Izquierda... *op. cit.*, primeira parte, quarto capítulo: "Surgimiento de un instrumento político a partir del movimiento indígena" e sexto capítulo: "Más sobre Pachakutik".

[35] Marta Harnecker, *Ecuador:* una nueva izquierda..., *op. cit.*, segunda parte, primeiro capítulo, III, "Un movimiento que plantea una terapia distinta".

[36] Ver sobre o tema: Marta Harnecker com a colaboração de Federico Fuente. *MAS-IPS. Instrumento político que surge de los movimientos sociales, op. cit.*

[37] Durante o verão de 1989, Francis Fukuyama publicou um ensaio intitulado "O fim da história", na revista *Nacional Interest*. Este trabalho causou grande repercussão mundial, o que levou seu autor a escrever, em 1992, um livro intitulado *O fim da história e o último homem*. Ver declarações do próprio autor em: <www.huffingtonpost.com/nathan-gardels/the-end-of-history----20_b_341078.html>

delo, porque perdeu legitimidade ao se mostrar incapaz de resolver os principais problemas de nossos povos.

72. Segundo Emir Sader, existe uma "crise hegemônica" na América Latina, na qual "o modelo neoliberal e o bloco de forças que o protagoniza se desgastam, se debilitam e só conseguem sobreviver aplicando o modelo de forma mitigada", como nos casos do Brasil, Argentina e Uruguai.[38]

73. Frente a esta situação parece haver apenas dois caminhos: ou se realiza uma refundação capitalista ou se avança para um projeto econômico alternativo que permita um desenvolvimento econômico de nossa região em favor das grandes maiorias nacionais e não em função das elites.

b) Desprestígio da democracia liberal burguesa

74. A incapacidade do modelo econômico neoliberal de mostrar resultados positivos para nossos povos afetou a credibilidade do modelo político de democracia burguesa. As pessoas já não confiam nesta forma de governo. Em contrapartida, é cada vez menos aceitável essa separação tão grande entre eleitores e eleitos.

75. Junto ao descrédito dos regimes democráticos, produz-se também uma crise dos partidos políticos tradicionais. As pessoas chegam a demonstrar um grande ceticismo frente à política e aos políticos.

76. Isso se reflete nas pesquisas do Latinobarômetro – uma pesquisa que é feita anualmente na América Latina para medir o índice de satisfação com a democracia. Em 1998 na América Latina, no momento da vitória de Hugo Chávez, apenas 37% dos entrevistados estavam satisfeitos com o sistema democrático, e na Venezuela esse

---

[38] Emir Sader, "La crisis hegemónica en América Latina". Em Raúl Jiménez Guillén, Elizabeth Rosa Zamora et al. *El desarrollo hoy en América Latina*, Compilação/Colegio de Tlaxcala, México, 2008, p. 18.

percentual era ainda mais baixo: 35%. Até 2007, o índice médio da América Latina havia permanecido em 37%, enquanto na Venezuela aumentou para 59%.

77. Na pesquisa de 2008,[39] a satisfação com a democracia, na Venezuela, subiu a 82%. Não é estranho que em um país acusado de ditatorial exista um grau tão alto de satisfação de sua população com sua democracia? E, por outro lado, é interessante observar que a média nos outros países passou de 37% a 57%. Não parece absurdo concluir que quando as políticas dos governos de esquerda começam a dar seus frutos, começa a se perceber o sistema democrático na América Latina de outra maneira.

78. No último informe do Latinobarômetro de 2011, é apontado que durante esse ano baixou um pouco a avaliação da democracia na maior parte dos países da América Latina, e que uma das causas pode ter sido os problemas econômicos sofridos; no entanto, é interessante constatar que embora na Venezuela baixe sete pontos (de 84% a 77%), continua sendo o país com maior aceitação da democracia na região, seguido por Uruguai com 75% e Argentina com 70%.

79. Outra coisa interessante que o informe enfatiza é o contraste entre a percepção que a opinião pública mundial tem de certos governos e a percepção que tem sua população. "No ano de 2011 vemos como se levanta uma demanda popular que leva centenas de milhares de chilenos às ruas, primeiro pela educação, depois por tantos outros motivos, totalizando uma demanda por mudanças estruturais que deixam o êxito declarado (pelo governo) com um grande sinal de interrogação de como se define o êxito. O caso chileno mostra como é evidente que não se pode cortar caminho ao desenvolvimento evitando o desmantelamento das desconfianças e

---

[39] Latinobarômetro de set-out.2008, divulgado no Chile em 14 de novembro de 2009.

da injustiça redistributiva. O bom desempenho macroeconômico do Chile pouco lhe serviu para convencer a sua população de que as coisas vão por um bom caminho. Ao mesmo tempo está o caso contrário da Venezuela, onde seu povo reconhece positivamente o recebimento das ações do governo do presidente Chávez, enquanto o mundo o qualifica negativamente. Não há dúvida de que existe um alto grau de discrepância entre o que a população pensa de seu próprio desenvolvimento e o que o mundo compreende da evolução de um país". No Chile houve um crescimento inegável do "bolo", mas cada vez se tolera menos a forma desigual em reparti-lo.[40]

c) Aumenta o nível de consciência de nossos povos

80. Apesar da guerra midiática e justamente como reação às injustiças provocadas pelo neoliberalismo, tem se produzido um salto qualitativo no nível de consciência das pessoas. Elas estão amadurecendo muito rapidamente e isso tem se expressado nas disputas eleitorais em apoio a governantes que defendem programas antineoliberais.

---

[40] Informe Latinobarômetro 2011, p. 8. Ver informe completo em: <http://consulta.mx/web/images/otrosestudiospdf/20111028_LB_Latinobarometro2011.pdf>

CORRELAÇÃO ATUAL DE FORÇAS

81. Para todos é evidente que o mapa da América Latina tem mudado radicalmente desde 1998, quando Hugo Chávez foi eleito presidente na Venezuela. Foi criada uma nova correlação de forças que torna mais difícil que os Estados Unidos possam conseguir seus objetivos na região, mas ao mesmo tempo, se intensificam as tentativas do império do norte para deter o avanço de nossos povos.

82. O governo dos Estados Unidos já não pode manobrar em nossa região com total liberdade, como o fazia anteriormente. Agora tem que enfrentar governos rebeldes que têm a sua própria agenda e que muitas vezes entra em choque com a agenda da Casa Branca.

Entre 1998 e 2013 foi constituída – segundo Valter Pomar, membro do Diretório Nacional do Partido dos Trabalhadores do Brasil e secretário executivo do Foro de São Paulo – uma correlação de forças na América Latina que permite limitar a ingerência externa.[1]

83. A seguir apontaremos vários elementos que confirmam essas afirmações.

Fatos que apontam o avanço das forças progressistas

a) Primeira importante derrota dos Estados Unidos: Alba versus Alca (14 de dezembro de 2004)

84. O governo dos Estados Unidos foi incapaz de materializar seu projeto de estabelecer uma área de livre comércio em todo o

---

[1] Valter Pomar, *10 anos de PT no governo e o desafio de uma esquerda socialista de massas*, Entrevista especial de IHU on-line, 30 março 2013. <www.ihu.unisinos.br/entrevistas/518837-10-anos-de-pt-no-governo-e-uma-esquerdasocialista--de-massas-entrevista-especial-com-valter-pomar>. Excelente entrevista, recomendo leitura.

continente americano, a Alca. Como uma alternativa a este tratado foi criada, em 14 de dezembro de 2004, a Alternativa Bolivariana para América, mais conhecida como Alba,[2] por um acordo entre Venezuela e Cuba. A essa iniciativa vão se somando vários países da região: em 2006, a Bolívia se junta; em 2007, a Nicarágua; em 2008, Honduras e Dominica; em 2009, Antígua e Barbuda, São Vicente e Granadinas e Equador. Honduras é retirada depois do golpe contra Zelaya, em 2009, mas Uruguai – mesmo não sendo membro pleno da Alba – subscreveu sua adesão à moeda da Alba, em 24 de março de 2013.

85. A derrota da Alca "se consolida – segundo Ximena de la Barra – na Cúpula da OEA em Mar Del Plata em finais de 2005, última tentativa dos Estados Unidos para resgatar seu projeto comercial de dominação imperialista. Pela primeira vez este país foi confrontado por um organismo de sua própria criação". Por sua vez, nessa Cúpula, os movimentos sociais conquistaram seu direito ao protagonismo nos processos políticos regionais. Desde então a "integração deixa de ser um assunto de governos mais ou menos entreguistas ao capital estrangeiro e aos desígnios da metrópole imperialista para se constituir em um assunto dos povos".[3]

---

[2] Alianza Bolivariana para las Américas. Tratado de Comércio dos Povos ou Alba--TCP mais comumente conhecida simplesmente como Alba, acrônimo de seu nome inicial Alternativa Bolivariana para América (a VI Cúpula extraordinária, em junho de 2009, mudou sua denominação), é uma plataforma de integração enfocada para os países da América Latina e o Caribe que põe ênfase na luta contra a pobreza e a exclusão social com base em doutrinas de esquerda. Baseia--se na colaboração solidária em lugar de basear-se na competição e na submissão aos poderes imperialistas. A solidariedade entre seus membros supera o problema das assimetrias entre eles, principal obstáculo nos processos de integração promovidos pelos Estados Unidos e pela União Europeia. Longe de ser a integração dos capitais e dos mercados, se constitui como a integração dos povos. Inclui as propostas de comércio justo de intercâmbio compensado, em contraposição ao livre comércio que convém apenas aos mais poderosos.

[3] Ximena de la Barra, "Miradas hacia el futuro: el papel del nuevo diálogo sureño", em *Diálogo Sudamericano: otra integración es posible*, Consejería de

86. Frente a essa situação, a Casa Branca tem optado por estabelecer tratados bilaterais com alguns países da região, como Chile, Uruguai, Peru, Colômbia e um grupo de países centro-americanos.[4] Além disso, promove a Aliança do Pacífico entre suas incondicionais para se contrapor aos processos de integração contra-hegemônicos.

b) Equador decide pôr fim à base militar estadunidense de Manta (1 de novembro de 2008)

87. O presidente do Equador, Rafael Correa, anuncia em 1º de novembro de 2008 que não renovará o contrato que permitia ao Comando Sul ter uma base militar na cidade equatoriana de Manta. Esse contrato, firmado em 1999, vencia em novembro de 2009. Duro golpe para o Pentágono, já que essa base era o mais importante centro de operações estadunidenses na região.

88. Havia razões mais que suficientes para tomar essa decisão mas, sem dúvida, o fato desencadeador foi a aberta violação da soberania nacional equatoriana por um esquadrão do exército colombiano, que atacou o território fronteiriço equatoriano de Sucumbíos – onde havia se instalado um acampamento das Farc. Os fatos ocorreram em 1º de março de 2008 e tiveram por resultado o assassinato de 25 pessoas, entre elas o comandante das Farc, Raúl Reyes e vários civis do México e do Equador.

89. Pouco antes do anúncio da não renovação do contrato, Quito havia revelado um informe oficial[5] sobre a infiltração da CIA nas Forças Armadas do Equador, no qual se apontava que o ataque

---

Proyectos (PCS), Lima, 2006; Universidad Andina Simón Bolívar, Ediciones Tierra Quito, 2006; Editorial Bolivariana, Santiago de Chile, 2007.

[4] Existe um tratado de livre comércio com a América Central conhecido como CAFTA [Central American Free Trade Agreement], na sigla em inglês.

[5] Informe do Ministério de Segurança Interna e Externa do Equador, dirigido pelo ministro Miguel Carvajal.

colombiano contra a guerrilha no território equatoriano pôde contar com o apoio de uma aeronave estadunidense que esteve na base de Manta.

90. Essa medida de fechamento da base foi o ponto alto de outras duas expressões de uma atitude independente e soberana: a expulsão, em 7 de fevereiro, do adido da embaixada estadunidense, Armando Astorga – assim que o governo se negou a continuar permitindo que a embaixada dos Estados Unidos fosse a que qualificasse os comandos da unidade policial de inteligência, inclusive seu comandante como até então se havia feito –; e a expulsão dez dias depois de Max Sullivan, primeiro secretário da embaixada dos Estados Unidos,[6] por intromissão inaceitável nos assuntos internos.

91. A alternativa encontrada pelo Pentágono foi transferir naves, armas e dispositivos para espionagem de alta tecnologia a bases colombianas.

c) Cuba ingressa no Grupo do Rio (16 de dezembro de 2008)

92. Em 16 de dezembro de 2008, durante a Cúpula da América Latina e o Caribe – realizada na cidade brasileira de Salvador, Bahia, com a participação de 33 chefes de Estado e de governo – foi anunciado o ingresso oficial de Cuba ao Grupo do Rio.[7] Consolida-se assim a presença da ilha na região.

---

[6] Hernando Calvo Ospina, "Siguen las tensiones entre Colombia y Ecuador", *Le Monde Diplomatique Rebelión*, 29 jun. 2009.

[7] O Grupo do Rio foi criado em 1986, como sucessor do Grupo de Contadora, que mediou a solução das guerras civis na América Central, em plena Guerra Fria. Com Cuba totalizam 23 integrantes, constituído por Argentina, Bolívia, Brasil, Chile, Colômbia, Costa Rica, Venezuela, México, Equador, El Salvador, Haiti, Guatemala, Guiana, Honduras, Nicarágua, Paraguai, Panamá, Peru, Uruguai, República Dominicana, Belize e países do Caricom (*Página 12*, 16 dez. 2008).

*d) Consenso na OEA para suspender as sanções a Cuba
(3 de junho de 2009)*

93. Em 3 de junho de 2009, os ministros de Relações Exteriores da Organização dos Estados Americanos (OEA) reunidos em Honduras concordam em revogar a suspensão de Cuba, aprovada em 1962. O chanceler do Equador, Fander Falconí, anunciou que a decisão "havia sido aprovada por todos os representantes" e expressou que esse acordo "reflete a mudança de época que se estava vivendo na América Latina". Por sua parte, Cuba declinou gentilmente a proposta de integração.

e) Brasil compra equipamento militar francês em vez de estadunidense (7 de setembro de 2009)

94. Em 7 de setembro de 2009, Lula firma um acordo com Nicolás Sarkozy que permitirá ao Brasil o abastecimento de equipamento militar de importância estratégica: cinco submarinos e cinquenta helicópteros de transporte militar por um valor de doze milhões de dólares, incluindo também 36 caças bombardeiros adquiridos anteriormente.[8]

95. Este acordo parece "completar a virada estratégica ocorrida em nossa América com a decadência da hegemonia dos Estados Unidos e a ascensão do Brasil como potência global". Segundo Aram Aharonian, nasce assim um complexo militar-industrial autônomo, naquele que alguma vez foi o quintal do imperialismo, que tenta blindar a Amazônia e as reservas de hidrocarbonetos descobertas no litoral marítimo brasileiro (50 milhões de barris de petróleo descobertos em 2008 no mar do Brasil). Esta medida foi aprovada pelo parlamento brasileiro com apoio da oposição em um tempo recorde

---

[8] Dados do jornalista Raúl Zibechi citado por Aram Aharonian, *América Latina Hoy*, exposição no Encontro do Centro Internacional Miranda sobre Situação Internacional e Socialismo do Século XXI, 30 set. 2009.

inferior a 48 horas. Não se trata, como disse o jornalista uruguaio, de uma medida de um governo, e sim da opção de um Estado. O setor mais interessado neste acordo é o setor militar, que estava muito preocupado com sua debilidade tecnológica frente a uma possível intervenção de potências ocidentais que, desde 1990, tentam "impor ao Brasil uma soberania compartilhada" na Amazônia. Agrega-se a isso a informação de que este país está em condições de fabricar armas atômicas.[9]

f) Presidente do Paraguai rejeita a presença do Comando Sul em seu país (17 de setembro de 2009)

96. Em outro gesto de soberania, e no contexto de uma crescente rejeição à presença de militares estadunidenses no subcontinente, em 17 de setembro de 2009 o presidente do Paraguai, Fernando Lugo, decidiu não aceitar o ingresso de tropas estadunidenses em seu país, embora viessem acompanhadas por profissionais que deviam realizar ações humanitárias. Esse programa do Comando Sul dos Estados Unidos implicava a presença em solo paraguaio de quinhentos estadunidenses, entre militares e civis.

g) Cada vez são criados mais espaços sem a presença dos Estados Unidos (2000-2012)

97. Os governantes latino-americanos e caribenhos começam a se reunir sem a presença dos Estados Unidos. A primeira cúpula sul-americana de presidentes é realizada no Brasil em 2000; dois anos mais tarde ocorre uma nova reunião no Equador; em 2004, é sediada no Peru. No ano seguinte, novamente no Brasil é realizada a primeira Cúpula da Comunidade Sul-Americana de Nações, e, em 2006, a segunda Cúpula na Bolívia, colocando-se ali a pedra fundamental para o que depois seria a União das Nações Sul-Americanas

---

[9] *Ibid.*

(Unasul). Tal denominação é criada na Cúpula Energética realizada na Venezuela em 2007. No ano seguinte, 2008, é aprovado em Brasília seu tratado constitutivo.

h) II Cúpula da América Latina e África (26 e 27 de setembro de 2009)

98. Cresce a articulação dos países da América Latina com os países da África. Em 26 e 27 de setembro de 2009 é realizado em Isla Margarita, território venezuelano, a II Cúpula da América do Sul-África (ASA). Participaram 27 presidentes e chefes de governo. Houve uma convocação ao retorno da democracia e do governo constitucional de Honduras e se propôs elaborar o Plano Estratégico 2010-2020 que marque a colaboração entre ambas as regiões.

i) Implementação do Banco do Sul (28 de setembro de 2009)

99. Em 28 de setembro de 2009, foi materializada a proposta – que o presidente Chávez havia lançado já em meados de 2006 – de criar um banco do Sul, vinculado à Unasul.

100. Este acontecimento histórico ocorreu no contexto da Cúpula de ASA. Oito governantes sul-americanos participavam dessa Cúpula: Hugo Chávez, da Venezuela; Luiz Inácio Lula da Silva, do Brasil; Rafael Correa, do Equador; Fernando Lugo, do Paraguai; Evo Morales, da Bolívia; Cristina Kirchner, da Argentina; e Tabaré Vázquez, do Uruguai – assinaram a ata de fundação do Banco do Sul, que estipula que iniciariam com um capital global de sete bilhões de dólares.[10]

101. A iniciativa original pretendia criar uma entidade financeira multilateral na América do Sul, em contraposição ao Fundo Monetário Internacional (FMI) e outras instituições creditícias controladas por países industrializados, e "estava pensada em torno

---

[10] *La Jornada*, México, segunda feira, 28 de setembro.

de alguns projetos", mas a ideia foi evoluindo através dos diversos encontros que foram realizados para materializá-la. O economista peruano, Oscar Ugarteche, avalia muito positivamente a criação do Banco do Sul e considera que à medida em que possa captar reservas internacionais dos bancos centrais e que sejam utilizadas inteligentemente para promover o desenvolvimento das regiões mais pobres e, sobretudo, em projetos ecológicos e socialmente sustentáveis, o banco poderá ser o primeiro degrau para uma nova forma de integração sul-americana.[11]

102. Apesar da expressão de tão boas intenções, o processo de implementação do Banco do Sul sofreu vários tropeços, inclusive as reticências do Brasil que preferiu o papel regional de seu próprio Banco de Desenvolvimento Econômico e Social (BNDES). Em inícios de 2013, o Banco do Sul ainda não havia começado a operar.

103. A verdade é que o Banco da Alba – criado na 6ª Cúpula da Alba em janeiro de 2008 – foi muito mais ágil. Com um fundo inicial de um bilhão de dólares, está baseado nos princípios da Alba de complementariedade, solidariedade, cooperação e respeito pela soberania. A ideia é que os países membros contribuam de acordo com suas capacidades e tenham representação igual no sistema democrático de tomada de decisões desse banco, e que esse banco contribua para acelerar a criação de postos de trabalhos decentes, a diminuir a excessiva emigração e reduzir a concentração da renda, as disparidades, a pobreza e a exclusão social promovendo o desenvolvimento humano sustentável.[12]

104. O Banco da Alba também pretende desenvolver mercados financeiros internos, canalizar recursos para projetos produtivos, revitalizar o comércio justo, desenvolver a infraestrutura de integração

---

[11] Oscar Ugarteche, "El Banco del Sur y la arquitectura financiera regional", *Alai*, 12 dez 2007.
[12] Gustavo Hernández, *Banco del Alba y el financiamiento al desarrollo*, SELA, Caracas, Venezuela, 2008.

regional, promover o controle soberano sobre a economia e finanças, reduzir a vulnerabilidade às crises financeiras externas, manter os recursos na região e ativar o círculo virtuoso de transformação cultural, social, econômica e política da região. Esta abordagem para a compensação das assimetrias é algo em que o Banco do Sul coloca muito menos ênfase dada a resistência de alguns de seus países membros.

j) Nasce o Sucre como uma tentativa de se libertar do dólar (abril de 2009)

105. Com o apoio unânime dos líderes e representantes dos países que fazem parte da Alba, foi aprovado em abril de 2009 o Sistema Único de Compensação Regional de Pagamentos (Sucre), que propõe estabelecer uma unidade de conta e posteriormente se tornar uma moeda única regional.[13] O Sucre, em princípio, existe como uma moeda virtual, com a intenção de se tornar uma moeda física.

106. O crescimento quantitativo no comércio tem sido bastante forte: de 10 milhões de sucres em 2010 para aproximadamente 216 milhões[14] em 2011 e aproximadamente 850 milhões em 2012. A maioria dos intercâmbios em 2011 e 2012 foi feita entre o Equador e a Venezuela. Também houve intercâmbios entre a Venezuela e a Bolívia.

107. Está se avançando, mas lentamente, na integração de estruturas de produção de pequeno porte (cooperativas, empresas comunais) para diversificar o leque de agentes que comercializam via Sucre. Por enquanto, as maiores transações são entre empresas privadas.

---

[13] Este sistema funcionará através de uma Unidade de Conta Comum, uma Câmara de Compensação de Pagamentos e um Sistema Único de Reservas.
[14] *Portal Sucre* informa que no ano de 2011 foram realizadas, através do Sistema 431, operações de pagamento por um montante de xSU 216.131.679, equivalente a USD 270.328.708.

k) Fundação da Celac (2011)

108. Em dezembro de 2011 é fundada em Caracas a Comunidade de Estados Latino-Americanos e Caribenhos (Celac), com a presença de todos os presidentes da região, inclusive Cuba. Dos 35 países do continente, ficaram fora apenas Estados Unidos e Canadá, constituindo um desafio direto à OEA.

109. A fundação da Celac "constitui um fato de grande significado histórico que deriva de todos os avanços emancipatórios que já foram mencionados neste trabalho. O presidente Ortega, da Nicarágua, considera como uma sentença de morte para a Doutrina Monroe (América para os americanos – isto é, para os estadunidenses). Podemos acrescentar que também é o começo do fim da OEA e do Consenso de Washington, que impôs o neoliberalismo na região. Espera-se que da Celac surja o Consenso Latino-Americano e do Caribe, isto é, uma agenda própria, não sujeita aos interesses dos Estados Unidos".[15]

110. Também é significativo que sua segunda presidência *pro-tempore* tenha recaído precisamente para Cuba, o país anteriormente excluído, cuja integração consolida-se nesta nova forma de inserção de uma América Latina soberana no concerto mundial.

l) Crescem significativamente as relações econômicas com a China (2004-2012)

111. Dada a crescente necessidade chinesa de matérias-primas e o fato de a América Latina possuí-las em abundância, tem havido um estreitamento das relações entre as duas regiões.

112. A China é atualmente um dos principais parceiros comerciais não só dos países do Mercosul, mas também de outros países da América do Sul. De acordo com o especialista espanhol em rela-

---

[15] Ximena de la Barra e R. A. Dello Buono. "From Alba to Celac: *Towards 'Another Integration'?*" in: *NACLA Report on the Americas*, Summer 2012, vol. 45, n. 2.

ções internacionais Tito Drago, "em poucos anos [a China] tornou-se o terceiro parceiro comercial da região e o primeiro no Brasil, no Chile e no Peru. Esses três países são os que alcançaram o maior desenvolvimento econômico nos últimos anos, enquanto alguns tão grandes quanto o México e que ainda estão muito vinculados aos Estados Unidos, não cresceram tanto".[16]

113. Ele acrescenta mais adiante que a Comissão Econômica para América Latina e Caribe (Cepal) prevê que os intercâmbios comerciais com a China continuarão crescendo e que esse país passará a ser o segundo maior mercado de exportação da região em 2014 e a segunda maior fonte de importações em 2015, superando em ambos os casos a União Europeia e atrás apenas dos Estados Unidos.

114. Cabe ressaltar que os tratados comerciais com a China não impõem condicionantes como as estabelecidas com os Estados Unidos ou com a União Europeia.

115. Desde os finais de 2009, vêm se estreitando as relações comerciais e de cooperação econômica entre a China e a Venezuela. Foram realizados acordos na área agrícola, energética e industrial, bem como a decisão de aumentar o capital do Fundo de Desenvolvimento Sino-Venezuelano, duplicando o valor inicialmente acordado para chegar a doze bilhões de dólares. Trata-se do maior fundo concedido pela China a um único país desde 1949.

116. Diego Sánchez Ancochea, professor de economia da Universidade de Oxford, destaca que isto tem gerado novos recursos e novas oportunidades para o Brasil, Argentina, Venezuela e outros países latino-americanos, mas que, no entanto, também apresenta riscos e ameaças significativas, incluindo: o aumento acentuado do déficit comercial com a China; o reforço da "inserção tradicional da

---

[16] Tito Drago, *América latina con los ojos puestos en China*, 27 nov. 2012. Disponível em: < www.titodrago.com/index.php?option=com_content&view=article&id=1489:america-latina-con-los-ojos-puestosen-china&catid=4:politica-internacional&Itemid=14>.

América Latina e, em particular, dos países andinos e do Cone Sul na economia mundial" e um forte golpe para os setores intensivos em mão de obra, como os têxteis, pondo em risco a sobrevivência de um grande número de pequenas e médias empresas, atingidas pela alta produtividade relativa e pelos baixos salários reais chineses.[17]

117. Depois desta longa enumeração de fatos, creio que podemos afirmar sem medo de nos equivocarmos que a influência dos Estados Unidos tem enfraquecido na região.

Império estadunidense e seu projeto de recolonização e disciplinamento

118. Mas esses notáveis avanços na correlação de forças em favor dos governos progressistas e de esquerda da região não devem nos iludir.

119. A influência perdida pelos Estados Unidos no terreno ideológico, político e econômico é compensada com um aumento de sua influência no terreno midiático e um aumento de seu poderio militar.

Aumento de seu poderio militar na região

120. Atualmente já existem 23 bases militares estadunidenses espalhadas em nosso subcontinente;[18] continuam sendo realizados

---

[17] "Em 2004, por exemplo, 83% das exportações latino-americanas para a China eram de produtos primários ou bens industrializados baseados em recursos naturais; por sua vez, os bens importados do gigante asiático eram bens manufaturados não baseados em recursos naturais." (Diego Sánchez Ancochea, *El impacto de China en América Latina*, 21 de novembro de 2006. O autor foi professor titular de Economia da América Latina na Universidade de Londres e esta análise foi publicada pelo Real Instituto Elcano, ARI n. 119/2006 – 21.11.2006 e reproduzido pelo Observatório da Economia e da Sociedade Chinesa, Número 11 – jun. 2009.

[18] Até junho de 2009 existiam 14 bases militares estadunidenses em nossa região. As mais conhecidas são: a base de Três Esquinas, na Colômbia, onde também existem outras; Iquitos, no Peru; Manta, no Equador; Palmerola, em Hondu-

exercícios militares multilaterais anuais com o objetivo de treinar tropas na região; foi reativada a IV Frota;[19] suas redes de inteligência se expandem em um esforço para vigiar e controlar a dinâmica dos movimentos populares da região. Trata-se de impedir que surjam forças nacionais que enfrentem suas políticas de dominação e vassalagem.

121. Tem aumentado enormemente a ajuda militar à Colômbia, sua fiel aliada e cabeça de praia[20] na região.

122. Por outro lado, para enfraquecer governos que não controlam, os EUA têm apoiado movimentos separatistas tanto na Bolívia (a Media Luna) e Equador (cidade do Equador e sua província), como na Venezuela (o estado petroleiro de Zulia).[21]

Novo ciclo dentro da estratégia do Pentágono a partir de 2008

123. Segundo a pesquisadora mexicana Ana Esther Ceceña, diante do avanço incontido das forças de esquerda na América Latina, especialmente nos últimos dois anos, o Pentágono decidiu dar

---

ras; Comalapa, em El Salvador; Rainha Beatriz, na Ilha de Aruba; Libería, na Costa Rica. No entanto, cada vez há mais resistência a sua instalação, como são o caso das populações do Brasil e Argentina, para não lhes entregar a base de Alcântara, no Brasil, e impedir que o Comando Sul instale uma base em Missiones, na chamada Tríplice Fronteira, o vértice onde Argentina se toca com Paraguai e Brasil. Por sua parte, Rafael Correa ordenou-lhes desalojar a base de Manta no Equador. E não podemos esquecer a luta heróica e vitoriosa da população de Porto Rico contra a base estadunidense na Isla de Vieques. A essas 14 bases deve-se agora acrescentar as sete novas bases estabelecidas na Colômbia em claro desafio ao governo venezuelano e, recentemente, mais duas no Panamá.

[19] Em um comunicado de Imprensa, a Marinha estadunidense anunciou em 24 de abril de 2008 que havia sido reativada a IV Frota, pela imensa importância da segurança marítima na parte sul do hemisfério ocidental.

[20] Termo militar criado para designar uma situação na qual, alcançando a costa de um território, unidades armadas formam uma linha e passam a "defender" a área até que cheguem reforços que permitam consolidar uma ofensiva (N.E)

[21] Eric Toussaint, *La roue de l'histoire tourney au Venezuela, en Equater et en Bolivie*, rascunhos, set. 2009.

prosseguimento a "um projeto de recolonização e disciplinamento de todo o continente"[22] com o objetivo de tentar deter e, na medida do possível, reverter o processo promovido pelo presidente Chávez para construir uma América Latina livre e soberana.

124. O imperialismo não pode aceitar que – apesar do enorme poder militar, político, econômico e midiático implantado na região – os países da América Latina estabeleçam sua própria agenda independente e contraposta à que ele projetou.

a) Com o ataque ao Equador inaugura-se um novo ciclo (março de 2008)

125. O ataque à cidade equatoriana de Sucumbíos em março de 2008, de acordo com Ceceña, teria dado origem a um "novo ciclo dentro da estratégia estadunidense de controle de seu espaço vital: o continente americano", apontando as primeiras linhas de uma política de Estado que não teria se modificado com a chegada de Obama ao governo, embora tenha se adaptado à nova situação continental, interrompendo sua escalada após a reclamação do Equador, apoiada pela maioria dos governantes da região.[23]

126. A ação militar – que contou com o apoio do Pentágono e foi repudiada pela OEA como uma violação à soberania equatoriana – desencadeou a ruptura de relações diplomáticas entre Bogotá e Quito.

b) Tentativa de golpe "cívico-prefeitural" na Bolívia (setembro de 2008)

127. Em resposta à esmagadora vitória do primeiro presidente indígena da Bolívia, Evo Morales, no referendo revogatório de julho de 2008, a direita oligárquica entrincheirada na meia lua do leste

---

[22] Ana Esther Ceceña, *Honduras y la ocupación del continente*, set. 2009.
[23] X Cúpula do Grupo do Rio em Santo Domingo, em 17 de março de 2008.

do país lança uma tentativa de um golpe cívico-prefeitural, como Morales o denominou. Usando seu controle sobre as prefeituras de Santa Cruz, Beni, Pando e Tarija, e apoiado pelos comitês civis desta região, dominados pelas elites locais, começam a tomar as instituições do Estado por meio da violência. Imediatamente começaram a aparecer nas ruas, a fim de criar uma situação de ingovernabilidade e forçar o governo a renunciar ou a usar a força do Estado, provocando mortes, caos e criando um cenário que justificasse a intervenção de forças militares estrangeiras em uma suposta missão de paz.

128. Devido à ampla evidência de que o complô foi preparado com o apoio direto da embaixada dos Estados Unidos na Bolívia, o governo deste país decidiu expulsar o embaixador dos Estados Unidos em 9 de setembro. No mesmo dia, o presidente Hugo Chávez, tomou uma decisão similar em seu país. Enquanto isso, os movimentos populares bolivianos decidiram iniciar uma marcha em direção a Santa Cruz para enfrentar os conspiradores golpistas.

129. Em seguida, foi desencadeado o massacre em Pando, onde dezenas de camponeses foram assassinados. Esse fato causou tal repulsa no país que o governo, junto com os movimentos populares, tomou a decisão de declarar o estado de sítio em Pando, enviando as Forças Armadas para restaurar a ordem. O complô foi finalmente desarticulado graças ao cerco de Santa Cruz pelos movimentos populares e ao claro pronunciamento da Unasul no sentido de que só reconheceria o legítimo governo de Evo Morales. À derrota política da direita em junho se acrescenta em setembro uma nova derrota político-militar.

c) Golpe contra o presidente Manuel Zelaya
em Honduras (28 de junho de 2009)

130. Quinze meses após o ataque ao Equador, e após seis meses do governo Obama, na madrugada do dia 28 de junho de 2009, o presidente da República de Honduras, Manuel Zelaya, um dirigente

político liberal, que durante seu mandato foi se radicalizando – havia aderido à Alba e planejava realizar uma assembleia constituinte, foi sequestrado e expulso do país. A ação foi realizada por um operativo militar que cumpria uma ordem da Assembleia Nacional.

131. Este golpe é repudiado quase que por unanimidade. De acordo com o pesquisador brasileiro Theotonio dos Santos, seria a primeira vez na história que os Estados Unidos apoiariam a condenação de um golpe de Estado na América Latina.[24] Mas qual é o significado dessa condenação? Podemos dizer que houve uma mudança na política imperialista dos EUA em relação ao nosso subcontinente? Infelizmente, a resposta a esta pergunta é negativa. Nada de fundo parece ter mudado.

132. Apesar da condenação formal de Obama, há evidências claras da intervenção do Pentágono na preparação dessa operação: algo que não surpreende, uma vez que Honduras já foi o centro das operações dos Estados Unidos na região para lutar contra a Nicarágua sandinista e contra as guerrilhas salvadorenhas. E a base militar de Soto Cano tem sido estratégica para as operações militares e de inteligência na região.

133. De acordo com o analista costa-riquenho Álvaro Montero, o exército hondurenho foi a estrutura de base utilizada por Reagan e Bush para manter as bases militares dos "contras" em território hondurenho e no norte da Nicarágua. Este mesmo exército colaborou com a CIA na transferência e venda de drogas para financiar a guerra suja contra o sandinismo. Portanto, "não se move uma folha de papel no exército hondurenho sem o conhecimento dos oficiais de inteligência dos EUA".[25]

134. A grande questão é quanto o presidente Obama esteve comprometido com este golpe. As opiniões estão divididas sobre

---

[24] Theotonio dos Santos, *Las lecciones de Honduras*, 1 jul. 2009.
[25] Álvaro Montero Mejía, *Honduras: las trampas de la mediación*, 10 jul. 2009.

isso. Há aqueles que se perguntam se isso não terá sido um golpe contra Obama também.²⁶ Outros afirmam que seria uma medida para reforçar a posição militarista de Hillary Clinton na orientação da política para a América Latina. De acordo com o jornalista venezuelano e ex-vice-presidente da República José Vicente Rangel, duas instâncias da política do governo dos EUA estavam presentes em Honduras: uma da Casa Branca e outra da máquina que a administração Bush criou através da base militar implantada na localidade hondurenha de Palmerola.²⁷

135. Está claro que para o império do norte era vital deter o avanço do esforço integrador no sul iniciado por Chávez e materializado na Alba, iniciativa que foi somando cada vez mais adeptos. O Pentágono decidiu então atacar por seu elo mais fraco, Honduras, promovendo um golpe militar com uma aparência que pretendia ser legal para estar mais sintonizado com os novos tempos.

136. Segundo Ana Esther Ceceña, esta seria "a primeira operação de relançamento dessa escalada" de recolonização,²⁸ seguida posteriormente da decisão de instalar novas bases militares na Colômbia e a imunidade oferecida às tropas estadunidenses em solo colombiano.

137. Não posso me deter aqui em uma análise mais profunda do que aconteceu em Honduras, como o assunto merece. Mas, pelo menos, quero dizer que, se a curto prazo, o grande vencedor foi o

---

[26] *Honduras: Um golpe de estado contra Barack Obama?* É o título de uma nota do jornalista argentino Andrés Sal Lari, de 10 de jul. 2009.

[27] Sua afirmação está baseada nas seguintes informações: "na madrugada do domingo, 28 de junho, dois importantes funcionários do Departamento de Estado, James Steimberg e Tom Shannon, contataram a embaixada estadunidense em Tegucigalpa e a base militar dos Estados Unidos na localidade hondurenha de Palmerola para advertir do golpe e dissuadir qualquer tentativa de apoio". No entanto, o chefe dessa base, que representa o Pentágono, apoiou o golpe. (Essas informações foram dadas no programa de televisão de domingo, 5 de julho de 2009).

[28] Ana Esther Ceceña, *op. cit.*

Pentágono, a interrupção abrupta desse processo democrático popular plantou as sementes que cedo ou tarde levará o seu povo a reconquistar a democracia e avançar na construção de uma sociedade mais justa e solidária. Hoje, Honduras não é a mesma que ontem. Nunca antes na sua história os setores populares estiveram tão unidos; e a bandeira da assembleia constituinte, em vez de enfraquecer-se, tremula cada vez mais alto. Algum dia os hondurenhos agradecerão este revés momentâneo.

d) Novas bases militares na Colômbia

138. A alternativa encontrada para a base de Manta, como dissemos anteriormente, foi transferir naves, armas e dispositivos para espionagem de alta tecnologia para as bases colombianas, segundo os acordos firmados em começos de março de 2009 pelo Ministério de Defesa colombiano, o chefe do Pentágono e a CIA. Isto multiplica a presença militar no país, transformando a Colômbia em um porta-aviões estadunidense na região.[29]

139. É uma interessante coincidência que as bases que receberão a maior quantidade desses equipamentos estão situadas muito próximas das fronteiras com Equador e Venezuela.

140. A decisão da Colômbia de permitir aos Estados Unidos a instalação de seu pessoal militar e civil[30] em cinco pontos do território colombiano criou uma comoção nacional que alcança os países vizinhos, sobretudo a Venezuela e Equador, e provocou uma crítica bastante generalizada em âmbito internacional.

141. As negociações foram realizadas em segredo nos Estados Unidos. O acordo foi assinado em 30 de outubro de 2009 pelo ministro das Relações Exteriores da Colômbia, Jaime Bermúdez, e o

---

[29] Hernando Calvo Ospina, "Siguen las tensiones entre Colombia y Ecuador", *Le Monde Diplomatique*, Rebelión, 29 jun. 2009.
[30] Um máximo de oitocentos militares e seiscentos civis, segundo o acordo.

embaixador dos Estados Unidos em Bogotá, William Brownfield, e tem o nome de "Acordo complementar para a cooperação e assistência técnica em defesa e segurança".[31]

142. Segundo um comunicado do Departamento de Estado datado de 18 de agosto, tal acordo está projetado para facilitar a cooperação bilateral em matéria de segurança colombiana.

143. Em vez de criar bases estadunidenses, ele permite ao pessoal daquele país ter acesso a sete instalações militares colombianas: duas bases navais, duas instalações militares e três da Força Aérea localizadas em Palanquero, Apia e Malambo. Além disso, todas essas instalações deverão permanecer sob controle colombiano e todas as atividades realizadas por pessoal estadunidense, a partir dessas instalações, só poderão ser realizadas com a expressa aprovação do governo colombiano.[32] Por esses serviços o governo de Álvaro Uribe receberá até quarenta milhões de dólares como assistência adicional pela assinatura desse pacto militar.

144. Segundo o subsecretário McMullen, o acordo essencialmente formaliza "o acesso" que os Estados Unidos têm tido "sobre uma base *ad hoc* todo o tempo em que vigorou o Plano Colômbia".[33]

145. Ingenuamente, o subsecretário do Departamento de Estado para Assuntos Hemisféricos crê que com suas declarações vá tranquilizar os governos latino-americanos: as bases não são estadunidenses, são colombianas, mas os Estados Unidos vão operar a partir delas, como fizeram durante anos, mas agora com um papel

---

[31] Acordo de cooperação para defesa (DCA)
[32] Textualmente o documento diz, no Art. III.2: "As atividades mutuamente acordadas, mencionadas anteriormente, requererão serem autorizadas por e coordenadas com as autoridades colombianas pertinentes, que poderão tomar as medidas de acompanhamento que correspondam".
[33] Stephen Kaufman, "Agreement on colombian bases does not increase U.S. presence", 30 set. 2009.

assinado por ambas as partes, e suas aeronaves e navios "não se submeterão à abordagem e inspeção".[34]

146. A Colômbia, a ovelha negra da América do Sul, é como o México, um país ocupado. De ambos os países pode-se dizer que sofreram uma "ocupação integral" – usando a expressão de Pablo González Casanova – porque esta abrange "a ocupação do social, do político ou governamental, do econômico e administrativo, do cultural e midiático, do territorial e do ecológico. Os estrategistas do Pentágono chamam este fenômeno de 'dominação de espectro completo'".

e) Tentativa de golpe de Estado contra Rafael Correa, no Equador (setembro de 2010)

147. Em 30 de setembro de 2010 é convocada uma greve nacional policial contra a Lei de Serviço Público, aprovada no dia anterior, como repúdio a uma reforma trabalhista do setor público que supostamente afetava os policiais. Elementos da tropa da Polícia Nacional do Equador iniciaram um protesto em seus quartéis suspendendo sua jornada de trabalho, bloquearam estradas e, além disso, impediram o ingresso ao Parlamento em Quito. A eles se juntou um grupo de elementos da Força Aérea Equatoriana que, usando seus corpos como barreiras, bloquearam a pista do Aeroporto Internacional Marechal Sucre.

148. Enquanto o presidente estava preso no Hospital de Polícia em Quito, a maior parte dos países do mundo repudiou a tentativa de golpe de Estado contra o mandatário equatoriano.

149. Correa afirmou que o levante policial foi "uma tentativa de golpe de Estado" orquestrada pela oposição e certos grupos enraizados nas Forças Armadas e na Polícia, basicamente o grupo da Sociedade Patriótica. Não há indícios de que os Estados Unidos

---

[34] Documento, Art. 6.4.

estivessem por trás desse golpe, mas todos sabemos, no entanto, as estreitas relações de Lucio Gutiérrez com o governo dos Estados Unidos.

f) Golpe de Estado institucional contra Fernando Lugo no Paraguai (22 de junho de 2012)

150. Com 39 votos a favor e 4 contra, o Senado do Paraguai destituiu o presidente Fernando Lugo, pelo mau desempenho de suas funções. Ele foi acusado de ser responsável pelo massacre infligido pelas forças de segurança paraguaias em seu esforço para expulsar cerca de cem camponeses que ocuparam as terras de um membro do Partido Colorado, que tinha sido um político durante a era Stroessner. Onze camponeses e seis policiais foram mortos e dezenas ficaram feridos e detidos. O vice-presidente, Federico Franco, fez o juramento como sucessor para preencher o cargo em sua substituição.

151. Como era de se esperar, os Estados Unidos convalidaram a destituição de Lugo, enquanto a Unasul e o Mercosul condenaram-na.

152. Um telegrama vazado pelo Wikileaks revela que o Departamento de Estado desse país sabia que a oposição estava planejando um golpe de Estado no Paraguai. Um telegrama diplomático confidencial de 28 de março de 2009 enviado de sua embaixada em Assunção para a referida instituição revela: "Há rumores de que o líder do Unace, o general Lino Oviedo, juntamente com o ex-presidente Nicanor Duarte Frutos, tentaria destituir Fernando Lugo, com um julgamento político no parlamento". O telegrama indica que o plano incluía que Federico Franco assumisse o cargo de presidente da República. Segundo a publicação, a oposição do Paraguai estaria esperando qualquer deslize do ex-bispo para engendrar um julgamento político contra ele.

O governo Obama: mais do mesmo

153. O golpe em Honduras e os posteriores desdobramentos nesse país, o aumento das bases militares na Colômbia, a continuação do bloqueio econômico a Cuba, a conservação da base em Guantánamo e a série de eventos anteriormente indicados provocaram um grande desapontamento naqueles que, como eu, esperavam uma maior coerência entre o discurso e a ação do presidente dos Estados Unidos. Ninguém pode duvidar agora de que os objetivos perseguidos pelo aparelho imperialista permanecem os mesmos, com o agravante de que o Pentágono voltou a prestar mais atenção à América Latina.

TIPOLOGIA DOS GOVERNOS DA AMÉRICA LATINA

154. Anteriormente destacamos que, na última década, os setores progressistas e de esquerda estão ganhando cada vez mais governos na região. Vários analistas tentaram classificar os governos da América Latina estabelecendo diferentes tipologias. Podemos distinguir inicialmente dois grandes blocos: governos de direita, ou conservadores, que buscam refundar o neoliberalismo, e os governos que se autodefinem "de esquerda", ou de "centro-esquerda", e que propõem buscar soluções alternativas ao regime imperante.

Governos que pretendem refundar o neoliberalismo

155. Poderíamos colocar no primeiro grupo os governos que pretendem refundar o neoliberalismo, levando a cabo uma série de reformas "que permitem aprofundar a transnacionalização desnacionalizadora de suas economias", aumentando os incentivos ao grande capital e continuando "com o processo de redistribuição regressiva da renda".[1] São aqueles que aplicam o que Roberto Regalado qualifica como "reformas neoliberais".[2]

156. Neste primeiro grupo estariam os governos da Colômbia, México e Chile e a maioria dos governos centro-americanos.

---

[1] Aram Aharonian, *op. cit.*
[2] Roberto Regalado, *Es necesario construir una contrahegemonía popular*, entrevista em Sitio Amigos de ViveTV, 19 out. 2009.

Governos que buscam soluções alternativas ao neoliberalismo

157. No segundo grupo estariam todos os governos restantes de "esquerda" ou de "centro-esquerda" da região eleitos por apresentar programas que buscam soluções alternativas ao neoliberalismo.

158. Apesar de serem muito diferentes uns dos outros, têm ao menos quatro coincidências programáticas: a luta pela igualdade social, pela democratização política, pela soberania nacional e pela integração regional. Eles, por sua vez, têm sido classificados em dois grupos.

a) Governos que, sem romper com as políticas neoliberais, põem ênfase no social

159. Nesse primeiro grupo estão os governos que pretendem equilibrar o liberalismo com o social pela via do subsídio em vez de impulsionar uma mudança estrutural, como seria o caso do Brasil, Uruguai e Argentina, os quais Jorge Castañeda, ex-chanceler mexicano, denomina como a "boa esquerda". O jornalista uruguaio, Aram Aharonian os caracteriza como governos "com projetos políticos pós-neoliberais, desenvolvimentistas, que sem romper com as políticas econômicas neoliberais colocam nova ênfase tanto no social como em políticas de produção que estimulam o capitalismo produtivo e nacional [...]". Roberto Regalado,[3] por sua vez, afirma que estes governos aplicariam reformas para tentar "atenuar as contradições econômicas, políticas e sociais do capitalismo atual sem romper com esse sistema".[4]

---

[3] Ibid.
[4] Beatriz Stolowicz as define como reformas pós-liberais. Recomendo a nossos leitores ler sobre esse tema seu excelente artigo: "El debate actual:posliberalismo o anticapitalismo", in: America Latina hoy ¿reforma o revolución?, op. cit. p. 65-101. Neste trabalho Beatriz expõe o que há por trás dessas reformas.

b) Governos que rompem com políticas
neoliberais apoiando-se em seu povo

160. Este segundo grupo reúne governos que procuram romper com as políticas neoliberais. Alguns analistas os qualificam como governos anti-imperialistas, que adotam medidas de protecionismo social e econômico contra os Estados Unidos. Entre eles estariam: Venezuela, Bolívia, Nicarágua, Equador; governos que Castañeda descreve como "má esquerda". E que Aram Aharonian descreve como "governos baseados na mobilização social e popular, com expressa vontade de mudança, que são favoráveis a uma ruptura com as políticas neoliberais e têm uma nova compreensão da economia e da integração da região e dos povos".[5] Segundo Roberto Regalado, esses governos aplicariam "reformas com intencionalidade e direção estratégica anticapitalista" e, portanto, seriam reformas que levariam à revolução.[6]

161. O intelectual estadunidense James Petras – conhecido por seu radicalismo – considera este grupo de governos como uma "esquerda pragmática"[7] em contraste com o que ele chama de "esquerda radical", na qual inclui as Farc da Colômbia.[8]

---

[5] Aram Aharoniam, *op. cit.*
[6] Roberto Regalado, *op. cit.*
[7] Segundo Petras, a esquerda pragmática inclui o presidente Hugo Chávez, na Venezuela; Evo Morales, na Bolívia e Fidel Castro, em Cuba. Inclui também uma multiplicidade de grandes partidos eleitorais e os principais sindicatos e uniões camponesas centro e sul-americanas: os partidos eleitorais de esquerda, o PRD no México, a FMLN em El Salvador; a esquerda eleitoral e a confederação de trabalhadores na Colômbia, o Partido Comunista chileno; a maioria no partido parlamentar nacionalista peruano Humala, setores dos líderes do MST no Brasil, o MAS na Bolívia, a CTA na Argentina e uma minoria da Frente Ampla e a confederação operária no Uruguai. Incluída a grande maioria dos intelectuais latino-americanos de esquerda. Este bloco é "pragmático" porque não faz um chamado à expropriação do capitalismo nem ao repúdio da dívida e nem qualquer ruptura de relações com os Estados Unidos (James Petra, *América Latina: cuatro bloques de poder*, mar. 2007)
[8] A esquerda radical inclui as Farc na Colômbia, setores dos sindicatos e dos movimentos camponeses e populares na Venezuela; a confederação Conlutas e

setores do Movimento Sem Terra no Brasil; setores da Confederação Operária Boliviana; os movimentos camponeses e as organizações populares em El Alto; setores do movimento camponês-indígena da Conaie, no Equador; os movimentos de professores e indígena-camponês em Oaxaca, Guerrero e Chiapas, no México; setores da esquerda camponesa-nacionalista no Peru; setores dos sindicatos e desempregados na Argentina. É um bloco político heterodoxo, disperso, fundamentalmente anti-imperialista, que rejeita qualquer concessão às políticas socioeconômicas neoliberais, se opõe ao pagamento da dívida externa e em geral respalda um programa socialista ou nacionalista radical (*ibid*)

GOVERNOS DE "ESQUERDA", MAS COM MAIS LIMITAÇÕES OBJETIVAS

162. Daqui em diante falaremos de governo de "esquerda" – entre aspas – para nos referirmos aos governos que foram vitoriosos por levantarem bandeiras antineoliberais, deixando ao leitor a tarefa de classificá-los de acordo com uma série de critérios que forneceremos mais adiante.

Definindo o que entendo por esquerda

163. Mas antes de continuar é preciso deixar claro o que entender por esquerda.

164. Na década de 1960 havia uma tendência para definir a esquerda não tanto pela meta que perseguia, mas pelos meios usados para alcançá-la. O objetivo implícito era o socialismo, os meios ou vias eram a luta armada ou a luta institucional. De acordo com isso, a esquerda podia ser qualificada como revolucionária ou reformista.

165. Na década de 1990, começou-se a usar o termo "nova esquerda" para referir-se àquela que abandonara a luta armada e que havia se integrado à luta institucional, em alguns casos e, em outros, à "esquerda social" composta por uma série de sujeitos diversos, como povos indígenas, mulheres, ambientalistas, defensores de direitos humanos etc.[1]

---

[1] Ver nota 24 do artigo de Beatriz Stolowicz, mencionado anteriormente, *op. cit.*, p. 99.

166. De minha parte, quero propor uma definição mais restrita relacionada com o objetivo buscado e, para isso, devemos nos perguntar se o propósito é renovar o capitalismo tornando-o mais humano ou buscar construir uma sociedade que supere o capitalismo.

167. Considero como esquerda, portanto, o conjunto de forças que lutam para construir: uma sociedade alternativa ao sistema capitalista explorador e sua lógica de lucro, uma sociedade de trabalhadores e trabalhadoras organizada mediante uma lógica humanista e solidária, orientada a satisfazer as necessidades humanas; uma sociedade livre da pobreza material e das misérias espirituais que o capitalismo engendra; uma sociedade que não é decretada de cima para baixo, mas é construída de baixo para cima, em que o povo tem um papel protagonista, isto é, uma sociedade socialista.[2]

168. Não seria, portanto, apenas o tema da luta pela igualdade expressa como um combate à pobreza o que caracterizaria a esquerda – embora este seja um dos seus traços essenciais –, mas também a rejeição a um modelo aberrante de sociedade baseada na exploração e na lógica do lucro: o modelo capitalista.

169. No entanto, é necessário acrescentar algo mais. Concordo plenamente com a pesquisadora uruguaia Beatriz Stolowicz, que afirma que "não se é de esquerda apenas por assim se declarar, mas se é de esquerda pelo que se faz em busca dessas transformações e construções necessárias. É assim que se torna de esquerda".[3]

170. Mas por que é tão necessário usar o critério da prática para discernir quem é de esquerda? Porque – como escrevemos em 1999, em "Tornar possível o impossível: a esquerda no limiar do século

---

[2] Ver Marta Harnecker, *Reconstruyendo la izquierda*, Parte II, 3. Crisis orgánica, parágrafos 118-121, publicado por Monte Ávila, Venezuela; El Perro y la Rana, Venezuela; e Siglo XXI, Argentina, Espanha, 2008. Ver em: <www.rebelion.org/docs/97076.pdf>
[3] Beatriz Stolowicz, *Gobiernos de izquierda en América Latina. Un balance político*, Ediciones Aurora: Bogotá, 2007, p. 15.

XXI"[4]– a direita se apropriou inescrupulosamente da linguagem da esquerda, o que é particularmente notório em suas formulações programáticas. Palavras como "reformas", "mudanças estruturais", "preocupação com a pobreza", "transição", são hoje parte do discurso antipopular e opressor. Como Franz Hinkelammert diz: "as palavras-chave dos movimentos populares da oposição dos anos 1950 e 1960 foram transformadas em palavras-chave daqueles que – a sangue e fogo – os destruíram".[5] E mais adiante, ele acrescenta: "Produz-se a noite em que todos os gatos são pardos. Todos estão contra os privilégios, todos querem reformas e uma mudança de estruturas. Todos também estão a favor da opção preferencial pelos pobres".[6]

171. Hoje – frente à crise do neoliberalismo – essa apropriação da linguagem da esquerda chegou ao extremo de assumir a crítica ao neoliberalismo realizada pela esquerda. Começa-se a questionar o papel do mercado, e defende-se a necessidade do poder regulador do Estado.

172. Há que reconhecer, como diz Beatriz Stolowicz, que "no terreno discursivo os estrategistas capitalistas não são dogmáticos, mudam seus argumentos, criticam o que eles propuseram antes quando se torna impossível ocultar seus efeitos negativos e estes geram problemas políticos [...]". Para conquistar adeptos, "se solidarizam com o 'mal-estar na globalização' (Stiglitz *dixit*), e incorporam o discurso antiglobalização, adjetivando-a como 'globalização neoliberal' pelo peso decisivo do capital financeiro, que continua produzindo convulsões. Assim, o 'neoliberalismo' é agora apenas especulação, atribuída à irresponsabilidade dos 'maus executivos',

---

[4] E retomamos essa ideia *in*: *Reconstruyendo la izquierda*, op. cit. parágrafo 160.
[5] Franz Hinkelammert, "La lógica de la exclusión del mercado capitalista mundial y el proyecto de liberación", em *Cultura de la esperanza y sociedad sin exclusión*, Ed. DEI, Costa Rica, 1995, p. 145
[6] *Ibid.*, p. 147.

salvaguardando a credibilidade do capital". E introduz-se o discurso que é preciso superar o neoliberalismo contrapondo-se à especulação financeira com um maior investimento produtivo. O capitalismo manifesta-se assim como "neodesenvolvimentismo" e se opõe tanto ao *laissez-faire* como ao populismo.[7]

Vitórias eleitorais e menor capacidade de manobra

173. Mas, voltando ao assunto de nossos governos, pensamos que é importante examinar brevemente em que condições são vitoriosos, ou seja, qual é a realidade que devem enfrentar, para poder apreciar seu desempenho de forma mais objetiva. Já mencionamos antes, ao analisar a correlação de forças no subcontinente, os esforços do Pentágono para manter um controle militar da região, buscando reverter o processo que ela está vivendo. Gostaríamos de salientar aqui outros elementos que nos parecem importantes para entender melhor o contexto em que esses governos devem se mover.

a) As grandes decisões são tomadas fora do âmbito do governo e do parlamento

174. É evidente que os novos governantes têm menos capacidade de manobra nas últimas décadas em relação às décadas anteriores porque, hoje, as grandes decisões são tomadas fora dos parlamentos e do poder executivo.

175. Embora nas últimas décadas em nossos países a população votante tenha aumentado enormemente e a cada vez existam mais dificuldades na realização de fraudes eleitorais – e, portanto, é mais provável que os candidatos de esquerda sejam eleitos – paradoxalmente isso não resultou em uma maior expansão do sistema

---

[7] Beatriz Stolowicz, *op. cit.*, p. 89-90.

democrático,[8] porque a maioria das principais decisões não são adotadas pelos parlamentos, nem pelos presidentes eleitos, mas por entidades que escapam a seu controle: as grandes agências financeiras internacionais (FMI, BM); os bancos centrais autônomos; as grandes corporações transnacionais e os organismos de segurança nacional.

b) Meios de comunicação controlados pela oposição

176. A isso deve ser acrescentado o papel desempenhado pelos meios de comunicação concentrados nas mãos dos grandes grupos econômicos, aspecto ao qual nos referiremos brevemente.[9]

177. Lembremo-nos do papel que Noam Chomsky atribui a esses meios: são instrumentos para "fabricar um consenso" que permitem "domesticar o rebanho perplexo". De acordo com o autor, a propaganda é tão necessária para a democracia burguesa como o era a repressão do estado totalitário[10] e, portanto, os partidos políticos burgueses podem aceitar uma derrota eleitoral, desde que mantenham em suas mãos o controle da grande maioria dos meios

---

[8] Os regimes democráticos surgidos depois dos períodos ditatoriais no cone Sul da América, e que depois se expandem por todo nosso subcontinente, são o que alguns autores têm chamado de "democracias restringidas" ou "tuteladas". Ver: Franz Hinkelammert, "Nuestro proyecto de nueva sociedad en América Latina: el papel regulador del estado y los problemas de autorregulación del mercado", in: Cultura de la esperanza y sociedad sin exclusión, op. cit., p. 114.

[9] Para um desenvolvimento mais amplo desse tema, ver: Marta Harnecker, Haciendo posible lo imposible. La izquierda en el umbral del siglo XXI, op. cit., p. 183 a 190, parágrafos 642-664. [Há edição brasileira: Tornar possível o impossível: a esquerda no limiar do século XXI". São Paulo: Paz e Terra, 2000.]

[10] Ver: Noam Chomsky, "El control de los medios de comunicación", in: Cómo nos venden la moto, Ed. Icaria, Barcelona 1996, p. 16. O termo "fabricando o consenso" é utilizado por Walter Lippmann em Public Opinion, Allen and Unwin, Londres, 1932, citado por Chomsky em op. cit., p. 10; este autor, por sua vez, tem um livro intitulado: Manufacturando el consenso.

de comunicação de massa. São eles que, a partir do momento da vitória, para não dizer antes, começam seu trabalho de socavar e de reconquistar os corações e as mentes daqueles que cometeram o "erro" de eleger um governante de esquerda.

178. E esta é a razão pela qual qualquer medida tomada por esses governos para punir as campanhas de desinformação ou incitamento à violência que esses meios promovem, ou para estabelecer instrumentos legais que defendem o direito das pessoas de serem informadas corretamente, provoca reações tão viscerais como as que conhecemos em vários dos nossos países, e que são reverberadas pelo poder midiático global. Eles sabem que as batalhas políticas atuais não são conquistadas com bombas atômicas, mas com bombas midiáticas.

179. Uma dessas bombas midiáticas foi a campanha para fazer crer que a Venezuela estava em uma corrida armamentista que ameaçava a região e se apoiava na recente compra por aquele país de armamento à Rússia. Mas, consultando-se os dados da CIA, verifica-se que a situação é muito diferente. Com base nesses dados, o economista belga Éric Toussaint, informa: "O gasto militar venezuelano é o sexto da região em ordem de importância, vem depois do Brasil, da Argentina, do Chile (um país muito menos povoado que a Venezuela e considerado como modelo), da Colômbia e do México. Em termos relativos, referente ao Produto Interno Bruto de cada país, o orçamento militar venezuelano ocupa o nono lugar na América Latina. Alguém leu isso na grande imprensa? Pelo contrário, pode-se ler em agosto de 2009 que a Suécia pediu explicações à Venezuela, porque o governo colombiano havia denunciado que seu vizinho era um fornecedor de armas para os guerrilheiros das FARC. E a Suécia declarou à Colômbia que os mísseis SAAB encontrados em um campo das FARC foram fornecidos por eles à Venezuela. A resposta detalhada e concisa dada por Hugo Chávez foi que os mísseis em questão foram roubados de um porto venezuelano

em 1995, quatro anos antes de Chávez ter assumido a Presidência da República."[11] Mas quem pôde ler essa resposta?

c) O peso da cultura herdada

180. Estes governos também recebem um pesado fardo cultural: a cultura individualista do salve-se quem puder; a cultura paternalista, que nos acostumou a esperar soluções do Estado em vez de nos organizarmos e lutarmos para alcançá-las; a cultura consumista, que nos leva a pensar que, se tivermos mais, somos melhores, em vez de nos sentir mal por termos coisas supérfluas, enquanto aqueles que estão muito perto de nós não têm o mínimo para viver com dignidade.

181. De acordo com alguns analistas, as forças conservadoras tolerariam mais a vitória dos candidatos de esquerda, precisamente porque têm cada vez menos possibilidades reais de modificar a situação prevalecente se permanecerem dentro das regras do jogo institucional herdado.

Levar em consideração a correlação de forças

182. Com base no anteriormente exposto, acreditamos que devemos ter cuidado ao estabelecer um julgamento sobre os governos "de esquerda" na região. Para julgar o que eles fazem, devemos ser muito claros sobre o que eles não podem fazer, não por falta de vontade, mas por limitações objetivas. E para isso devemos partir de uma análise correta da estrutura econômica herdada, da herança cultural a partir da qual eles têm que operar; da correlação de forças em que estão imersos – tanto internamente como internacionalmente –, algo que muitas vezes é negligenciado pelos setores da esquerda mais radical, que exigem que seus governos adotem medidas mais drásticas, usando como exemplo o comportamento do governo Ve-

---

[11] Éric Toussaint, *op. cit.*

nezuelano, que tem condições econômicas imensamente favoráveis (provavelmente não houve nenhum outro processo revolucionário com essas condições na história da humanidade).

183. Compartilho a opinião de Valter Pomar, que argumenta que "as condições existentes podem forçar um governo revolucionário a adotar medidas capitalistas, mas que essas medidas adquirem um sentido estratégico diferente dependendo do governo que as adota: se são adotadas por um governo capitalista ou um governo socialista".[12] E eu gostaria de precisar: desde que essas medidas capitalistas permitam criar as condições para avançar depois para as relações de produção socialistas.

184. Portanto, apenas a partir da realidade de cada país e analisando a correlação de forças existentes saberemos o que esses governos podem fazer e não fazem.

Correlação de forças: Chávez e Lula

185. Pensemos, por exemplo, no governo de Luís Inácio da Silva, mais conhecido como Lula, no Brasil. Embora o candidato do Partido dos Trabalhadores tenha ganhado as eleições presidenciais de 2002, mesmo com mais apoio eleitoral do que o de Chávez em 1998, não se deve esquecer que esses resultados foram o produto de uma ampla política de alianças necessária para vencer nas urnas e ainda mais necessária para poder governar o país. Deve-se lembrar que o Brasil depende muito mais do capital financeiro internacional do que a Venezuela com sua enorme renda do petróleo; que o PT não é "a força hegemônica na sociedade brasileira": continua sendo uma minoria em ambas as câmaras do poder legislativo e que, embora tenha controlado, e ainda controle, um número significativo de prefeituras e importantes governos estaduais, é uma minoria

---

[12] Valter Pomar, "Las diferentes estrategias de la izquierda latino-americana", *in*: *América latina hoy ¿reforma o revolución?*, op. cit., p. 246.

neste campo em âmbito nacional. Por outro lado, não conta com o apoio maciço das Forças Armadas que Chávez teve, que definiu seu processo revolucionário como um processo pacífico, mas armado.

Trata-se, como diz Valter Pomar, em uma entrevista recente, "de um país marcado pela herança neoliberal, hegemonizado pelo grande capital e pelas forças de centro-direita, mas isso não significa que não possa e não deva ser criticado, especialmente no que diz respeito à forma como procura superar a herança neoliberal e a hegemonia de centro-direita e do grande capital".[13]

186. Partindo das condições objetivas do Brasil, compartilho a afirmação do dirigente brasileiro quando diz que "não existe correlação de forças, mecanismos institucionais e situação econômica" que permitam ao governo brasileiro "operar de maneira semelhante ao governo venezuelano",[14] embora reconheça que o governo Lula poderia ter feito mais do que fez.

Mais a direção do que o ritmo

187. Levando-se em conta as considerações expostas anteriormente, penso que mais importante que classificar os governos latino-americanos em alguma tipologia, como muitos analistas, o que devemos fazer é tratar de avaliar seu desempenho tendo sempre em conta a correlação de forças em que devem se mover. E por isso não devemos considerar tanto o ritmo com que avançam, mas a direção em que se encaminham as medidas adotadas,[15] já que o ritmo dependerá, em grande medida, de como vão se resolvendo os obstáculos que vão encontrando em seu caminho.

---

[13] Valter Pomar, "10 anos de PT no governo e o desafio de uma esquerda socialista de massas", *op. cit.*
[14] Valter Pomar, *La línea del Ecuador*, 3 de dezembro 2008 (Internet)
[15] Michael Lebowitz, "Venezuela a good example of the bad left", *Monthly Review*, jul-ago. 2007.

SEGUNDA PARTE

ATÉ ONDE AVANÇAR:
O SOCIALISMO DO SÉCULO XXI

PORQUE FALAR DE SOCIALISMO

188. Por que falar de socialismo, podemos nos perguntar, se essa palavra teve e ainda tem uma carga negativa tão grande? Após a queda do muro de Berlim e o desaparecimento da União Soviética, a intelectualidade de esquerda latino-americana e mundial ficou perplexa. Sabia mais o que não queria do socialismo do que o que queria. Rejeitava a falta de democracia, o totalitarismo, o capitalismo de Estado, o planejamento central burocrático, o coletivismo que pretendia homogeneizar sem respeitar as diferenças, o produtivismo que enfatizava o avanço das forças produtivas sem levar em conta a necessidade de preservar a natureza, o dogmatismo, a intolerância à oposição legítima, a pretensão de impor o ateísmo perseguindo os crentes e a necessidade de um único partido para conduzir o processo de transição.

189. Hoje a situação mudou, na América Latina já sabemos em linhas gerais o que queremos. E por que temos mais clareza hoje do que ontem, na região, sobre a futura sociedade que queremos construir?

190. Penso que isso se deve, em grande medida:

Primeiro, à experiência prática do que denominei de "governos locais de participação popular", governos profundamente democráticos, que abriram espaços para o protagonismo do povo e que, graças à sua transparência, ajudaram a lutar contra a corrupção.

Segundo, a que redescobrimos as práticas comunitárias indígenas das quais temos muito a aprender.

E, terceiro, às experiências práticas que estão sendo impulsionadas por alguns governos que se propuseram a avançar para um modelo de sociedade anticapitalista e que têm diferentes denominações.

191. Essas luzes começaram a se irradiar em nosso subcontinente, potencializadas pelo estrondoso fracasso do neoliberalismo e a resistência e luta, cada vez maiores, dos movimentos populares, mencionadas anteriormente e, mais recentemente, pela crise mundial do capitalismo. Uma sociedade alternativa ao capitalismo começava a se fazer mais necessária do que nunca. Como chamá-la?

192. Foi o presidente Chávez que teve a coragem de chamar de socialista a essa sociedade alternativa ao capitalismo. Chamou de "socialismo do século XXI", reivindicando com a palavra "socialismo" os princípios sempre vigentes "do amor, da solidariedade, da igualdade entre homens e mulheres, entre todos"[1] e acrescentando o adjetivo "século XXI" para diferenciar o novo socialismo dos erros e desvios do modelo de socialismo implementado durante o século XX na União Soviética e nos países do leste europeu.

193. No entanto, deve-se ter em mente que em inícios da década de 1970, no Chile, com a vitória do presidente Salvador Allende apoiado pela coalizão de esquerda Unidade Popular, começou a se desenvolver a primeira experiência mundial de transição ao socialismo diferente ao da URSS, já que se realizava pela via institucional. Tal experiência foi rapidamente derrotada através de um golpe militar três anos depois. Se a nossa geração aprendeu algo desta derrota foi que para transitar de forma pacífica a essa meta havia que repensar o projeto socialista tal como havia sido aplicado no mundo até então e que, portanto, era necessário elaborar outro projeto mais adequado à realidade chilena e a via pacífica de construí-lo. Isso era o que Allende parecia intuir ao usar sua

---

[1] Hugo Chávez Frías, *Discurso de la unidad*, Caracas, 15 de dezembro de 2006, Ediciones Socialismo del siglo XXI, n. 1. Caracas, janeiro de 2007, p. 41.

folclórica metáfora de "socialismo com vinho tinto e empanadas",[2] que indicava a construção de uma sociedade socialista democrática enraizada nas tradições nacional-populares.[3]

Chávez cunha o termo "socialismo do século XXI"

194. Chávez começa a falar sobre o socialismo e logo fala sobre o socialismo do século XXI. Vejamos como esse termo foi surgindo.

195. Foi no dia 5 de dezembro de 2004, na cerimônia de encerramento do Encontro Mundial de Intelectuais e Artistas em Defesa da Humanidade realizado em Caracas, onde Chávez surpreendeu os participantes declarando, pela primeira vez, que "era necessário reexaminar a história do socialismo e recuperar o conceito de socialismo [...]".[4]

196. E por que isso é surpreendente? Porque quando iniciou seu mandato, ele pensou que poderia avançar nas transformações sociais sem tocar no capitalismo, por uma terceira via,[5] mas não demorou muito para perceber que isso não era possível. Deparou-se com uma oligarquia venezuelana que não estava disposta a ceder nada. Apenas se viu levemente afetada em seus interesses pelo pacote de

---

[2] Comida chilena típica. Ver: Tomás Moulián, *La Unidad Popular y el futuro*, in: revista *Encuentro XXI*, n. 3, ano 1, Santiago do Chile, 1995, p. 25.
[3] Marta Harnecker, "Reflexiones sobre el gobierno de Allende, Estudiar el pasado para construir el futuro", 5 jun. 2003. Este texto foi elaborado para a revista inglesa *Historical Materialism: Research in Critical Marxist Theory*, Vol.11, n. 3, Autumn, 2003
[4] Diana Raby, *Democracia y revolución. América latina y el socialismo hoy*, Monte Ávila ediciones, Caracas, 2006, p. 33.
[5] [...] alguns falam e têm escrito muito sobre a terceira via, capitalismo com rosto humano, capitalismo renano, capitalismo marciano e não sei quantos mais, tentando colocar uma máscara no monstro; mas a máscara que põem no monstro é máscara que cai ao chão despedaçada pela realidade. Eu mesmo devo confessar, nem é preciso confessar, todos sabem, sobretudo os venezuelanos, que por uma época estive transitando e fazendo referências à terceira via [...]" *Palavras de Abertura da IV Cúpula da dívida social*, Caracas, 25 de fevereiro de 2005.

leis que foram promulgadas no final de 2001, organizou um golpe de Estado para tirar Chávez do governo. Com o fracasso deste plano, tentou paralisar o país sabotando especialmente a produção de petróleo. Esta experiência juntamente com a constatação de que a partir do aparelho de Estado burguês herdado não se podia atender com a rapidez exigida os problemas angustiantes de seu povo e que, no marco do modelo capitalista, era impossível resolver o drama da pobreza e da desigualdade, fizeram com que o líder bolivariano se convencesse de que ele tinha que buscar outro caminho; avançar para uma sociedade diferente, para o que ele mais tarde chamou de "socialismo do século XXI".[6]

197. Semanas mais tarde, em seu discurso no último dia do Fórum Social Mundial, em 30 de janeiro de 2005, em Porto Alegre, Brasil, ele reafirmou que era necessário superar o capitalismo e construir o socialismo, mas advertiu: "Temos que reinventar o socialismo. Não pode ser o tipo de socialismo que vimos na União Soviética" e, mais adiante, ele insistiu que não era "recorrer ao capitalismo de Estado", porque se isso acontecesse, se cairia "na mesma perversão" daquele país.

198. Então, na IV Cúpula da Dívida Social, no dia 25 de fevereiro do mesmo ano, ele disse que não havia alternativa ao capitalismo que não fosse o socialismo, mas advertiu que tinha que ser um socialismo diferente dos conhecidos, que havia que "inventar o socialismo do século XXI".[7] Esta é a primeira vez que o termo "socialismo do século XXI" foi usado em público.

199. Podemos dizer, sem dúvida, que o presidente Chávez foi quem cunhou esse termo. E dizemos que ele o "cunhou" porque alguns autores já haviam empregado anos antes, como, por exemplo,

---

[6] Hugo Chávez, *Ibid*. Outros autores têm preferido denominá-lo "socialismo para o século XXI", entre eles Michael Lebowitz.
[7] *Ibid*.

o sociólogo chileno Tomás Moulián em seu livro: *O socialismo do século XXI: A quinta via* publicado no Chile no ano 2000.[8]

200. Consciente da carga negativa que a palavra tinha, o líder bolivariano desde então dedicou-se a explicar ao seu povo, em suas numerosas intervenções públicas, todos os benefícios que a nova sociedade lhes traria, em contraposição com a situação que o capitalismo havia criado. Seu esforço pedagógico foi tão bem-sucedido que – de acordo com as pesquisas – mais da metade da população venezuelana já prefere o socialismo ao capitalismo.

Um socialismo que não é decalque nem cópia, enraizado em nossa história

201. Agora, não se trata de copiar modelos estrangeiros ou exportar os nossos, trata-se de construir um modelo de socialismo adaptado a cada país. Naturalmente, compartilhando algumas características que dão o caráter socialista à nossa construção.

202. Entre eles estariam os três elementos fundamentais apontados por Chávez: a transformação econômica, a democracia participativa e protagonista na vida política, a ética socialista "baseada no amor, na solidariedade, na igualdade entre homens, mulheres, entre todos".[9]

203. Estes valores e ideias socialistas são muito antigos. Eles já se encontram – de acordo com o líder bolivariano – nos textos bíblicos,[10] no Evangelho,[11] nas práticas de nossos aborígenes.

---

[8] Lom Ediciones, Santiago. Chile, 2000. Sobre a polêmica de quem empregou primeiro o termo ver artigo de Javier Biardeau, *El nuevo socialismo del siglo XXI. Una breve guía de referencia*, Aporrea, 5 abr., 2009

[9] Hugo Chávez Frías, *Discurso de la unidad, op. cit*, p. 41.

[10] O profeta Isaías, assim como muitos outros profetas, trouxe uma mensagem de igualdade, de claro espírito socialista. *Discurso de la unidad, ibid.*, p. 42.

[11] Cita a versão original do Sermão da Montanha que aparece no Evangelho de São Lucas, *ibid.* p. 42-43.

204. Chávez pensa – como Mariátegui – que o socialismo do século XXI não pode ser "decalque e cópia", mas que deve ser "criação heroica", e é por isso que fala de um socialismo bolivariano, cristão, robinsoniano,[12] indo-americano. "[Trata-se de] uma nova existência coletiva, de igualdade, de liberdade, de democracia verdadeira e profunda".[13]

205. Outros dirigentes têm falado de socialismo comunitário, da sociedade do Bem Viver, da sociedade da vida em plenitude. Concordo com o vice-presidente boliviano, Álvaro García Linera, que afirma que não importa o nome que lhe dermos, o que importa é o conteúdo.

206. Chávez concorda com o pensador peruano em que uma das raízes fundamentais de nosso projeto se encontra no socialismo de nossos aborígenes[14] e, por isso, defende que se deve resgatar e potencializar as práticas indígenas imbuídas de espírito socialista.

207. Por outro lado, quando se fala de "socialismo comunitário" na Bolívia, procura-se resgatar o que o vice-presidente da República chamou de "a civilização comunal, com seus procedimentos tecnológicos baseados na força da massa, na gestão da terra familiar e comunitária, na fusão entre atividade econômica e política; com suas próprias autoridades e instituições políticas, que privilegiam a ação normativa sobre a eletiva; [onde] a individualidade é um produto da comunidade e sua história passada"; onde há uma "despersonalização do poder", uma "revogabilidade consensual", uma "rotatividade de funções".[15]

---

[12] Refere-se a Simón Rodríguez, o mestre e amigo de Simón Bolívar, a quem chamava de Robinson. Robinson. [Ver nota 1, a p. 19. (N.E.)]
[13] *Ibid.*, p. 51.
[14] *Ibid.*, p. 46.
[15] Álvaro García Linera, "Estado plurinacional", *in: La transformación pluralista del estado*, de Álvaro García Linera, Luís Tapia Mealla e Raúl Prada Alcoresa, Muela del diablo editores/Comuna, Bolívia, p. 46-47. O pesquisador boliviano distingue quatro regimes civilizatórios na Bolívia. O primeiro é o moderno

208. Conhecer essas realidades deveria nos levar a despojar-nos da cultura paternalista ocidental que acredita que devemos ajudar as comunidades indígenas. Chávez afirma que deveríamos "pedir--lhes ajuda [...] para que possam cooperar conosco na construção do projeto socialista do século XXI".[16]

---

mercantil industrial; o segundo é constituído pela economia e cultura organizadas em torno da atividade mercantil simples de tipo doméstico, artesanal ou camponesa (esta atividade constitui 68% do emprego urbano); um terceiro regime civilizatório é a civilização comunitária; e, por último, há a civilização amazônica, baseada no caráter itinerante de sua atividade produtiva, a técnica baseada no conhecimento e laboriosidade individual e ausência de Estado. Em conjunto, as duas terças partes dos habitantes do país se encontram em alguma das três últimas "faixas civilizatórias ou societais". (p. 46-47), Segundo García Linera, a maioria da população boliviana "está submersa em estruturas econômicas, cognitivas e culturais não industriais e detentoras, além de outras identidades culturais e linguísticas [sendo portadora] de outros hábitos e técnicas políticas resultantes de sua própria vida material e técnica: a sobreposição da identidade coletiva acima da individualidade, a prática deliberativa acima da eletiva, a coerção normativa como modo de comportamento digno de reconhecimento acima da livre adesão e cumprimento, a despersonalização do poder, sua revogabilidade consensual, a rotatividade de funções etc., são formas de comportamento que falam de culturas políticas diferenciadas das liberais e representativas partidárias [...] (*ibid.* p. 48)

[16] Hugo Chávez Frías, *Discurso de la unidad, op. cit.,* p. 48.

RESGATANDO O PENSAMENTO SOCIALISTA ORIGINAL

209. Este socialismo – que pretende manter distância da prática socialista do século XX – retoma as ideias originais de Marx e Engels. Essas ideias não foram apenas desvirtuadas pela prática soviética e pela literatura marxista difundida por esse país, como também foram ofuscadas ou simplesmente ignoradas devido à rejeição produzida pelo socialismo que se associava a seu nome.

210. Em seguida examinaremos suas principais ideias.

O pleno desenvolvimento humano

211. Segundo Marx e Engels, a futura sociedade permitiria o pleno desenvolvimento de todas as potencialidades do ser humano, algo que só pode ser pensado em uma "sociedade cooperativa".[1] Os seres humanos fragmentados produzidos pelo capitalismo seriam substituídos por seres humanos plenamente desenvolvidos e este desenvolvimento seria conseguido através da prática revolucionária (transformando as circunstâncias, a pessoa transforma a si mesma) e, por isso, Marx afirmava também que era através da luta revolucionária que os trabalhadores iriam se libertando do esterco do passado, iriam se transformando.

---

[1] Na *Crítica ao Programa de Gotha*, Marx fala do "desenvolvimento dos indivíduos em todos os seus aspectos" (*Obras Escogidas*, Tomo III, Editorial Progresso, Moscou, 1974, p. 15). [Há edição brasileira: Karl Marx, Crítica ao programa de Gotha. *In: Dialética do trabalho* v. I. São Paulo: Expressão Popular, 2004.]

212. Isto é o que Friedrich Engels dizia em seu primeiro rascunho do *Manifesto Comunista*, "organizar a sociedade de tal forma que cada um de seus membros possa desenvolver e usar seu potencial e suas faculdades em completa liberdade e, portanto, sem desnaturalizar a essência básica dessa sociedade". Na versão final de Marx para o *Manifesto*, esta nova sociedade é apresentada como uma "associação em que o livre desenvolvimento de cada um seja a condição do livre desenvolvimento de todos".

213. O pesquisador canadense Michael Lebowitz tem desenvolvido amplamente essa ideia em vários de seus livros sobre o tema do socialismo no século XXI.[2] Segundo meus conhecimentos, ele é o autor marxista que mais enfatizou o pleno desenvolvimento humano como a meta a ser alcançada e a relação entre esse desenvolvimento e a prática revolucionária (transformando as circunstâncias, a pessoa se transforma).

O ser humano como ser social

214. Outra ideia importante desenvolvida por Marx, e muitas vezes ignorada, é o caráter social da natureza humana que já se encontra exposta no terceiro manuscrito econômico-filosófico de 1844. Segundo o autor alemão, a sociedade comunista permitiria que a pessoa humana por sua natureza social pudesse realizar plenamente seu caráter social.[3] Quando Marx postula o ser humano como ser

---

[2] Principais obras do autor publicadas em espanhol: *Construyámoslo ahora: el socialismo para el siglo XXI* (Centro Internacional Miranda, Caracas, 2007); *El socialismo no cae del cielo: un nuevo comienzo* (Monte Ávila, Caracas, 2007; Ediciones Sociales, Cuba; e outras); *El camino al desarrollo humano: ¿capitalismo o socialismo?* (Caracas: Centro Internacional Miranda, Caracas, 2008); *La alternativa socialista: el verdadero desarrollo humano* (Ediciones Escaparate, Santiago Chile, 2012).

[3] Marx, *Manuscritos Econômico-filosóficos de 1844*, Terceiro Manuscrito, seção: propriedade privada e comunismo. Nele, é desenvolvida essa ideia do homem como um ser social. Vejamos o seguinte parágrafo: "Acima de tudo, é necessário evitar fazer de novo da 'sociedade' uma abstração frente ao indivíduo. *O*

social não está postulando a negação do indivíduo, o que afirma é que a natureza humana individual é eminentemente social. Há uma relação dialética complementar entre o ser individual e o ser social que impossibilita que se possa estabelecer uma separação no ser humano de seu caráter individual e seu entorno social.

215. Não existe o cidadão abstrato, como diz o filósofo francês, Henri Lefebvre: alguém que está acima de tudo, que não é rico nem pobre, nem velho nem jovem, nem macho nem fêmea ou é tudo ao mesmo tempo. Como disse o iugoslavo Miodrag Zecevic, "o que existe são pessoas concretas que vivem e dependem de outras pessoas, que se associam e se organizam de diferentes maneiras com outras pessoas em comunidades e organizações nas quais e por meio das quais realizam seus interesses, seus direitos e seus deveres".[4]

216. Isso implica uma rejeição ao "coletivismo", aquele enfoque que suprime as diferenças de cada membro da sociedade em nome do coletivo. O coletivismo é uma flagrante deformação do marxismo. Basta lembrar que Marx criticava o direito burguês por pretender igualar artificialmente as pessoas em lugar de reconhecer suas diferenças: ao pretender ser igual para todos,

---

indivíduo é o ser social. Sua exteriorização vital (embora não apareça na forma imediata de uma exteriorização vital comunitária, cumprida em união com os outros) é, portanto, uma exteriorização e afirmação da *vida social*. A vida individual e a vida genérica do homem não são *diferentes*, por mais que, necessariamente, o modo de existência da vida individual seja uma forma mais *particular* ou mais *geral* da vida genérica, ou seja, a vida genérica, uma vida individual mais *particular* ou *geral*" [Os destaques são de MH. Há edição brasileira: Karl Marx, *Cadernos de Paris & Manuscritos econômico-filosóficos de 1844*. São Paulo: Expressão Popular, 2015].

[4] Miodrag Zecevic, *El sistema de delegados* (1977), cuja tradução ao espanhol pode ser encontrada no livro: *El sistema político yugoslavo. buscando un camino alternativo al sistema representativo burgués y al sistema estatista soviético*, seleção de textos de Marta Harnecker, publicado pelo Centro Internacional Miranda, Caracas, 2007

termina sendo um direito desigual.[5] Afirmava, ao contrário, que uma distribuição verdadeiramente justa tinha que levar em conta as necessidades diferenciadas das pessoas. Daí sua máxima: "de cada um de acordo com sua capacidade, a cada um de acordo com suas necessidades".

217. Mas de onde Marx tira as escassas ideias que encontramos em seus textos sobre o que deve ser a sociedade alternativa ao capitalismo que ele denomina de comunista? E dizemos escassas porque não são muitas as referências que podemos encontrar em Marx sobre o socialismo. Lembremos que o pensador alemão se dedicou a estudar cientificamente apenas o modo de produção capitalista e que nem sequer pôde desenvolver todos os temas que havia se proposto a abordar sobre essa matéria. Por outro lado, mesmo dispondo de tempo, não poderia ter avançado muito mais na prefiguração da sociedade alternativa, já que o conhecimento científico não pode vir antes da realidade.

218. As ideias de Marx sobre a sociedade comunista não caem do céu, nem são fruto de um pensamento especulativo, mas surgem da análise das contradições internas do próprio capitalismo. Marx afirma que o capitalismo cria as condições materiais da nova sociedade, uma das quais é a necessidade técnica da existência do trabalhador coletivo, outra é o aumento da capacidade produtiva requerida para poder responder às necessidades humanas mais imediatas.

219. Marx não aponta apenas as condições que favorecem a emergência de uma sociedade alternativa, mas, ao mesmo tempo, ao estudar as contradições e efeitos negativos do capitalismo nos

---

[5] C. Marx e F. Engels, *Crítica al Programa de Gotha, op. cit.*, p. 14 e 15. Nesses parágrafos Marx explica com muita clareza porque se trata de um direito desigual. Em outros parágrafos afirma que na nova sociedade cada um daria à sociedade tudo o que pode "de acordo com suas capacidades" e receberá dela "segundo suas necessidades" (*ibid.*, p. 45 e p. 43).

trabalhadores e no meio ambiente, indica o que é necessário negar invertendo ou transformando em seu oposto para poder construí-la.[6]

220. Graças a essas inversões que Marx pôde imaginar a nova sociedade que substituiria o capitalismo.

Propriedade comum

221. Ele afirma que é necessário acabar com a propriedade privada capitalista dos meios de produção, porque esta entrou em contradição com o caráter cada vez mais social[7] do processo de produção, apontando a necessidade de transformá-la em propriedade coletiva ou comum para superar a anarquia da produção capitalista; e por outro lado para que a economia não esteja orientada ao interesse pessoal, mas, sim, para os interesses da sociedade como um todo.

Suprimir a divisão entre o trabalho manual e intelectual

222. É necessário acabar com a crescente divisão entre o trabalho manual e intelectual – fruto da expropriação capitalista de todo o conhecimento ou habilidade que o trabalhador tenha em relação ao processo de produção – fazendo do trabalho uma atividade integral manual e intelectual ao mesmo tempo. É necessário acabar com o trabalho alienador, obrigatório – no qual, para alcançar seu máximo potencial produtivo, o trabalhador é fragmentado, transformando-se em mais um parafuso na máquina. Inverter essas

---

[6] Tomei essa ideia de Michael Lebowitz. O autor diz: "Se lemos *O capital* com o objetivo de identificar as inversões e distorções produzidas por seres humanos truncados no capitalismo, poderemos ter uma ideia do que Marx pensava sobre o que é "peculiar e característico" da produção nessa "situação inversa", o "socialismo" (*La alternativa socialista: El verdadero desarrollo humano, op. cit. ibid.*, p. 60).

[7] Se os frutos do trabalho são cada vez mais o produto de um trabalhador coletivo e para ser produzido depende cada vez mais de diversos ramos da produção, o lógico é que a propriedade seja cada vez mais coletiva.

premissas leva a colocar o protagonismo dos trabalhadores no processo de produção como algo central.

Regular racionalmente o metabolismo entre o ser humano e a natureza

223. Marx também afirma que é necessário pôr fim às relações capitalistas de produção e ao antagonismo entre o campo e a cidade porque produzem uma "fratura irreparável" do metabolismo entre o ser humano e a natureza,[8] afirmando que seria apenas na sociedade dos "produtores associados"[9] onde [estes regulariam] racionalmente esse seu metabolismo com a natureza colocando-o sob seu controle coletivo [...]".[10]

224. Gostaria de falar brevemente sobre este assunto, tendo em conta as distorções a que foi dada uma leitura apressada e fora do contexto de alguns textos de Marx e Engels, aqueles em que esses autores expressam que apreciam o quão positivo é o grande desenvolvimento das forças produtivas alcançado sob o capitalismo e as perspectivas para o desenvolvimento dessas forças na sociedade socialista. E eu digo uma leitura fora de contexto porque quando ali

---

[8] Marx escreve: "O trabalho é, em primeiro lugar, um processo em que o homem media, regula e controla seu *metabolismo com a natureza* [e acrescenta mais adiante] ao operar por meio desse movimento sobre a natureza exterior a ele e transformá-la, por sua vez, transforma sua própria natureza" (destaques de MH) (Carlos Marx, *El capital*, Tomo I, Vol.1, Siglo XXI Editores, Argentina, 1975, p. 215-216. [Há edições brasileiras: Karl Marx, O capital. vol. 1. Rio de Janeiro: Civilização Brasileira, 1980 e *idem*, São Paulo: Boitempo, 2011, N. E.]). John Bellamy Foster nos diz que a maior parte das ideias sobre o metabolismo entre o homem e a natureza foram expostas nas obras iniciais mais filosóficas de Marx. Ver seu livro: *La ecologia de Marx. Materialismo y naturaliza*. El Viejo Topo, Espanha, 2000. Título original: *Marx's ecology. Materialism and Nature*, Monthly Review Press, 2000. Recomendo calorosamente esta obra a meus leitores. [Há edição brasileira: *A ecologia de Marx: materialismo e natureza*. Rio de Janeiro: Civilização Brasileira, 2005, N. E.]
[9] Marx denominou de comunista à sociedade de produtores associados.
[10] *El capital,* Tomo III, Vol.8, Siglo XXI editores, México, 3ª ed.1984, p. 1044.

eles falam sobre o desenvolvimento industrial em larga escala que aconteceria na nova sociedade, eles não estão dizendo que seria um desenvolvimento ilimitado, mas *apenas que produziria "o suficiente para organizar a distribuição para cobrir as necessidades de todos os seus membros"*.[11]

225. Deve-se lembrar que Marx viveu no momento da crise da fertilidade do solo causada pelo "desejo cego de lucro" dos capitalistas, uma crise que levou à busca desesperada de fertilizantes naturais como o guano e depois o salitre, e que promoveu a segunda revolução agrícola associada aos avanços notáveis na ciência do solo.[12] No início, Marx pensou que essas inovações poderiam, de alguma forma, contribuir para resolver esta crise, mas, em seguida, chegou à conclusão que essa segunda revolução agrícola só agravaria os problemas.[13]

226. Nesse contexto, há pouco mais de 150 anos, o autor de *O capital* desenvolveu – como diz John Bellamy Foster – "uma crítica à degradação do meio ambiente que antecipava grande parte do pensamento ecológico atual".[14]

227. Vejamos, então, o que dizia em sua obra máxima: "[...] todo progresso da agricultura capitalista não é apenas um progresso da arte de exaurir o trabalhador, mas ao mesmo tempo na arte de exaurir o solo; todos os avanços no aumento de sua fertilidade durante um determinado período [é] um avanço no esgotamento das fontes duradouras dessa fertilidade. Este processo de destruição é tanto mais rápido quanto mais um país assume – no caso dos Estados

---

[11] Engels, "Principios del Comunismo", *in: C. Marx, F. Engels, Obras Escogidas*, Tomo I, Editorial Progreso, Moscou, 1973, p. 94 [destaques de MH. Há edição brasileira: Friedrich Engels, Princípios do Comunismo. *In: Teoria da Organização Política*, v. I. São Paulo: Expressão Popular, 2009].
[12] O que mais tecnicamente se chama de *edafologia*.
[13] Ver sobre a influência de Liebig em Marx *in*: John Bellamy Foster, *op. cit.*, p. 233 a 240.
[14] John Bellamy Foster, *ibid.*, p. 221.

Unidos da América do Norte, por exemplo – a grande indústria como ponto de partida e fundamento do seu desenvolvimento. A produção capitalista, portanto, não desenvolve a técnica e a combinação do processo social de produção se não for destruindo, ao mesmo tempo, os dois mananciais de toda a riqueza: a terra e o trabalhador".[15]

228. Somente um modelo de uma sociedade alternativa ao capitalismo pode restaurar o metabolismo natural entre o homem e a natureza; uma sociedade socialista em que é o povo, e não uma elite privilegiada, quem – através de seus delegados – *decide o que produzir e como produzir para satisfazer as necessidades reais da população, e não as necessidades artificiais* criadas pelo capitalismo em sua louca corrida para obter mais lucro.

A sociedade, e não o Estado, deve tomar em suas mãos o desenvolvimento econômico

229. Para Marx e Engels, o socialismo não era uma simples transferência para as mãos do Estado dos principais meios de produção, porque isso não significa mais do que uma simples mudança legal de proprietário, uma vez que continua a subordinação dos trabalhadores a uma força externa: a gerência capitalista é substituída por uma nova administração agora socialista, mas não muda a situação alienada dos trabalhadores no processo de produção. Trata-se de uma propriedade formalmente coletiva, porque o Estado representa a sociedade, mas a apropriação real ainda não é coletiva.

230. É por isso que Engels argumenta que "a propriedade do Estado sobre as forças produtivas não é a solução do conflito [entre o caráter cada vez mais social das forças produtivas e a propriedade

---

[15] Marx, *El capital*, tomo I, Vol.2, Siglo XXI editores, México, 3ª ed. 1975, p. 612-614. Segundo Bellamy Foster, esta ideia da necessidade de restaurar os componentes do solo foi tomada por Marx diretamente de Liebig. [*La ecologia de Marx, op. cit.*, cap. V, nota 39, p. 420].

privada capitalista dos meios de produção]", embora acrescente que a propriedade estatal "já abriga em seu seio o meio formal, a chave para alcançar a solução". Qual é então a solução? Segundo ele, "só pode estar em reconhecer de forma efetiva o caráter social das forças produtivas modernas e, portanto, em harmonizar o modo de produção, de apropriação e de mudança com o caráter social dos meios de produção. Para isso, há apenas um caminho: *que a sociedade, abertamente e sem rodeios, tome posse dessas forças produtivas,* que já não admitem outra direção do que a sua".[16]

231. Mas o que significa que a sociedade tome posse desses meios de produção? Porque a sociedade é algo muito abstrato: pode ser uma localidade mas pode ser também toda a humanidade. Responderemos a essa pergunta mais adiante.

---

[16] F. Engels, "Del socialismo utópico al socialismo científico", *in*: K. Marx y F. Engels, *Obras escogidas* em três tomos, Editorial Progreso, Moscou, 1989, tomo III, p. 151-153. [destaques de MH].

ALGUMAS REFLEXÕES ATUAIS SOBRE O SOCIALISMO DO SÉCULO XXI

232. Mas evidentemente não podemos ficar apenas com as ideias de Marx e Engels, já se passaram mais de 150 anos desde então, o mundo mudou, a nova revolução eletrônica-informática coloca novos desafios e novas oportunidades, a degradação do meio ambiente é alarmante. Há novas perguntas que exigem novas respostas. Temos que enriquecer essas ideias com nossas reflexões e propostas. E hoje estamos em melhores condições do que alguns anos atrás no que diz respeito a essa tarefa.

233. Na sequência apresentarei alguns dos traços que, de acordo com a opinião de vários pensadores e dirigentes políticos, deveriam caracterizar o socialismo do século XXI.

Um socialismo essencialmente democrático

Democracia participativa e protagonista
a) Democracia política e democracia social

234. Dissemos que, devido à prática soviética, o socialismo foi associado à falta de democracia e de liberdade.

235. Em épocas passadas, a resposta de setores de esquerda a esta crítica era que o que interessava aos revolucionários não era a pseudodemocracia política burguesa, mas uma verdadeira democracia social. Argumentava-se que não se podia falar de democracia se as pessoas estavam morrendo de fome, se não tinham um teto

para se abrigar, se não podiam estudar, se morriam cedo por falta de atendimento médico.

236. A experiência das ditaduras modificou essa percepção e fez com que muitos começassem a valorizar também a democracia política. Então se entendeu que era preciso agregar conteúdo social à democracia política burguesa.

237. Essa tese foi criticada por Alfredo Maneiro, intelectual e dirigente político venezuelano que afirmava que não se tratava de acrescentar o social ao político, mas que era necessário transformar a própria forma da democracia criando espaços que permitam o protagonismo popular.[1]

238. Não é a mesma coisa, dizia o dirigente político venezuelano, que uma comunidade conquiste uma passarela para a qual tenha se organizado e lutado, ou que o receba como um presente do Estado. O paternalismo do Estado é incompatível com o protagonismo popular.

239. E eu digo que o paternalismo de Estado leva as pessoas a se transformarem em mendigas. É preciso passar da cultura do cidadão ou cidadã que mendiga à cultura do cidadão ou cidadã que conquista, que toma decisões, que executa e controla, que autogestiona, que autogoverna. Deve-se passar – como diz Aristóbulo Istúriz – do governo para o povo ao autogoverno do povo, a que o povo assuma realmente o poder.[2]

240. Esta democracia participativa e protagonista não é só uma democracia para as elites, como o é a democracia representativa

---

[1] Alfredo Maneiro, *Ideas políticas para el debate actual*, seleção de Marta Harnecker, Ministério do Poder Popular para a Cultura, Caracas, 2007, p. 35 y 36, parágrafos 31 a 37. Este texto pode ser encontrado em: <www.rebelion.org/docs/97079.pdf>.

[2] Este tema sobre a democracia participativa e protagonista foi abordado por mim especialmente em dois textos: *América Latina y el socialismo del siglo XXI*, *op. cit.*, capítulo terceiro: "La democracia participativa y protagónica", e no artigo: "Construyendo uma nueva hegemonía", *op. cit.*, parágrafos 41 a 70.

burguesa, é uma democracia para a grande maioria das pessoas. Nela, o cidadão comum pode participar de diferentes maneiras não só formulando demandas e fiscalizando, mas fundamentalmente tomando decisões e cuidando para que elas sejam postas em prática.

241. Como diz o dirigente político uruguaio Pablo Anzalone,[3] trata-se de construir processos democráticos em que as grandes maiorias populares sejam incorporadas ao cenário político, tanto nas estruturas como nas práticas que são desenvolvidas. É uma reformulação da política, resgatando e enfatizando os mecanismos participativos que vão desde o âmbito local ao nacional.

b) O desenvolvimento humano através da participação popular

242. A participação, o protagonismo em todos os espaços, é o que permite à pessoa crescer, ganhar em autoconfiança, ou seja, desenvolver-se humanamente.

243. Se não estou equivocada, a Constituição bolivariana aprovada pela Assembleia Constituinte em 1999 é a única no mundo em relacionar esse protagonismo com o pleno desenvolvimento, tanto da pessoa como do coletivo.

244. Embora haja vários artigos da Constituição que se referem a esse tema, provavelmente o mais completo é o artigo 62, em que se destaca a forma pela qual esse desenvolvimento é conseguido. Ali se diz que a "participação do povo na formação, execução e controle da gestão pública é o meio necessário para conseguir o protagonismo que garanta seu completo desenvolvimento, tanto individual como coletivo", destacando-se, na sequência, que é "obrigação do Estado e dever da sociedade facilitar a geração das condições mais favoráveis para sua prática".[4] Além disso, o artigo 70 aponta outras formas que permitem

---

[3] Comentários a uma versão anterior deste trabalho.
[4] *Nova Constituição da República Bolivariana da Venezuela*, Capítulo IV: "Dos direitos políticos e do Referendo Popular", Seção Primeira: dos direitos políticos. Gazeta oficial 30 de dezembro de 1999, Caracas, Venezuela.

ao povo desenvolver "suas capacidades e habilidades": "a autogestão, cooperativas em todas suas formas [...] e demais formas associativas guiadas pelos valores da mútua cooperação e da solidariedade."[5]

245. No terreno da participação territorial local, enfatizou-se o diagnóstico participativo, o orçamento participativo,[6] a supervisão social.[7] Inicialmente, a figura dos Conselhos Locais de Planejamento Público (CLPP) foi criada no âmbito municipal, com representação institucional (prefeitos, conselheiros, membros dos conselhos paroquiais)[8] e representantes das comunidades para realizar essas tarefas. É importante notar que a representação das comunidades tem mais peso do que a representação institucional (51% contra 49%), refletindo a clara vontade política de estimular o protagonismo daquelas.

246. Michael Lebowitz afirma que somente "uma democracia revolucionária pode criar as condições nas quais podemos diariamente nos inventarmos a nós mesmos" como seres "plenamente desenvolvidos" humanamente.

247. O autor se refere ao "conceito de democracia na *prática*, democracia como prática, *democracia como protagonismo*": "democracia protagonista no local de trabalho, democracia protagonista nos bairros, nas comunidades, nos municípios". Esta é "a democracia do povo que transforma a si mesmo em sujeito revolucionário".[9]

c) Protagonismo e organização das forças de baixo para cima

248. A necessidade do protagonismo popular é um tema recorrente nas intervenções do presidente venezuelano e é um elemento que o distancia de muitos defensores do socialismo democrático.

---

[5] *Ibid.*
[6] Lei do poder público municipal, Art. 234, 17 de maio de 2005.
[7] *Ibid.* Art. 33, 17 de maio de 2005.
[8] Na Venezuela os municípios estão divididos em paróquias.
[9] Michael Lebowitz, *El camino del desarrollo humano ¿capitalismo o socialismo?*, Centro Internacional Miranda, Caracas, 2008, p. 56.

249. No primeiro programa radiotelevisivo de caráter mais teórico, em 11 de junho de 2009, ele citou extensivamente a carta que Piotr Kropotkin – um anarquista russo – escreveu a Lenin em 4 de março de 1920. Penso que é importante destacar aqui as ideias mais importantes lidas por Chávez, porque revelam quais eram as preocupações do líder bolivariano.

250. "Sem a participação das forças locais, sem uma organização das forças de baixo, dos camponeses e trabalhadores, realizadas por eles mesmos, é impossível construir uma nova vida. Parecia que os soviets serviriam precisamente para cumprir esta função de criar uma organização de baixo para cima. Mas a Rússia tornou-se uma república soviética apenas no nome. [...] a influência do partido sobre as pessoas [...] já destruiu a influência da energia construtiva que os soviets possuíam, essa instituição promissora".[10]

251. O presidente venezuelano sempre esteve convencido, e expressou isso em inumeráveis ocasiões, de que não se pode vencer o problema da pobreza sem dar poder ao povo.

d) Criar espaços adequados para a participação

252. Mas isso teria ficado apenas no discurso se não tivessem sido criados espaços adequados para que os processos participativos pudessem ser plenamente realizados. Por isso é tão importante a iniciativa do presidente Chávez de criar conselhos comunais e, mais tarde, sua proposta de criar conselhos de trabalhadores, conselhos estudantis, conselhos camponeses para ir constituindo um verdadeiro poder popular, o qual, posteriormente deverá se plasmar em comunas.

---

[10] A citação continua: "No momento atual, são os comitês do 'Partido', e não os soviets, que têm a direção na Rússia, e sua organização sofre os efeitos de toda organização burocrática. Para sair desta desordem mantida, a Rússia deve retomar todo o gênio criativo das forças locais de cada comunidade"[a citação continua, mas eu me detenho aqui MH].

253. Somente se uma sociedade for criada com base na autogestão dos trabalhadores em seus locais de trabalho e nas comunidades em que vivem é que o Estado deixará de ser um instrumento acima das pessoas a serviço de algumas elites para se tornar um Estado constituído pelas melhores mulheres e homens do povo trabalhador.

254. Uma das ideias mais revolucionárias do governo bolivariano foi a de promover a criação de conselhos comunais,[11] uma forma de organização autônoma e a partir das bases da sociedade. É uma organização territorial sem precedentes na América Latina devido ao pequeno número de participantes: entre duzentas e quatrocentas famílias em áreas urbanas densamente povoadas, entre cinquenta e cem famílias nas áreas rurais, e ainda menos famílias em áreas remotas, principalmente em áreas indígenas. A ideia era maximizar a participação dos cidadãos em pequenos espaços para facilitar o protagonismo de seus participantes, fazendo com que se sentissem confortáveis e desinibidos.

255. Esta dimensão territorial foi alcançada após muita discussão e examinando as experiências bem-sucedidas da organização comunitária, como os Comitês de Terra Urbana (CTU) – cerca de duzentas famílias que se organizam para lutar pela regularização da propriedade da terra – e os comitês de saúde – cerca de 150 famílias agrupadas com o objetivo de apoiar a experiência dos médicos nas comunidades mais vulneráveis.

256. Estimando um cálculo aproximado, se a Venezuela tem cerca de 26 milhões de habitantes, poderia haver cerca de 52 mil comunidades, se por comunidade nos referimos àquele conjunto de várias famílias que vivem em um espaço geográfico específico, que se conhecem e podem se relacionar facilmente, que podem se reunir sem depender do transporte e, certamente, compartilham uma

---

[11] Ver Marta Harnecker, *De los consejos comunales a las comunas. Construyendo el socialismo del siglo XXI* (abril de 2009), Tercera parte: Consejos comunales: ideas iniciales, prácticas, balance y propuestas.

história comum, usam os mesmos serviços públicos e compartilham problemas similares, sejam eles econômicos, sociais ou urbanísticos.

257. Cada uma dessas comunidades devia escolher uma instância que atuaria como um governo comunitário. Essa instância foi chamada de conselho comunal. Chávez, em princípio, concebeu os conselhos comunais como as células-base do novo Estado que havia de ser construído.

Democracia participativa que não exclui uma democracia delegativa
a) Os limites da democracia direta

258. Temos que entender também que a única forma aceitável de democracia não é apenas a democracia direta, ou seja, aquela democracia em que por meio de assembleias as pessoas discutem e decidem o que fazer.

259. A democracia direta é uma forma de democracia, sem dúvida a mais rica e mais protagonista, mas tem limites. Para que todos possam participar plenamente, a dimensão do grupo não pode ser excessivamente grande. Não podemos pensar em democracia direta em âmbito municipal em um município com duzentos mil habitantes, e muito menos nas grandes capitais onde vivem milhões de pessoas.

260. A participação democrática não pode ser limitada a essas experiências em pequena escala, mas deve transcender a comunidade, a seção de fábrica, a sala de aula, deve abranger esferas mais amplas de poder local até atingir o poder em escala nacional; o mesmo deve acontecer nas empresas: além dos conselhos de trabalhadores por oficinas ou seção, deve haver conselhos de trabalhadores por empresa, por ramo de produção; e, da mesma forma, deve acontecer nos centros de estudo (por sala de aula, faculdade, universidade).

261. É necessário criar um sistema que permita a participação das cidadãs e dos cidadãos em todos os processos de tomada de decisão, no que se refere a questões comuns e gerais que dizem respeito à

vida humana em sociedade e, para isso, deve ser estabelecida alguma forma de delegação de poder que não reproduza as limitações e deformações que são originárias da representação política burguesa clássica.

262. Na Venezuela revolucionária, foram tomadas medidas, que marcam uma etapa na história política latino-americana, para abolir a figura clássica da representação política e ir instaurando um sistema político que combine democracia direta com o sistema de delegação ou dos "porta-vozes", como foi apropriadamente chamado nesse país. Aqui, as pessoas eleitas para fazer parte do conselho comunal são chamadas de "porta-vozes", porque são a voz da comunidade e, portanto, quando deixam de sê-lo, porque deixaram de transmitir o que a comunidade pensa ou decide, essas pessoas podem e devem ser revogadas.[12]

b) Combinação de democracia direta e democracia delegada

263. A ideia seria constituir um sistema político inédito de poder popular ou de autogoverno que combine a democracia direta em pequenos espaços com todo um sistema de assembleias de porta-vozes [de delegadas e delegados] em diferentes âmbitos, os quais deveriam eleger, orientar e controlar os diferentes órgãos de governo.

264. Se defendemos que as grandes decisões devem ser tomadas pelo povo, temos que ser coerentes e apontar como milhões de pessoas, que além disso vivem a centenas de quilômetros de distância uma das outras, tomarão essas decisões. Não vejo outra possibilidade que não seja a de delegar a algumas pessoas para que representem as posições de suas comunidades nos âmbitos institucionais superiores. Por outro lado, temos que ter claro que se elas – em representação de suas bases – não tomam as decisões, os outros as tomam.

---

[12] Em outros países esses representantes são chamados de delegadas ou delegados.

265. Negar a possibilidade de delegar é negar a possibilidade de participar na tomada de decisões sobre questões que transcendem a nossa realidade local (comunidade, centro de trabalho ou de estudo).

266. Os invisíveis não se tornarão visíveis se não se fazem visíveis. Acredito que esse foi o erro dos zapatistas. Embora eles tenham conseguido se tornar visíveis em 1994, através da rebelião armada, ao se marginalizar da política do país, de alguma forma se tornaram invisíveis novamente.

267. O questionamento correto da democracia burguesa representativa não deve nos levar, portanto, a rejeitar qualquer tipo de representatividade. O que é rejeitado, e com razão, é essa democracia que se limita aos cinco minutos de votação a cada certo número de anos; essa democracia elitista que tornou invisível setores importantes da população, que são aqueles que hoje começaram a aparecer no cenário político em diferentes partes do mundo, expressando uma crítica aberta ou implícita ao sistema político vigente.

c) Um sistema político diferente do sistema
de representação democrático burguês

268. Deste modo, pode-se concluir que temos de criar um sistema político de representação ou delegação, mas ele deve ser muito diferente do sistema democrático burguês, que considera seus representantes como profissionais em política e, portanto, considera que eles devem receber uma remuneração por seu desempenho e, uma vez eleitos, seu mandato é exclusivamente unipessoal, distanciado de seus eleitores, que só são contatados novamente em um novo período eleitoral.[13] O sistema de delegação ou de porta-vozes proposto

---

[13] "O que se elege – destaca o pesquisador boliviano Luis Tapia – é quem vai substituir os cidadãos, por um tempo, nas tarefas executivas ou legislativas, em funções do governo estatal, em âmbito municipal ou em âmbito do governo central ou nacional. O que o representante faz após ser eleito pode não ter relação com os cidadãos que votaram nele, no sentido de que não há um

como alternativa é a antítese dessas concepções e práticas: as pessoas eleitas como representantes, delegados ou delegadas, porta-vozes, devem permanecer vinculadas às suas bases que, por sua vez, devem supervisionar e orientar seu trabalho e evitar sua burocratização.

269. Eles não recebem um mandato livre por um certo tempo, como os representantes burgueses, mas devem se guiar pelas decisões e orientações de seus eleitores, que devem avaliar seu desempenho de acordo com as tarefas que lhes são atribuídas. Isto é o que os zapatistas queriam significar ao postular que se deve mandar obedecendo.

270. Mas aqui devemos esclarecer que isto não significa que seu mandato seja imperativo. Não são autômatos que recebem mensagens e simplesmente as transmitem, são pessoas responsáveis e criativas que, diante da realidade de outras comunidades, devem ser capazes de modificar o mandato recebido. Um exemplo: ao ver que uma comunidade vizinha está em uma situação mais precária do que a realidade da comunidade que representa, o porta-voz passa a apoiar uma obra para essa comunidade em vez de defender a sua. Certamente deve prestar contas de seu mandato à sua comunidade; deve retornar a ela e explicar o motivo da sua atitude. Deve realizar com suas bases todo um trabalho pedagógico para que eles compreendam que o não cumprimento do mandato da comunidade foi devido a razões de solidariedade que justificam sua conduta. Se a comunidade não consegue se convencer, tem o direito de revogar aquele delegado porque ele não representa mais os seus anseios. A comunidade ainda não amadureceu para se apropriar dos valores da solidariedade e, portanto, não merece esse delegado que reflete esses

---

espaço em que esses possam através de sua participação alimentar com opiniões políticas o suposto representante. [...]" (Luis Tapia Mealla, "Gobierno multicultural y democracia directa nacional" *in: La transformación pluralista del Estado*, de Álvaro García Linera, Luis Tapia Mealla e Raúl Prada Alcoresa, Muela del diablo editores/Comuna, 2007. Bolívia, p. 126-127).

valores. Lembre-se aqui do ditado: as pessoas têm os governantes que merecem. Podemos dizer o mesmo daquela comunidade.

271. De alguma forma, o vice-presidente da Bolívia Álvaro García Linera explica, em outras palavras, o que dissemos acima, referindo-se neste caso aos governantes em âmbito nacional: "Governar obedecendo é afirmar a cada dia que o soberano não é o Estado, que o soberano é o povo, que não se manifesta a cada cinco anos com o voto, mas que se manifesta, fala, propõe a cada dia: necessidades, expectativas e reivindicações coletivas. O que é pedido ao governante é sintetizar e unir, porque pode haver vozes discordantes dentro da população. O povo não é algo homogêneo, não senhores! Há classes sociais, há identidades, há regiões. O povo é muito diversificado. O trabalho do governante não é substituir o povo, é harmonizar as vozes do povo, sintetizar suas preocupações em uma direção. Mas isso não significa que o governante substitua o povo. Governar obedecendo é isso: o soberano é o povo e o governante é simplesmente um unificador de ideias, um articulador de necessidades e nada mais".[14]

272. Para cumprir sua função como porta-vozes e não se deformar, essas pessoas devem ser eleitas em seus locais de trabalho ou de residência e, como dissemos, devem poder ser revogadas quando perderam a confiança de seus eleitores.

273. Por outro lado, não devem receber um salário, mas continuar em seus respectivos empregos. E se for necessário que, em determinado momento, se dediquem em tempo integral ao trabalho comunitário, é a comunidade que – por meio de seus próprios recursos – deve fornecer uma certa quantia de dinheiro que lhes permita sobreviver durante esse período. Desta forma, ficaria ainda mais claro que eles têm que prestar contas de seu trabalho à comunidade.

---

[14] Palavras finais pronunciadas na conferência de imprensa em Maracaibo, Venezuela, durante o VI Foro Internacional de Filosofia, 28 de janeiro de 2012.

Isso evita transformar as tarefas do trabalho comunitário em tarefas burocráticas, realizadas apenas para conseguir um salário.

274. Por último, há uma prática muito saudável em algumas comunidades que é a de rotação dos quadros, como forma de evitar que determinadas pessoas se eternizem em determinadas funções impedindo que outras pessoas da comunidade aprendam a exercê-las.

275. E, certamente, é muito importante que os eleitores e eleitoras os selecionem corretamente. E, sobre isso, novamente a experiência venezuelana nos dá luzes. Ela nos faz ver a importância da eleição dos/das porta-vozes ser preparada com seriedade, e que as pessoas seus candidatos e candidatas através do seu comportamento prático e não apenas pelo discurso. E como essas pessoas podem se dar a conhecer?

276. A prática dos conselhos comunais nos diz que, por exemplo, tem sido muito positivo que antes de eleger os membros dos conselhos comunais, aqueles que se apresentam como candidatos colaborem na realização em sua comunidade de um censo demográfico e socioeconômico casa a casa, porque assim se veem obrigados a tomar contato com cada família da comunidade.

277. Também tem sido muito útil que, junto com as pessoas, elaborem uma breve história dessa comunidade, o que lhes permitirá conhecer melhor a realidade à qual servirão.

278. Outra atividade muito produtiva é a organização do diagnóstico participativo que tem lhes permitido conhecer melhor as necessidades e os anseios mais experimentados pelas pessoas que vivem nessa comunidade.

279. Não basta, então, que os candidatos sejam capazes de pronunciar belos discursos para serem eleitos, mas que os habitantes de sua comunidade possam constatar sua verdadeira vocação de serviço. Assim se evita eleger a quem busca esses cargos como trampolim para uma carreira política pessoal.

280. Creio que todas essas reflexões levam a concluir que o sistema democrático que queremos construir deve combinar momentos de democracia direta e momentos de democracia indireta ou delegada.

A descentralização, um traço essencial do socialismo

a) Autonomia e descentralização na tomada de decisões

281. Dissemos que o protagonismo popular é algo central ao socialismo, mas o impulso à participação pode ficar apenas no discurso se não forem criados espaços adequados para que os processos participativos possam ocorrer plenamente, ou seja, os espaços onde as pessoas tenham a possibilidade de se pronunciar e tomar decisões (espaços territoriais, centros de trabalho, centro de estudos, grupo de interesse). Se o Estado central é o que decide tudo, não há lugar para as iniciativas locais e esse Estado termina por ser um freio, ou seja – como disse Marx –, entorpece o "livre movimento" da sociedade.[15]

282. É interessante observar que István Mészáros considera que foi um excesso de centralização no Estado soviético o que determinou que "tanto os governos como os conselhos de fábrica ficassem desprovidos de todo poder efetivo [...]".[16]

---

[15] Marx, "*La guerra civil en Francia*", in C. Marx y F. Engels, *Obras escogidas*, tomo II, Editorial Progreso, Moscou, 1973. [Há edição brasileira: Karl Marx, "A guerra civil na França". in: *A revolução antes da revolução*, v. II. São Paulo: Expressão Popular, 2008].

[16] István Meszáros, *Más allá del capital*, Vadell hermanos, Caracas, 1995, p. 1046. Original em inglês: *Beyond Capital*, Monthly Review Press, New York, 1995. [Há edição brasileira: *Para além do* capital, São Paulo: Boitempo, 2002.] Segundo István Mészáros, as referências positivas que Lenin fez em *O Estado e Revolução* "à Comuna de Paris (como participação direta de todos os setores empobrecidos e explorados da população no exercício do poder) desapareceram de seus discursos e de seus escritos e se enfatizou a 'necessidade de uma autoridade central, [...]". E mais adiante acrescenta: "O ideal da ação autônoma da classe trabalhadora havia sido substituído pela defesa da 'maior centralização possível'". p. 1044.

283. Não se deve estranhar, então, que o autor húngaro proponha como um dos objetivos a alcançar no período de transição "conseguir uma autonomia e descentralização genuína dos poderes de tomada de decisões", ao contrário do que ocorre atualmente em que a "concentração e centralização" necessariamente produz "burocracia".[17]

b) A centralização produz burocratismo

284. Concordo com essa abordagem de Mészáros e por isso creio que a descentralização[18] é a melhor forma de lutar contra as deformações burocráticas do Estado. Este não era o pensamento de Lenin, que sempre relacionou o fenômeno burocrático com o Estado herdado.

285. O dirigente bolchevique morreu preocupado com a "úlcera burocrática" que afetava[19] o aparelho estatal soviético. Em um de seus últimos textos afirma que este é "no grau máximo uma sobrevivência do passado [e que] sofreu minimamente transformações substanciais".[20] Dias antes o havia descrito como "uma mescla burguesa e tsarista".[21]

---

[17] *Ibid.*, p. 809, inglês p. 703. Eu empregaria a palavra burocratismo em lugar de burocracia. Textualmente diz "ao contrário de sua concentração e centralização existente cujo funcionamento sem 'burocracia' se torna impossível".

[18] Este tema foi desenvolvido de forma mais ampla in: Marta Harnecker, *América Latina y el socialismo del siglo XXI... op. cit.*, parágrafos 260 a 280.

[19] Lenin, "X Congreso del PC (b) R (16 de março de 1921), in *Obras completas, tomo 35*, Editorial Cartago, Buenos Aires, 1971, p. 35.

[20] Lenin, "¿Qué debemos hacer con la inspección obrera y campesina?" (9 de janeiro de 1923), *Obras completas, tomo 36*, Editorial Cartago, Buenos Aires, 1971, p. 510-511. [O texto de Lenin citado pela autora é parte dos materiais preliminares do artigo: Como devemos reorganizar a inspeção operária e camponesa. Há edição brasileira deste último. *In*: V. I. Lenin. *Lenin e a Revolução de Outubro*. São Paulo: Expressão Popular, 2017. N.E.]

[21] Lenin, "El problema de las nacionalidades sobre la "autonomización"" (30 de dezembro de 1922), *ibid.* p. 485.

286. Em janeiro de 1922, em seu último texto sobre o papel dos sindicatos, ele chegou a sugerir que não se pode "de modo algum renunciar à luta grevista", desde que ela seja dirigida contra os desvios burocráticos do Estado proletário. Esclarecendo, no entanto, que essa luta é muito diferente daquela que se fazia sob o regime capitalista; neste caso se lutava para destruir o Estado burguês e, no outro, a luta seria para fortalecer o poder proletário combatendo as "deformações burocráticas" desse Estado, contra suas enormes debilidades, contra "todo tipo de resquícios do antigo regime capitalista e de suas instituições etc."[22]

287. Como podemos ver, Lenin considerava que as deformações burocráticas que caracterizavam o Estado soviético eram uma herança do passado. Penso que este diagnóstico estava errado e que, sendo assim, impediu a aplicação de uma terapia correta para essa enfermidade. Na minha opinião, a causa mais profunda do burocratismo – e muito mais importante do que as heranças do passado – consistia na centralização excessiva do Estado soviético. Sabemos perfeitamente o que acontece quando não apenas as decisões estratégicas, mas a maior parte das decisões são adotadas de forma centralizada: a papelada para cima e para baixo; indo de uma mão a outra, a lentidão com que as decisões são tomadas; a falta de controle, as respostas inadequadas aos problemas locais, a restrição das iniciativas locais etc.

c) Não se pode administrar tudo centralmente.
Somente o controle social pode evitar a corrupção

288. Uma das grandes lições que se obteve ao não se conseguir a meta proposta por Fidel para a safra de cana de 1970, em Cuba, foi justamente compreender que era impossível que o

---

[22] Lenin, "Sobre el papel y las funciones de los sindicatos" (30 de dezembro de 1921-4 de janeiro de 1921), *ibid*. p. 109-110.

Estado socialista pudesse administrar tudo centralmente, e muito menos em um país subdesenvolvido como Cuba. Para conseguir um funcionamento mais efetivo do Estado era necessário criar espaços para que o povo pudesse controlar tal funcionamento.[23] Isso foi reconhecido pelo dirigente da revolução em seu discurso de 26 de julho de 1970.

289. "O próprio processo revolucionário tem demonstrado [afirmou dois meses mais tarde] os inconvenientes dos métodos burocráticos e, ao mesmo tempo, dos métodos administrativistas".[24]

290. Depois de destacar os erros cometidos ao identificar o partido com a administração do Estado, e ao permitir o enfraquecimento das organizações de massa, insistiu no papel que o povo deve desempenhar na tomada de decisões e nas soluções dos problemas.

291. "Imaginem [disse então] uma padaria em um quarteirão, que é a que serve pão a todos os vizinhos, e um aparelho administrativo que a controla de cima. Como a controla? Como o povo pode perder o interesse sobre como aquela padaria funciona? Como pode se desinteressar em saber se um administrador é ruim ou não? Como pode se desinteressar em saber se ali há privilégios ou não, negligência ou não, insensibilidade ou não? Como não se interessar sobre como oferece os serviços? Pelos problemas de higiene do local? E como pode se desinteressar pelos problemas da produção, do absenteísmo, da quantidade e da qualidade do produto? De maneira nenhuma!"

292. "Por acaso é possível supor que possa haver algum meio mais efetivo para controlar essa atividade do que as próprias massas? Por acaso pode haver outro método de inspeção? Não! Aquele ho-

---

[23] O que se apresenta em seguida sobre o tema foi extraído, em grande medida, da introdução de Marta Harnecker em seu livro: *Cuba¿Dictadura o Democracia?*, Siglo XXI, México, 8ª ed. ampliada em 1979.

[24] Discurso de 28 de setembro, no X Aniversário da fundação dos Comitês de Defesa da Revolução.

mem que dirige aquela microunidade produtiva pode se corromper; aquele que a inspeciona pode se corromper, todo mundo pode se corromper. Os únicos que não vão se corromper são os atingidos. Os atingidos!"

293. Essas ideias foram incorporadas na nova Constituição da República de Cuba, em 1976.

294. O novo modelo político se propôs a descentralizar até o âmbito municipal o máximo possível de funções estatais. Embora essas instâncias estejam subordinadas às superiores, elas podiam atuar de forma autônoma dentro dos marcos legais e normativos estabelecidos e "não deviam estar subordinadas à tutela constante e limitante das instâncias superiores".

295. Este mecanismo, "além de tornar as decisões a serem tomadas mais ágeis, operativas e de acordo com as exigências do momento e do lugar [segundo Raúl Castro], libera as instâncias superiores e, sobretudo, os organismos nacionais, de uma pesada e volumosa carga de tarefas administrativas e comuns que, na prática, não podem ser devidamente cumpridas [...] e que, por outro lado, impedem que essas instâncias desempenhem as tarefas de responsabilidade de sua verdadeira competência em relação à regulação, controle e inspeção das atividades que atendem".[25]

296. Com o transcurso dos anos, a experiência foi demonstrando que era necessário descentralizar ainda mais a gestão, e, para isso, foi criado em 1990, na cidade de Havana, a figura do Conselho Popular, um órgão governamental menor do que o municipal que buscava melhorar o controle e a fiscalização sobre todas as entidades administrativas e encontrar fórmulas que permitissem incorporar todos os elementos da comunidade na solução de seus próprios problemas. A ideia, como diz Jesús García, era ter "uma figura governa-

---

[25] Seminário realizado para os delegados ao Poder Popular de Matanzas, em 22 de agosto de 1974.

mental forte, no âmbito do bairro, que pudesse organizar as forças da comunidade para a solução dos problemas da base".[26]

297. Infelizmente as grandes dificuldades econômicas que Cuba sofreu nas últimas duas décadas reduziram consideravelmente os recursos disponíveis para atender as aspirações das pessoas, os quadros do Poder Popular começaram a se desgastar e a se cansar, as pessoas perderam a confiança e a participação popular começou a se enfraquecer, tornando-se muitas vezes algo muito formal, e isso – juntamente a outros motivos que não podemos analisar aqui – fez o Poder Popular, que havia começado com muito brio e criatividade, começar a ficar desacreditado.

d) Descentralizar tudo o que possa ser descentralizado não enfraquece o Estado central

298. As experiências históricas têm me convencido cada vez mais de que a descentralização é a melhor arma para lutar contra o burocratismo, já que aproxima a gestão de governo do povo e permite o controle social sobre o aparelho do Estado. É por isso que compartilho a visão de Marx de que é necessário descentralizar tudo o que possa ser descentralizado, mantendo como competência do Estado central apenas aquelas tarefas que não possam ser realizadas no âmbito local.

299. É interessante reler a concepção de Marx acerca da Comuna de Paris em seu texto *A guerra civil na França*. Conhecemos suas alusões à necessidade de destruir o aparato do Estado burguês, destruir o exército, à necessidade de criar uma polícia comunal, o salário do trabalhador para todos os funcionários públicos, os conselheiros revogáveis, todas essas coisas.

---

[26] Jesús García, "Cinco tesis sobre los consejos populares", *Revista Cubana de Ciencias Sociales*, La Habana, 2000.

300. Mas muitas vezes não prestamos atenção em que, quando Marx fala da necessidade de destruir o "poder estatal", ele alude ao "poder estatal *centralizado*". Esta palavra "centralizado" é a chave e é a característica fundamental do Estado herdado.

301. Sua argumentação é que "o antigo governo centralizado teria que abrir espaço também na Província à autogestão dos produtores [...]".[27]

302. E acrescenta algo importante: "As poucas, mas importantes funções que ainda permaneceriam para um governo central, não seriam suprimidas, como foi dito, intencionalmente falsificando a verdade [...] Não se tratava de destruir a unidade da nação, mas pelo contrário, tratava-se de organizá-la através de um regime comunal, transformando-a em uma realidade ao destruir o Poder do Estado, que pretendia ser a encarnação daquela unidade, independente e situada acima da própria nação, da qual não era mais que uma excrescência parasitária".[28]

e) Descentralização não anárquica e impregnada de espírito solidário

303. Claro que não se trata de uma descentralização anárquica. Deve haver um plano estratégico nacional para articular os planos locais e cada um dos espaços descentralizados deve fazer parte do todo nacional, e estar disposto a colaborar com seus próprios recursos para fortalecer o desenvolvimento dos espaços com as maiores carências. Trata-se de uma descentralização que deve estar imbuída de um espírito de solidariedade. Um dos papéis importantes do Estado central é, precisamente, realizar este processo de redistribuição dos recursos em âmbito nacional para proteger os mais fracos e ajudá-los a se desenvolver.

---

[27] Marx, *La guerra civil en Francia*, Ibid. p. 232.
[28] *Ibid.*

f) Uma concepção socialista da descentralização

304. Depois do que foi dito, deve ficar claro que não falo aqui sobre a descentralização conduzida pelo neoliberalismo: uma estratégia mundial para enfraquecer a unidade nacional e o Estado nacional. O que defendo aqui é outra concepção da descentralização: uma concepção socialista da descentralização – aquela que está plasmada em numerosos artigos da Constituição Bolivariana –[29] que, pelo contrário, ao fortalecer as comunidades, as comunas, que são as fundações do Estado nacional, contribui de fato para o aprofundamento da democracia e o fortalecimento do Estado central, um instrumento fundamental para defender nossa soberania e conduzir o país para a nova sociedade que queremos construir.[30]

Um novo modelo econômico orientado para a satisfação das necessidades humanas

305. Frente ao modelo capitalista neoliberal, o socialismo do século XXI propõe outro modelo cujas principais características enumeramos em seguida. Primeiro, coloca a pessoa humana no centro e, por isso, está regida por uma lógica humanista e solidária orientada à satisfação das necessidades humanas e não à obtenção do lucro. Segundo, respeita a natureza e luta contra o consumismo – nossa meta não deve ser "viver melhor" e sim "viver bem". Terceiro, como escreve Michael Lebowitz, estabelece uma nova dialética produção-distribuição-consumo[31] baseada em: a) a propriedade

---

[29] Artigos16, 157, 158, 185, 269.
[30] Sobre este tema ver Marta Harnecker (coord.), *La descentralización ¿fortalece o debilita el Estado nacional?*, livro ainda não publicado que recolhe as intervenções dos participantes na oficina de 23 e 24 de setembro de 2008, organizado no Centro Internacional Miranda.
[31] Michael Lebowitz, "A las nuevas para el socialismo", in: *La lógica del capital versus la lógica del desarrollo humano*, Editorial El perro y la rana, Caracas, 2007. p. 67. Este tema está desenvolvido também em outro artigo desse livro: "El camino del desarrollo humano: ¿capitalismo o socialismo?", seção 2: El tri-

social dos meios de produção; b) a produção social organizada pelos trabalhadores e c) dirigida à satisfação das necessidades da população. Quarto, se guia por um novo conceito de eficiência que respeita a natureza e busca o pleno desenvolvimento humano. Quinto, usa de forma mais racional os recursos naturais e humanos com os quais se conta, graças a um processo de planejamento participativo descentralizado oposto ao planejamento hipercentralizado burocrático soviético.[32] Em seguida analisaremos alguns dos elementos expostos mais acima.

Nova dialética: produção-distribuição-consumo
a) A propriedade social dos meios de produção

306. Se somos marxistas, sabemos que a forma como o produto social é distribuído depende da forma como os meios de produção naquela sociedade são distribuídos. Para que a riqueza social possa satisfazer as necessidades de todos os habitantes do país, é essencial que os meios de produção fundamentais não sejam acumulados por alguns poucos e utilizados para seu próprio benefício, mas que sejam de propriedade coletiva, social.

307. Porém, propriedade social não é o mesmo que propriedade estatal, embora tenha havido uma tendência no socialismo do século XX de confundi-las, mesmo que Lenin insistisse em diferenciar a estatização da socialização. Nesse sentido, é importante distinguir entre propriedade jurídica formal e propriedade real. O Estado representa formalmente o coletivo, mas para que o coletivo se aproprie realmente dos meios de produção (fábricas, minas, terras, serviços)

ángulo elemental del socialismo, p. 52-55. Destes textos tomamos as principais ideias que desenvolvemos nos parágrafos seguintes.

[32] Ver o livro de Pat Devine, *Democracy and Economic Planning: The Political Economy of a Self-governing Society*. Polity Press, 1988, resumido por Marta Harnecker e Camila Piñeiro: *Democracia y planificación económica*, publicado em 5 de maio de 2009 em: <www.rebelion.org/docs/85008.pdf>.

se requer muito mais do que um simples ato legal de expropriação dos capitalistas e de transferência para o Estado desses meios de produção.[33]

308. O que ocorreu na União Soviética – e nos países que seguiram seu exemplo – não foi uma real apropriação do processo produtivo por parte dos trabalhadores, mas uma simples estatização dos meios de produção. Estes deixavam de ser propriedade de uns poucos para passar a ser propriedade do Estado que, supostamente, representava os trabalhadores. No entanto, o próprio processo produtivo sofreu poucas modificações: a grande fábrica socialista pouco se diferenciava da capitalista: os trabalhadores continuavam sendo uma peça a mais da máquina, tinham pouco ou nenhuma participação na tomada de decisões em seu local de trabalho. Este mal chamado capitalismo de Estado mantinha a organização hierárquica da produção, o gerente tinha um poder "ditatorial"[34] e as ordens eram transmitidas de cima para baixo. Concordo com Pat Devine em que não devemos utilizar o termo capitalismo de Estado quando a maior parte do excedente produzido não vai parar em mãos privadas (os dirigentes, os gerentes), mas em mãos do Estado, e é utilizado, em grande medida, para estimular o desenvolvimento econômico e para resolver as urgentes

---

[33] Sobre os conceitos de propriedade e apropriação real ver Marta Harnecker, *Los conceptos elementales del materialismo histórico*, Siglo XXI, México, 2010, Capítulo II. "Las relaciones de producción" e Capítulo IX: "La transición". Publicado em: <www.rebelion.org/docs/87917.pdf>.

[34] Lenin considerava que a grande indústria exigia a existência de "uma *unidade de vontade* estrita e absoluta", para dirigir "o trabalho comum de centenas, milhares e dezenas de milhares de pessoas" e que a tarefa do partido deveria consistir em "guiar" as massas "pelo caminho que as ajudasse a coordenar as discussões nas reuniões públicas sobre as condições do trabalho com a subordinação incondicional à vontade do dirigente soviético, *ditador durante o trabalho*", insistindo em que se devia aprender a combinar a democracia nas reuniões públicas com a "disciplina férrea durante o trabalho". (Lenin, "Las tareas inmediatas del poder soviético". 28 de maio de 1918, *Obras completas*, tomo 28. Editorial Cartago, Buenos Aires, 1971, p. 478. Destaques de MH).

necessidades sociais.[35] Um dos conceitos que merece ser mais desenvolvido é o da propriedade social, que abordaremos mais adiante quando nos referirmos ao tema do planejamento participativo.

b) Produção organizada pelos trabalhadores

309. Não basta, então, que o Estado passe a ser proprietário legal dos meios de produção para que possamos falar de propriedade social; é necessário que os trabalhadores se apropriem do processo de produção, que participem na sua organização, que não se sintam como uma peça a mais de uma máquina, mas que sintam que podem contribuir com suas ideias e conhecimentos obtidos através da prática, que possam combinar o pensar com o fazer para que, trabalhando, alcancem seu pleno desenvolvimento como seres humanos e sociais.

310. É interessante constatar que já no Chile de Allende se defendia que um dos objetivos da participação dos trabalhadores na gestão das empresas do Estado era "o desenvolvimento integral da personalidade humana", e que tendo o trabalhador os mesmos direitos que qualquer cidadão, "seria paradoxal que dentro da empresa onde trabalha não lhe fosse conferido igualdade de direitos."[36]

311. O socialismo do século XXI não pode se permitir manter intocáveis processos de trabalho que alienem o trabalhador e a trabalhadora, não pode manter a divisão entre trabalho manual e trabalho intelectual. A pessoa que trabalha tem que estar informada do processo de produção em seu conjunto, tem que ser capaz de controlá-lo, de poder opinar e decidir sobre os planos de produção, sobre o orçamento anual, sobre a distribuição de excedentes, inclusive sua contribuição ao orçamento nacional.

---

[35] Pat Devine, *op. cit.*
[36] Partido Socialista do Chile, "Elementos a considerar para la política de participación de los trabajadores en la empresa industrial", documento de 1971.

312. Mas podemos dizer que os trabalhadores estão preparados para participar ativamente da gestão das empresas? Salvo algumas exceções, não estão, precisamente porque o capitalismo nunca esteve interessado em compartilhar com os trabalhadores os conhecimentos mais técnicos sobre o gerenciamento da empresa, e aqui me refiro não só a aspectos relacionados à produção, mas também aos relacionados à comercialização e financiamento da empresa. Concentrar esses conhecimentos nas mãos da gerência tem sido um dos mecanismos que permitiu ao capital explorar os trabalhadores e trabalhadoras.

313. Portanto, um dos primeiros passos que devem ser dados para avançar no processo de autogestão ou cogestão das empresas é permitir que os trabalhadores e trabalhadoras se apropriem desses conhecimentos, e, para isso, devem começar a exercer a gestão na prática e, ao mesmo tempo, devem poder se formar em técnica de gestão e administração de empresas.

c) Satisfação das necessidades comunais

314. Por último, se os meios de produção são de propriedade social e esta significa propriedade de todos, os objetos que são produzidos devem responder às necessidades das pessoas e os excedentes obtidos não podem ser apropriados apenas por esse grupo específico de trabalhadores, mas têm de ser compartilhados com a comunidade local ou nacional conforme o caso. E por que não internacional?

315. Mas quem determina essas necessidades? No socialismo do século XX era o Estado central que estabelecia essas necessidades e determinava o que produzir para satisfazê-las. No caso do socialismo do século XXI devem ser as próprias pessoas a definir e fixar as prioridades para sua satisfação através de um processo de planejamento participativo.

Novo conceito de eficiência

a) Eficiência: respeito à natureza e pleno desenvolvimento humano

316. O socialismo do século XXI requer um novo conceito de eficiência, um conceito de "eficiência socialista".[37] Não se pode continuar medindo a eficiência pela produtividade, ou seja, pela quantidade de produtos que são feitos em um determinado período, sem se importar se isso ocorre em detrimento da natureza. A eficiência das transnacionais japonesas no sul do Chile era medida pela quantidade de madeira obtida no corte de árvores em um determinado tempo. Esta medição não considerava a depredação que ocorreu nas florestas chilenas ou os efeitos que isso teria sobre as mudanças climáticas.

317. Como indica Michael Lebowitz,[38] a eficiência no socialismo tem que levar em consideração duas coisas. A primeira, uma empresa só será eficiente se ao produzir não destrói o futuro da humanidade, se não destrói a natureza. A segunda – que geralmente não se leva em conta – deriva do caráter dual do que uma empresa produz. Aparentemente, só produz mercadorias ou serviços ao transformar a matéria-prima em produtos, mas não é só isso, também há outro elemento que se transforma no processo de produção e esse elemento são os próprios trabalhadores: homens e mulheres que ao trabalhar, ou seja, ao transformar a matéria em produto, desenvolvem a si mesmos ou se deformam (mutilam). Nesse sentido, uma empresa só será eficiente no socialismo se, além de ser materialmente produtiva, permite que os trabalhadores se desenvolvam plenamente como seres humanos como resultado da combinação de seu pensar e seu fazer, ao participar na gestão de suas empresas. Mas para que esta participação seja real, e não meramente formal, é necessário que os trabalhadores entendam o processo de produção no qual estão imersos.

---

[37] As principais ideias que desenvolvo aqui foram tomadas do capítulo 7 do livro de Michael Lebowitz, *La alternativa socialista: el de iniciar el verdadero desarrollo humano, ibid.* p. 145.
[38] *Ibid.* especialmente p. 144 a 149.

318. A experiência histórica já nos ensinou que sem esta formação aqueles que realmente administram as empresas que passaram a ser de propriedade social não são os trabalhadores propriamente como tais, mas geralmente são os técnicos, os que têm um maior conhecimento de como se realiza o processo produtivo.[39]

b) O investimento em desenvolvimento humano também é produtivo

319. E é por isso que o investimento no desenvolvimento dos trabalhadores, no socialismo, deve ser considerado como um investimento produtivo. A formação não deveria ser pensada como algo separado da jornada de trabalho, pelo contrário, toda jornada de trabalho deveria contemplar, como parte do trabalho, determinado tempo dedicado à formação do trabalhador.

320. E isso significa, portanto, que não pode ser medida com os mesmos parâmetros a eficiência de uma siderúrgica orientada para o socialismo, na Venezuela, onde se propôs dedicar duas horas por dia da jornada de trabalho para estudar, com a eficiência de uma siderúrgica capitalista de um país avançado, onde toda jornada de trabalho está dedicada a produzir produtos. Se a eficiência for medida apenas pela quantidade de produtos, é possível que a empresa capitalista ganhe, embora isso precise ser visto, porque também foi comprovado que quanto mais os trabalhadores estejam conscientes do sentido da atividade laboral que realizam, maior é sua motivação pelo trabalho e isso tem um efeito positivo no aumento da produtividade. Se, por outro lado, medimos a eficiência não só pela produtividade do trabalho, mas também pelo desenvolvimento humano do trabalhador, sem dúvida uma

---

[39] Ver análise de Michael Lebowitz sobre a experiência de cogestão na Iugoslávia no capítulo: "Siete preguntas difíciles: problemas de la autogestión iugoslava", in: *Construyámoslo ahora. El socialismo para el siglo XXI, op. cit.*, p. 74-77.

empresa socialista autogestionada ou cogestionada superará uma empresa capitalista.

Incentivos e nível de consciência na construção do socialismo
a) O sistema soviético não conseguiu incentivar os trabalhadores

321. Como conseguir estimular os trabalhadores e trabalhadoras a produzir com qualidade e eficiência é um dos desafios a ser enfrentado pelo socialismo do século XXI. O sistema soviético fracassou nesse sentido. E Fidel Castro tinha consciência disso quando, em uma Assembleia Nacional do Poder Popular de Cuba realizada antes da derrocada da URXX, afirmava que o socialismo ainda não havia conseguido encontrar como substituir o chicote capitalista para motivar a produção.

322. A solução que se acreditou ter encontrado para atingir esse objetivo foi o uso das desgastadas armas do capitalismo: retornar ao estímulo familiar individual e, juntamente com ele, à propriedade privada. Mas a propriedade privada pessoal ou familiar será a única alavanca que permite estimular o trabalhador?

323. Sentir-se donos dos meios de produção parece ser um elemento importante para determinar a atitude que os trabalhadores possam ter frente a seu trabalho. Por que então as palavras de ordem "As fábricas aos trabalhadores!" e "A terra aos camponeses!" não funcionaram no modelo soviético?

324. O pesquisador cubano Darío Machado nos dá a resposta: segundo ele, nas experiências socialistas do leste europeu "os trabalhadores nunca chegaram a se sentir donos dos meios de produção e dos serviços", eram "legalmente proprietários", mas isso não foi acompanhado de "um exercício participativo". Enquanto eles trabalhavam, outros decidiam de cima "o que produzir e como fazê-lo".[40]

---

[40] Fernando González; Darío Machado; Juan Luis Martín e Emilio Sánchez, "Notas para un debate acerca del hombre nuevo", *in*: *Ponencias centrales seminario El socialismo y el hombre en Cuba*, La Habana, Cuba, 1988.

325. Então, o Estado se apropriar das fábricas e das terras em nome dos trabalhadores é muito diferente dessas fábricas e dessas terras estarem subordinadas à auto-organização e autogestão de seus trabalhadores.

b) A participação na gestão: um importante incentivo

326. Isso foi perfeitamente entendido por Tito, que rejeitou o modelo estatista burocrático stalinista e buscou promover na Iugoslávia um modelo econômico de ampla participação dos trabalhadores, passando às suas mãos os meios de produção para que fossem administrados por eles.

327. O fato de poder participar na gestão, que suas opiniões sejam levadas em consideração e que os resultados do seu trabalho sejam destinados para benefício dos trabalhadores fez com que as indústrias iugoslavas autogestionadas tenham obtido resultados econômicos muito positivos. A produtividade do trabalho aumentou enormemente.[41]

328. Esse sentimento de pertencimento, de compromisso, foi sentido entre os trabalhadores do setor elétrico na Venezuela.[42] Sabendo que a empresa de energia Cadafe era outro objetivo da oposição, os trabalhadores da eletricidade se organizaram para impedir qualquer tentativa de sabotagem. Resultado de uma longa luta contra a privatização da empresa, promovida pelos governos anteriores, esses trabalhadores começaram a considerar a questão da cogestão em sua luta para recuperar a empresa que havia sido praticamente

---

[41] Michael Lebowitz refere-se criticamente a esta experiência em seu livro *Construyámoslo ahora. El socialismo para el siglo XX, op. cit.*

[42] Ver Marta Harnecker, *Los desafíos de cogestión (Cadafe y Cadela)*. Este trabalho foi publicado em forma de folheto na série Biblioteca Popular Colección Testimonios n. 1, La Burbuja Editorial, impresso no Instituto Municipal de Publicações, Alcaldía de Caracas, abril de 2005 e se encontra em formato digital em <http://www.rebelion.org/docs/97075.pdf.>.

desmantelada pela administração anterior. E eles contribuíram com ideias que corrigem alguns dos desvios ocorridos na Iugoslávia.

329. Uma vez que essa era uma empresa estratégica para o país, era preciso evitar que, ao ser administrada pelos trabalhadores, eles caíssem na defesa de interesses mesquinhos pessoais ou de grupo. Para evitar isso, considerou-se fundamental que, entre os atores da cogestão, além dos trabalhadores da empresa e da própria administração, era necessário contar também com os porta-vozes das comunidades organizadas, porque, afinal, a empresa de eletricidade não pertence aos trabalhadores eletricitários, pertence a todos os venezuelanos, cuja voz deve ser transmitida à empresa através das comunidades que recebem o serviço. Elas deveriam ter voz para apontar suas deficiências, sugerir soluções e colaborar na sua implementação.

330. Na empresa de eletricidade de Mérida, um dos estados venezuelanos, a cogestão deste tipo foi realizada com excelentes resultados. Melhorou significativamente o serviço. Os trabalhadores eletricitários, anteriormente repudiados pela comunidade pelo serviço precário prestado por aquela empresa, eram recebidos com carinho, a arrecadação aumentou enormemente, diminuíram as residências que obtinham ilegalmente o serviço. Estes resultados são explicados pelo fato de haver um gerente de zona proposto pelos trabalhadores, um gerente geral que soube apoiar essa decisão, uma dirigente sindical comprometida com os trabalhadores e trabalhando em harmonia com o gerente, reuniões com os trabalhadores e as comunidades para discutir como fazer melhor o trabalho. O que está envolvido é a corresponsabilidade de todas as partes, mas para que isso seja viável, o trabalhador precisa poder confiar naqueles que dirigem a empresa. É por isso que é tão importante que a voz dos trabalhadores seja ouvida quando se trata de designar os quadros administrativos dessas empresas.[43]

---

[43] Por motivos que não podemos examinar aqui, esta experiência não perdurou.

331. Quando os trabalhadores sentem que suas opiniões estão sendo levadas em consideração, estão dispostos a trabalhar três a quatro vezes mais, porque agora estão trabalhando com alegria – disse um líder sindical do setor – "Antes eles trabalhavam por um salário, agora estão fazendo isso de coração".

332. Acreditamos que o fato de poder participar na tomada de decisões seja o principal estímulo que o trabalhador tem para dar o melhor de si em sua atividade laboral. Desta maneira, o trabalho deixa de ser alienador, transforma espiritualmente o trabalhador, o faz sentir-se útil e fazendo parte de uma família muito maior que a sua própria empresa, isso lhe permite alcançar um maior desenvolvimento de si mesmo.

333. Mas esse objetivo não é alcançado de um dia para o outro. Lembremos de que nossos trabalhadores foram inculcados com o espírito individualista e consumista. E que suas motivações para se esforçar para trabalhar estão mais ligadas ao estímulo econômico. É necessário todo um processo de transformação cultural para que possam se libertar dessa herança do passado. Na medida em que a nova sociedade vai sendo construída e essas pessoas vão participando da gestão de seus centros de trabalho, vão sentindo que o trabalho, em vez de ser um fardo, é uma expressão de suas potencialidades, vão realizando ações solidárias que os enchem de satisfação, vão entendendo que é mais importante ser do que ter, vão se transformando e, cada vez mais, serão os estímulos morais que os levarão a agir. Trata-se, como dissemos, de um processo gradual.

334. Para refletir sobre os incentivos e a motivação para o trabalho, parece importante levar em consideração as experiências das comunas chinesas e vietnamitas. Ali se vê claramente a necessidade de um avanço passo a passo do processo e os erros cometidos quando, na distribuição do excedente, se colocou ênfase excessiva na retribuição destinada ao uso coletivo (para atender às necessidades da comunidade, especialmente das crianças, dos idosos etc.) em detrimento da

retribuição de acordo com a contribuição de cada um dos camponeses, uma vez que aqueles que haviam contribuído mais preferiram abandonar a cooperativa prejudicando, assim, o conjunto de camponeses, razão pela qual os camponeses mais pobres que permaneceram nela decidiram diminuir essa porcentagem para atraí-los novamente.

c) Como estimular o trabalho e não ser injusto com aqueles que não podem render por motivos alheios à sua vontade

335. Igualmente importante a este respeito é a experiência do Movimento dos Trabalhadores Rurais Sem Terra do Brasil. Sua política inicial foi a distribuição igualitária entre todas as famílias, independentemente do que cada um contribuiu para o trabalho. Isso desmotivou as pessoas que se esforçaram mais e propiciou a desídia, justamente no momento em que mais se necessitava aumentar a produção. Então, em seguida se passou à fórmula de distribuição de acordo com os dias trabalhados e, finalmente, de acordo com as horas trabalhadas. Esta fórmula foi melhor do que as anteriores para estimular quem mais trabalha, mas é considerada injusta, porque a produtividade de cada sócio não é a mesma: um jovem com força pode colher muito mais milho em uma hora de trabalho do que outro sócio mais idoso e com menos capacidade física. A direção do MST tem o desafio de encontrar a maneira mais eficaz de medir a contribuição de cada sócio.[44]

d) O socialismo e as armas desgastadas do capitalismo

336. Antes de concluir, me parece importante que tenhamos em conta o que Engels disse para Schmidt em 1990, referindo-se

---

[44] Agora, além do pagamento pelas horas trabalhadas, o Movimento Sem Terra considera fundamental desenvolver, paralelamente, uma mística do trabalho e buscar diversas formas de emulação (Ver Marta Harnecker, *Sin Tierra. Construyendo Movimiento Social,* publicado na Espanha, por Siglo XXI Espanha, 1ª ed. 2002; no Brasil em inglês pela Editora Expressão Popular, 2003. *In*: <www.rebelion.org/docs/98479.pdf>.

à discussão sobre como deveria ser a distribuição na sociedade futura: se seria feita de acordo com a quantidade de trabalho ou de outra maneira. Ele ficou surpreso que, nesta discussão, não aparecesse a relação que deveria existir entre modalidades de distribuição e quantidade de produtos a distribuir. Como "esta quantidade varia [..] de acordo com o progresso da produção e da organização social, [deverá variar] o modo de distribuição".[45]

337. O grande desafio que temos pela frente é como – tendo em conta a herança do passado – conseguirmos construir o futuro.

Claro que, no início, é essencial encontrar fórmulas para estimular o trabalho e recompensar a pessoa que faz o maior esforço, porque não é justo que aqueles que fazem menos esforço ganhem o mesmo que aqueles que se dedicam com determinação e entusiasmo ao seu trabalho. Devemos também estimular a criatividade, a inovação. Mas creio que deve haver um desenvolvimento gradual de medidas que vão mudando a cultura e os valores até conseguir que as pessoas sintam que o melhor pagamento, o melhor estímulo para elas, é ver que com seu trabalho estão contribuindo para atender às necessidades das pessoas, para torná-las felizes, que está contribuindo para construir uma sociedade melhor para todos. Não podemos construir o socialismo com as armas desgastadas do capitalismo, mas não podemos pensar em prescindir de um dia para o outro dessas armas desgastadas. Devemos gradualmente reduzir seu uso, na medida em que sejamos capazes de ir criando as condições para a transformação cultural, que fará com que outras motivações sejam mais fortes nas pessoas do que as do simples interesse individual.

---

[45] Carta a Conrad Schmidt, Londres, 5 ago. 1890 *in:* C. Marx, F. Engels, *Obras escogidas, Tomo III,* Editorial Progreso, Moscou, tradução ao espanhol, 1974, p. 510. [Há tradução ao português *in:* Karl Marx e Friedrich Engels, *Cultura, arte e literatura*, São Paulo: Expressão Popular, 2010, N. E.].

A importância do planejamento participativo no socialismo

338. Não pode haver socialismo sem planejamento participativo. Se ponho ênfase nisso não é apenas porque devemos terminar com a anarquia da produção capitalista, mas porque considero que só através de tal processo é que a sociedade pode se apropriar verdadeiramente dos frutos do trabalho que nela são produzidos. Em seguida buscarei demonstrar o porquê desta afirmação.

a) Meios de produção: patrimônio da humanidade

339. Anteriormente afirmei que um dos elementos essenciais do socialismo é a propriedade social dos meios de produção, e adverti que este tema mereceria um maior desenvolvimento. Chegou a hora de fazê-lo.

340. Penso que para entender esse conceito é necessário ter presente qual é a origem da riqueza. Como é sabido, Marx afirmava que havia duas fontes de riqueza: a natureza e o trabalho humano que transforma em valores de uso a matéria-prima que vem da natureza. Devemos lembrar, no entanto, que há trabalho humano vivo que produz novos valores de uso, mas que há também o que o autor de *O capital* chamou de o "trabalho morto", ou seja, o trabalho incorporado nos instrumentos de trabalho. Este trabalho passado também constitui um fator importante na produção da riqueza.[46]

341. Essas ferramentas, máquinas, melhoramentos feitos na terra e, claro, as descobertas intelectuais e científicas que aumentam substancialmente a produtividade social, são uma herança que se transmite de geração a geração, são uma herança social, são – como a denomina este autor – uma riqueza do povo.

342. Mas a quem pertence essa riqueza ou patrimônio social? O capitalismo, graças a todo um processo de mistificação, tem nos con-

---

[46] Michael Lebowitz, *The socialist alternative: Real Human Development*, op,cit. Capítulo 1: "The wealth of people", p. 31-45.

vencido de que os donos dessa riqueza são os capitalistas e, por isso, em caso de necessidade, estão dispostos a ceder esses bens conquanto sejam indenizados por suas perdas, e isso explica porque a legislação burguesa não tem reparos em contemplar tais indenizações como algo justo e natural. O socialismo, ao contrário, parte do reconhecimento dessa herança como social e, por isso, considera que se trata de um patrimônio que deve ser usado em interesse da sociedade em seu conjunto e não para servir a interesses privados. Esses bens, nos quais está incorporado o trabalho de gerações, não podem pertencer a pessoas específicas, nem a países específicos, mas à humanidade.

343. A questão é: como garantir que isso ocorra? A única forma de fazê-lo é desprivatizando esses meios e transformando-os em propriedade social. Mas, como a humanidade de inícios do século XXI não é ainda uma humanidade sem fronteiras, esta ação deve começar em cada país, e o primeiro passo é que os meios de produção estratégicos passem à propriedade de um Estado que expresse os interesses da sociedade.

b) Esclarecendo aspectos relacionados
com o conceito de propriedade

344. Mas antes de continuar, devemos precisar o que entender por propriedade dos meios de produção. Essa propriedade pode se relacionar com várias situações, como ser capaz de usar, fruir e dispor dos meios de produção e, por consequência, dos frutos por eles produzidos. Mas também é importante distinguir entre o direito legal e a capacidade de usar, fruir e dispor deles.

345. Chamaremos de *posse efetiva* à capacidade que os possuidores dos meios de produção têm para colocá-los em ação, ou seja, a capacidade de controlar e gerenciar o processo de produção. Chamaremos *propriedade real* dos meios de produção à situação que se dá quando se juntam nas mesmas mãos a posse efetiva desses meios e o poder de dispor deles e de seus produtos.

346. Marx fala que na fase manufatureira, embora o capitalista seja o dono legal dos meios de produção, não tem ainda o completo controle deles: os meios de produção ainda devem se adaptar ao organismo humano, a experiência dos trabalhadores ainda conta. Mas no capitalismo industrial desenvolvido ocorre o contrário, a maquinaria faz com que a organização da produção cada vez mais se torne independente da força de trabalho: os trabalhadores perdem completamente o controle do processo de produção e o capitalista passa a ser não apenas legalmente, mas realmente dono ao conseguir controlar todo o processo de produção.

347. Em contrapartida, pode ocorrer que a propriedade real e a propriedade legal não estejam nas mesmas mãos. Um programa agrário pode nacionalizar a terra, ou seja, transformá-la em propriedade de todos através do Estado e delegar o direito de cultivá-la e dispor dos frutos que dela se obtenham às comunas ou centros regionais. O Estado teria a propriedade legal e a comuna, a propriedade real.[47]

348. No entanto, pode haver outras combinações entre propriedade legal e propriedade real. Pode ser o caso de uma propriedade legal que está separada de uma posse efetiva, ou seja, que existe o direito de dispor dos meios de produção e dos produtos do trabalho que estão em mãos de terceiros que os produzem. Este é o caso do sistema de produção servil em que o proprietário tem a propriedade legal da terra e, por isso, ele fica com uma parte dos frutos da produção, e o produtor direto, o servo, a quem o senhor concedeu um pedaço de terra, tem a posse efetiva dele, pois é ele, com seus próprios meios de trabalho, quem a faz produzir e, portanto, fica com outra parte dos bens produzidos.

---

[47] Outro caso de separação entre propriedade legal e propriedade real é o que ocorre quando o Estado intervém em uma empresa. O capitalista, do ponto de vista legal, continua sendo o proprietário, mas é o interventor que dispõe dos meios de produção e de seus produtos.

c) A propriedade estatal, apenas uma mudança jurídica

349. No socialismo em seus inícios, a passagem para mãos do Estado dos principais meios de produção não significa outra coisa que uma mudança jurídica de proprietário, mas continua a subordinação dos trabalhadores a uma força externa: a nova gerência, agora socialista, não altera sua situação de trabalhadores alienados no processo de produção. Trata-se de uma propriedade formalmente coletiva, porque o Estado representa a sociedade, mas a apropriação real ainda não é coletiva. É por isso que Engels afirma que "a propriedade do Estado sobre as forças produtivas não é a solução do conflito, mas alberga já em seu seio o meio formal, a alavanca para chegar à solução. "Esta solução só pode estar em reconhecer de um modo efetivo o caráter social das forças produtivas modernas e, portanto, em harmonizar o modo de produção, de apropriação e de mudança com o caráter social dos meios de produção. Para isso, não há outro caminho: que a sociedade, abertamente e sem rodeios, tome posse dessas forças produtivas que já não admitem outra direção que não a sua".[48]

d) O planejamento participativo: a forma em que a sociedade toma posse dos meios de produção

350. Mas o que significa que a sociedade tome posse desses meios de produção? Porque a sociedade é algo muito abstrato: pode ser toda a humanidade. No meu entender, trata-se é de determinar quem deve ter uma posse efetiva disso, ou seja, quem deve ter o direito a usar, fruir e dispor desses meios. É aqui onde me parece importante a contribuição de Pat Devine ao distinguir os diversos níveis de propriedade social, cada um dos quais estaria definido

---

[48] F. Engels, "Del socialismo utópico al socialismo científico", in K. Marx y F. Engels, *Obras escogidas en tres tomos*, Editorial Progreso, Moscou, 1989, p. 151-153.

pelos "grupos que se veem atingidos pelas decisões que são tomadas sobre as coisas que possuem, em proporção ao grau em que são afetados".[49]

351. De acordo com esta lógica, uma padaria que produz pães e doces para uma determinada área geográfica – uma comuna, por exemplo – cujos trabalhadores são desta comuna e cuja matéria-prima provém de agricultores deste território, deveria ser propriedade dessa comuna. Não tem nenhum sentido que seja propriedade da nação.

352. No entanto, no caso de uma empresa estratégica como a do petróleo, seria um absurdo que o coletivo de trabalhadores atribuísse a si a propriedade dessas riquezas que pertencem a todos os habitantes do país (ou da humanidade?), o que não significa que esses trabalhadores não possam ou não devam participar na gestão dessa empresa. O excedente produzido não pode ser destinado unicamente a melhorar as condições de vida de seus trabalhadores, mas também a novos investimentos na empresa, a apoiar o desenvolvimento das comunidades no entorno e, ao ser uma riqueza de

---

[49] "Podemos definir melhor a propriedade social como aquela propriedade que pertence aos grupos que se veem atingidos pelas decisões que são tomadas sobre as coisas que possuem, em proporção ao grau em que os afeta. Tem bastante em comum com o conceito de participação [*stakeholding*]. Seguindo o princípio da subsidiariedade que sustenta, pelo menos em teoria, que, na estrutura de governo de múltiplos níveis da Comunidade Europeia, os proprietários sociais serão diferentes em relação ao grau de generalidade e ao alcance das decisões a serem tomadas. As decisões tomadas nos mais altos níveis de generalidade envolverão posses maiores e afetarão uma maior proporção de pessoas e interesses do que aqueles feitos em níveis mais baixos. Em cada nível, os proprietários sociais terão que negociar entre si para chegar a um acordo sobre o uso das coisas que possuem para que eles satisfaçam os interesses coletivos, que terão sido definidos por eles mesmos" (Pat Devine, "Social ownership and democratic planning". Esse artigo é uma versão revisada de "The political economy of twenty-first century socialism", *Soundings*, 37, Winter 2007, p. 105-115. Ver também: *Democracy and Economic Planning: The Political Economy of a Self-governing Society. Ibid.*

toda nação, uma parte significativa desse excedente deve ser incluída no orçamento nacional. A propriedade legal desta empresa deveria estar em mãos do Estado em representação da nação, o controle do processo de produção deveria estar em mãos dos trabalhadores da empresa, mas o destino dos frutos obtidos no processo de produção – uma vez descontado o que deve ir para investimentos necessários para a reprodução do processo produtivo e para a retribuição pelo trabalho – deveriam ser definidos por toda a sociedade.

353. E como se consegue que a comuna, no primeiro caso, e que a sociedade, no segundo, definam o que se faz com esses frutos? E é aqui onde o processo de planejamento participativo desempenha um papel essencial, muito diferente do planejamento burocrático.

354. Compartilho com Pat Devine a ideia de que os atores desse processo de planejamento participativo variarão de acordo com os diferentes níveis de propriedade. No caso da padaria comunal, quem deve se pronunciar sobre quanto produzir, com que matéria-prima, com que qualidade, com que variedade, a que hora o produto deve estar pronto, como distribuir, quanto investir na manutenção e ampliação da empresa etc., deverão ser os representantes das pessoas que produzem a matéria-prima empregada, das que trabalham na padaria e das que consomem os pães e os doces. No caso da empresa de petróleo, embora os trabalhadores dessa empresa participem na gestão do processo de produção do petróleo, nas decisões concernentes ao reinvestimento, ampliação de investimentos, comercialização e uso social do excedente, toda sociedade deverá participar através de seus diferentes representantes ou porta-vozes.

355. A propriedade social é uma das características centrais do socialismo, mas para que haja propriedade social real, e não puramente formal, é necessário, então, que a sociedade "abertamente e sem rodeios, tome posse" desses meios de produção mediante o exercício do planejamento participativo, cujas modalidades dependerão do nível de propriedade social de que se trate.

A TRANSIÇÃO E SUAS FORMAS

356. Até agora, falamos sobre as características da nova sociedade que queremos construir, mas vocês podem se perguntar quanto tempo levará para alcançar esse objetivo. A história mostrou que o "céu" não pode ser tomado de assalto, que um longo período histórico é necessário para transitar do capitalismo para a sociedade socialista. Alguns falam em dezenas de anos, outros em centenas e outros (nos incluindo) que será a meta a que devemos ir nos aproximando, mas que talvez nunca possamos alcançá-la plenamente.

357. A este período histórico chamaremos de transição ao socialismo.

Diversos tipos de transição

358. Creio que devemos distinguir três tipos de transição ao socialismo: a transição em países avançados, a transição em países atrasados tendo conquistado o poder do Estado e, por último, a transição em países onde se conseguiu apenas chegar ao governo.

Transição nos países avançados

359. A interpretação mais difundida do marxismo antes da Revolução Russa afirmava que o socialismo deveria começar com os países mais avançados, onde o próprio capitalismo havia criado as condições materiais e culturais para ele. O acesso revolucionário ao poder do Estado era considerado a condição indispensável que permitiria expropriar os expropriadores, criar associações de produtores

e tornar o Estado uma expressão da sociedade em vez de um ente acima dela. Outra condição considerada como indispensável era o alto desenvolvimento das forças produtivas.

360. Essa transição – que historicamente nunca aconteceu – tem sido um argumento usado contra Marx, mas isso só reflete que quem se valeu desse argumento não conhecia seus textos tardios, onde o pensador alemão modifica sua visão inicial insistindo mais nas condições políticas das revoluções do que em suas condições econômicas.

361. Em sua carta escrita em Londres a Friedrich Adolph Sorge, em 27 de setembro de 1877, ele afirma que "o tempo da revolução começa desta vez no leste". A que se deve essa afirmação? À situação política que se vivia na Rússia na época. Tudo parecia indicar que a guerra russo-turca estava prestes explodir, e se previa a derrota do governo russo e as graves consequências econômicas e políticas que resultariam dessa derrota, em meio à completa desintegração econômica, moral e intelectual que a sociedade russa sofria naquele momento.[1] Mas Marx não só via a possibilidade da revolução política em um país atrasado, como também a possibilidade de que, a partir da tradição de propriedade coletiva na agricultura russa, se pudesse transitar da comuna para o socialismo sem ter que passar pela experiência da agricultura capitalista.[2]

Transição em países atrasados tendo conquistado o poder do Estado

362. A história demonstrou que Marx tinha razão. O socialismo não começou pelos países de capitalismo avançado e com uma classe

---

[1] Marx e Engels, *Selected Correspondence*, Progress Publishers, Moscow, 2. ed. Revista e ampliada, 1965, p. 308. En: <www.marxists.org/archive/marx/works/1877/letters/77_09_27.htm>.

[2] Sobre este tema ver a compilação de autores editada por Teodor Shanin: *Late Marx and the Russian Road*: Marx and the Peripheries of Capitalism. Monthly Review Press, New York, 1983. [Há edição brasileira: Teodor Shanin (org.). *Marx tardio e a via russa:* Marx e as periferias do capitalismo. São Paulo: Expressão Popular, 2017.]

trabalhadora industrial numerosa e experiente, mas em países de incipiente desenvolvimento capitalista, de população predominantemente camponesa e com uma classe operária minoritária.

363. Por que isso ocorreu? Porque as condições políticas se adiantaram às condições econômicas.[3]

364. A irrupção revolucionária russa em fevereiro de 1917, que acabou por entregar o poder à burguesia de maneira compartilhada com os sovietes de trabalhadores e soldados, foi considerada por Lenin como uma "revolução inconclusa [...], a primeira etapa da primeira das revoluções proletárias engendradas pela guerra".[4] Segundo ele, foram os horrores da guerra imperialista que geraram essas insurreições proletárias e a cura desses males só poderia ser realizada se o proletariado tomasse o poder na Rússia e fossem adotadas medidas radicais que ainda não eram socialistas, mas eram passos para o socialismo.

365. O dirigente bolchevique tinha plena consciência de que a situação de atraso de seu país lhe impediria implantar de imediato o socialismo, mas via também com absoluta clareza que apenas dando passos nesse sentido seria possível retirá-lo da crítica situação que a guerra havia lhe conduzido.[5]

366. "Desde o mês de abril [de 1917], muito antes da Revolução de Outubro, ou seja, muito antes de que tomassem o poder [afirma

---

[3] Os dois parágrafos seguintes provêm de minha palestra: *Cómo vio Lenin el socialismo en la URSS*, apresentada em 15 de dezembro de 2000 no Seminário da revista América Libre, São Paulo, Brasil, 4-6 de dezembro de 2000. Nela encontramos textos e abordagens pouco conhecidas que nos fazem ver quão claras estavam para Lenin as dificuldades para construir o socialismo na situação da URSS naquele momento.

[4] Lenin, *VII Conferencia (abril) de toda Rusia del POSDR* (b) (24-29 de abril de 1917), *in*: *Obras Completas, tomo 25*, Editorial Cartago, Buenos Aires, 1971 p. 274

[5] Em meu livro *Reflexiones acerca del problema de la transición al socialismo*, cap. I. "No se puede avanzar sin marchar al socialismo", Editorial Nueva Nicaragua, Managua, 1986, p. 23-35 me refiro amplamente a este tema. Ver *in*: <www.rebelion.org.docs/90182.pdf>

Lenin] declaramos abertamente e explicamos ao povo: a revolução não pode se deter agora nesta etapa [revolução burguesa], pois o país está seguindo em frente, o capitalismo tem avançado, a ruína tem alcançado proporções nunca vistas, o que (queira-se ou não) *exigirá* dar passos *ao socialismo*, pois *não há* outro modo de avançar, de salvar o país esgotado pela guerra, e de *aliviar os* sofrimentos dos trabalhadores e explorados".[6]

367. E poucas semanas antes da Revolução de Outubro, explica de forma exaustiva essas proposições repetidas ao longo dos meses anteriores:

368. "Na história em geral, e em tempos de guerra em particular, não se pode permanecer inerte em um lugar. Devemos avançar ou retroceder. Na Rússia do século XX, que conquistou a República e a democracia pela via revolucionária, é *impossível* avançar sem *marchar* ao socialismo, sem dar *passos* em sua direção (passos condicionados e determinados pelo nível técnico e cultural: na agricultura baseada nas propriedades camponesas é impossível 'implantar' a grande produção mecanizada; na fabricação do açúcar é impossível suprimi-la). E temer avançar *significa* retroceder [...]"[7]

369. A Revolução Russa rompe assim os esquemas dirigidos habitualmente pela social-democracia europeia. A revolução proletária triunfa quando ainda não existem no país as premissas objetivas para o socialismo, quando as forças produtivas ainda não alcançaram um nível de desenvolvimento que permita a construção imediata do socialismo. Desta situação os dirigentes da Segunda Internacional tiram como conclusão que é um erro que o proletariado tenha assumido o poder e tenha iniciado a construção do socialis-

---

[6] Lenin, *La revolución proletaria y el renegado Kautsky*, (out./ nov. 1918), *Obras Completas, tomo 30*, Editorial Cartago, Buenos Aires, 1971, p. 150.
[7] Lenin, *La catástrofe que nos amenaza y cómo combatirla* (10-14 set.1917), *Obras completas, tomo 26*, Editorial Cartago, Buenos Aires, 1971, p. 442.

mo, que deveria ter seguido pelo caminho do desenvolvimento do capitalismo e da democracia burguesa da Europa ocidental.

370. Lenin, em um dos seus últimos textos de janeiro de 1923,[8] polemiza com aqueles que defendem essa tese. Afirma que essas pessoas não refletem sobre as razões que determinaram a irrupção da revolução na Rússia e não nos países avançados da Europa. Não se dão conta de que a guerra criou no país "uma situação absolutamente sem saída" e, com isso, "as condições políticas para a fusão da guerra camponesa com o movimento trabalhador originando uma correlação de forças tal que permitiu a derrubada do tsarismo e do grande capital imperialista".[9] Então, o que se deveria fazer? Deveria rejeitar o caminho da revolução socialista porque não se contava ainda com os requisitos materiais e culturais para a construção do socialismo?

371. "Dizem vocês [afirma Lenin, referindo-se a seus argumentos] que para construir o socialismo falta civilização. Muito bem. Mas então por que não podíamos criar primeiro [partindo do poder conquistado] tais pré-requisitos da civilização em nosso país, como a expulsão dos latifundiários e capitalistas russos, e depois iniciar o *movimento* em direção ao socialismo?"[10]

372. Mas, embora Lenin considerasse necessário que a Rússia avançasse pelo caminho do socialismo como única forma de resolver os graves problemas colocados pela guerra, não desconhece que se trata de uma tarefa extremamente difícil e está consciente de que "a vitória do socialismo em um só país é impossível".[11]

---

[8] Lenin, *Nuestra revolución*. (30 de maio de 1923), *Obras completas,* tomo 36. Editorial Cartago, Buenos Aires, 1971.
[9] *Ibid.* p. 505.
[10] *Ibid.* p. 507.
[11] Lenin, *III Congreso de los Soviets*, (10-18 de janeiro de 1918), *Obras completas,* tomo 28, Editorial Cartago, Buenos Aires, 1971, p. 150. Este tema foi amplamente desenvolvido no capítulo III, "La revolución socialista en un solo país y sus limitaciones".

373. Foram também condições políticas – as provocadas pela Segunda Guerra mundial – as que permitiram aos revolucionários assumirem o poder do Estado no leste europeu e depois na Ásia e na África, e dali iniciar as transformações encaminhadas a construir o socialismo.

Transição em países onde apenas se conquistou o governo

374. Creio que nossa situação na década de 1980 e 1990 pode ser comparada em certos aspectos àquela vivida pela Rússia pré-revolucionária de inícios do século XX. O que foi para ela a guerra imperialista e seus horrores tem sido para nós o neoliberalismo e seus horrores: a extensão da fome e da miséria, uma distribuição cada vez mais desigual da riqueza, a destruição da natureza, a perda crescente de nossa soberania. Nessas circunstâncias vários de nossos povos disseram "basta" e foram para "frente", resistindo primeiro e, depois, passando à ofensiva e, como resultado, candidatos presidenciais de esquerda ou centro-esquerda que defendem programas antineoliberais começam a triunfar.

375. Esses líderes políticos latino-americanos experimentaram o mesmo dilema que os bolcheviques viveram na Rússia: ou aplicavam medidas capitalistas para levar seus países para frente, o que implicaria mais sofrimento para seus povos, ou se lançavam a construir uma sociedade alternativa ao capitalismo, ou seja, se encaminhavam a outro modelo fazendo de seus povos os principais construtores da nova sociedade.

376. Dito em outras palavras: frente ao evidente fracasso do modelo neoliberal tal como estava sendo aplicado – que se mostrava incapaz de resolver os problemas dos povos da América Latina – surgiu o seguinte dilema: ou se refundava o modelo capitalista neoliberal, evidentemente que com mudanças, entre elas uma maior preocupação pelo social, mas movido pela mesma lógica capitalista; ou se avançava na construção de um projeto alternativo.

377. Mas embora haja alguma semelhança entre o que ocorreu na URSS e o que está acontecendo na América Latina, a situação de nossos governos de "esquerda" é ainda mais complexa que a do governo soviético.

378. Agora, neste avanço a um projeto alternativo, há grandes diferenças entre os diversos governos de "esquerda" ou centro-esquerda na América Latina. Alguns têm se limitado a adotar importantes políticas sociais, mas não romperam com o modelo econômico neoliberal, embora tenham feito um esforço para desenvolver um capitalismo produtivo nacional.

379. Outros decidiram empreender um caminho realmente alternativo – um caminho ao socialismo –, sabendo que as condições econômicas objetivas em que estão inseridos os obrigarão a conviver durante não pouco tempo com formas de produção capitalista.

a) Um dilema: como avançar tendo conquistado apenas o governo

380. Para esses últimos governantes está colocado o seguinte dilema: como avançar ao socialismo quando se conquistou apenas o governo?[12] Isso torna sua situação muito mais complexa. Não somente devem enfrentar o atraso de seus países, mas devem fazê-lo sem contar com todo o poder do Estado.

381. Em nossos países, não existe apenas uma débil presença de condições econômicas, materiais e culturais para construir o socialismo, mas também está ausente a condição mais importante e até agora considerada indispensável: não se conta com todo o poder do Estado, apenas se conta com uma pequeníssima parte dele.

---

[12] Uso essa palavra no sentido estrito, mas habitualmente se entende por tal o órgão (que pode estar formado por um presidente ou primeiro ministro e um número variável de ministros) ao qual a Constituição ou a norma fundamental de um Estado atribui a função ou poder executivo, e que exerce o poder político sobre uma sociedade.

Lembremo-nos de que o poder do Estado não se limita ao Executivo, mas também envolve o poder Legislativo e o Judiciário, as Forças Armadas, órgãos locais de governo (prefeituras, governos estaduais) e outras instâncias.

b) Diferença entre chegar ao governo e conquistar o poder

382. Portanto, chegar ao governo não é o mesmo que conquistar o poder do Estado. Este foi um dos erros que alguns setores da esquerda cometeram no Chile. Acreditava-se que tínhamos conquistado o poder e, portanto, o que devia ser feito era adotar medidas mais radicais, sem levar em consideração a correlação de forças existente.

383. Ter conseguido ocupar o governo era, sem dúvida, haver adquirido uma cota de poder político, mas não se pode esquecer que, embora contássemos com partidos de esquerda muito grandes e um movimento de trabalhadores bastante forte, não contávamos com as Forças Armadas, éramos minoria no parlamento; nunca conseguimos ter um resultado eleitoral que fosse majoritário de forma absoluta. A Democracia Cristã continuava a ter um grande peso, e não apenas nos segmentos médios e altos, mas também entre os trabalhadores e camponeses. Isso explica, em parte, a Unidade Popular – uma coalizão política que apoiava Allende – nunca ter proposto uma Assembleia Constituinte. O que se fez foi usar a legislação vigente, procurando as lacunas legais: havia algumas leis decretadas nos anos 1930 por um governo socialista de cem dias e com esses elementos pudemos avançar na nacionalização dos setores mais estratégicos da economia que formou o que a Unidade Popular chamou de "área de propriedade social".[13]

384. Concordo com quem pensa que conseguir obter o poder do Estado é um processo complexo, em que um dos aspectos mais

---

[13] Marta Harnecker, "La lucha de un pueblo sin armas", *Revista Encuentro XXI*, 1995, incompleto; publicado integralmente. Disponível em: <www.rebelion.org/docs/95161.pdf>.

importantes é contar com o apoio das Forças Armadas, ou o que se tem chamado "o monopólio da violência". Daí que Chávez insista em que há uma diferença fundamental entre o processo realizado por Allende, no Chile, e o processo revolucionário bolivariano: o primeiro era um trânsito pacífico desarmado, e o venezuelano é um trânsito pacífico, mas armado, e não porque o povo esteja armado, mas porque a grande maioria das Forças Armadas apoia o processo.

c) A partir do Estado herdado promover o surgimento de um novo Estado construído pela base

385. Em contrapartida, devemos considerar que nossos governos herdam um aparelho de Estado cujas características são funcionais para o sistema capitalista, mas não o são para avançar para uma sociedade humanista e solidária; para uma sociedade que coloca a pessoa humana não só no centro do seu desenvolvimento, mas também como a grande protagonista das mudanças.

386. No entanto, a prática tem demonstrado, contra o dogmatismo teórico de alguns setores da esquerda radical, que se pode utilizar esse Estado e utilizá-lo para transformá-lo em um instrumento que colabore na construção da nova sociedade.

387. O fato de que as instituições estatais estejam dirigidas por quadros revolucionários, conscientes de que devem procurar a colaboração dos setores organizados do povo para controlar seu trabalho e pressionar para a transformação do aparelho estatal, é uma situação que pode permitir – dentro de determinados limites – que essas instituições se coloquem a serviço do projeto revolucionário.

388. Mas devemos esclarecer que isso não significa que o governo deva se limitar a usar o aparelho herdado, é necessário que este – usando o poder que tem em suas mãos – vá construindo os fundamentos da nova institucionalidade e do novo sistema político, criando espaços de protagonismo popular que vão preparando os setores populares para exercer o poder desde o nível mais simples

até o mais complexo, e que assim vão criando as condições de um novo Estado construído de baixo para cima ou um "não Estado" que substituirá o velho Estado: o governo sobre as pessoas será substituído, como Engels escreveu, pela administração de coisas.[14]

389. Há quem pense – como Valter Pomar – que enquanto a classe trabalhadora não tiver chegado ao poder do Estado, só se pode falar de "*luta pelo socialismo, mas não de transição ao socialismo*".[15] Eu não compartilho esta opinião porque considero que o que dá nome a um processo de transição é o objetivo perseguido com as medidas adotadas. Certamente, essas medidas devem estar de acordo com tal objetivo, como veremos mais adiante.

390. Concordo com o dirigente político petista que "a conquista do poder do Estado é um processo complexo",[16] mas creio que isso pode ser iniciado justamente porque as forças de esquerda conseguem chegar ao governo.

Uma transição particular em cada país

391. Afirmamos anteriormente que alguns de nossos governos iniciaram um processo de transição ao socialismo, mas sem dúvida cada um desses processos é muito diferente dos demais.

392. Como diz Michael Lebowitz, "o socialismo não cai do céu. Todo processo de transição se dá em um país particular, que tem suas próprias características que o diferenciam dos demais e, por isso, mesmo que a meta possa ser compartilhada, a forma e as medidas que são tomadas no processo de transição devem estar adaptadas às condições específicas de cada país. Deve, necessariamente, basear-se nas características particulares de cada país. Traços particulares indiretos que temos de considerar"

---

[14] F. Engels, *El socialismo utópico y el socialismo científico*, *op. cit.*, p. 155.
[15] Valter Pomar, *op. cit.*, p. 246.
[16] *Ibid.*, p.247.

a) Sua história e suas tradições

393. "Cada país tem seu próprio percurso e tem suas próprias tradições (incluindo as religiosas e indígenas), seus mitos, seus heróis, aqueles que lutaram por um mundo melhor, e as capacidades individuais que as pessoas desenvolveram no processo de luta."[17]

b) Os pontos de partida são diferentes

394. Os pontos de partida de cada processo de transição também são diferentes. As medidas adotadas dependerão das condições em que o avanço for iniciado: as peculiaridades da estrutura econômica herdada, o grau de desenvolvimento das forças produtivas, as formas em que a vida diária se expressa, o grau de preparação da população, entre outros.[18]

c) Diferentes correlações de forças

395. Por outro lado, cada transição estará marcada pela correlação de forças que existe entre os atores que querem avançar na construção da nova sociedade e os que querem impedir as mudanças e a forma em que se dá a luta de classes tanto internamente como em âmbito internacional.

d) Diferentes atores históricos

396. Finalmente, de acordo com a estrutura de classes de cada país e a história de suas lutas, os atores históricos que promovem a transição serão diferentes. Em alguns casos, podem se tratar de partidos da classe trabalhadora; em outros, de movimentos cam-

---

[17] Michael Lebowitz, *Construyamoslo ahora. El socialismo para el siglo XXI*, op. cit., p. 67.
[18] Lenin, primeira variante do artigo: *Las tareas inmediatas del poder soviético* (23-28 de março de 1918), *Obras completas,* tomo 28, Editorial Cartago, Buenos Aires, 1971, p. 431.

poneses indígenas; em outros, de um setor militar; em outros, de líderes carismáticos.

397. Pelo exposto, se entende que não pode haver uma teoria geral da transição, mas que cada país deverá elaborar sua própria estratégia particular de transição, que dependerá "não apenas das características econômicas desse país, mas também das características adotadas pela luta de classes"[19] entre outras coisas e essa estratégia é que deve orientar o avanço do processo.[20]

398. No entanto, dentro dessas variações, na atual situação da América Latina e do Caribe, há – como já vimos – uma característica comum a todos os nossos processos de transição: estamos transitando pela via pacífica. E isso significa partir da herança do regime anterior e avançar, pouco a pouco, em sua transformação, conquistando, em primeiro lugar, o governo, como indicamos anteriormente.

e) Duração da transição

399. Para alguns, esse processo durará décadas. Para outros, como Samir Amin, vai durar séculos – assim como o capitalismo levou séculos para se consolidar – e há aqueles que, como eu, o consideram um objetivo utópico, que ilumina o caminho, que guia a luta, mas nunca nós o alcançaremos completamente. E isso não significa ser pessimista como alguns pensam. Pelo contrário, uma meta utópica bem perfilada ajuda a caminhar, fortalece nossa decisão de lutar, e todo passo que se aproxime desse horizonte, por menor que seja, é considerado um passo positivo.

---

[19] Marta Harnecker, *Los conceptos elementales del materialismo histórico*, op. cit.. p. 215.
[20] E. Balibar, "Sur la dialectique historique (Quelques remarques critique á propos de *Lire le Capital*", in: *Cinq études sur le matérialisme historique*, Paris, Maspero, 1974, p. 243. Este texto implica uma mudança radical de postura do autor a respeito do problema da transição, em relação com o que foi expresso em *Para leer El capital*.

Um processo cheio de desafios

a) Vencer a ofensiva conservadora

400. Esse processo de transformação, de avanço em direção à nova sociedade que queremos construir a partir do governo não é apenas um longo processo, mas também, como pode ser deduzido do que foi dito anteriormente, um processo cheio de desafios e dificuldades. Nada garante um avanço linear, pode haver retrocessos e fracassos.

401. Devemos lembrar sempre que a direita respeita as regras do jogo apenas na medida em que lhe convém. Até agora, não foi vista nenhuma experiência no mundo em que os grupos dominantes estejam dispostos voluntariamente a renunciar aos seus privilégios. O fato de aceitarem retirar-se da arena política quando consideram que sua retirada pode ser mais conveniente não deve nos enganar. Eles podem perfeitamente tolerar e até propiciar a presença de um governo de esquerda, desde que sua política seja posta em prática e se limite a administrar a crise. O que eles sempre tentarão evitar, usando meios legais ou ilegais – e nisto não devemos nos iludir – é que possa ser realizado um programa de profundas transformações democráticas e populares que coloque em risco seus interesses econômicos.

402. Disso se deduz que a esquerda deve estar preparada para enfrentar a forte resistência e as manobras que esses setores realizarão para recuperar o poder perdido, e deve ser capaz de defender as conquistas alcançadas democraticamente.

b) Agendas eleitorais entram em choque
com a construção do poder popular

403. Outro desafio menor, mas ainda importante, é o que se refere à agenda eleitoral a que esses governos devem se submeter para se legitimar diante de ataques contínuos da oposição e poder continuar o processo de mudanças já iniciado.

404. Esta agenda muitas vezes entra em choque com a agenda da construção democrática participativa. Processos de construção de poder popular geralmente são paralisados ou enfraquecidos para dar lugar a campanhas eleitorais; as quais tendem a estimular atitudes populistas; muitas vezes se prioriza a entrega de soluções, em vez de estimular sua conquista pelo povo.

405. E nesse sentido, uma das primeiras coisas que deveríamos fazer é evitar que na busca de votos – em vez de fazer uma campanha educativa, pedagógica, que sirva para fazer as pessoas crescerem em organização e consciência – utilizemos as mesmas técnicas que o sistema burguês utiliza para vender seus candidatos.

406. A isso deve-se acrescentar que os candidatos nem sempre concorrem em igualdade de condições: aqueles que têm acesso à mídia ou ao uso do aparelho do Estado para suas campanhas estão mais favorecidos em relação aos demais.

c) Contradição entre tempos políticos e tempos democráticos

407. Em contrapartida, não é fácil resolver o grande dilema da contradição entre os tempos políticos e os processos democráticos. Muitas vezes, se quer ampliar a discussão sobre leis ou processos constituintes com o que se ganharia em riqueza democrática, mas isso poderia arriscar o futuro do processo democrático.

408. Foi o que ocorreu no processo constituinte tanto da Venezuela como no Equador. Em ambos os processos, o objetivo era alcançar a maior participação possível dos cidadãos na discussão do projeto da nova constituição. E tal foi a resposta popular que o tempo fixado ficou exíguo. Então o dilema era entre estender os prazos para permitir maior participação e enfrentar as possíveis consequências políticas negativas que isso poderia acarretar. E, em ambos os casos, se decidiu sacrificar o processo democrático pelos tempos políticos.

409. No Equador, concretamente, havia sido fixado um primeiro prazo que não foi suficiente, e se decidiu estendê-lo, algo que es-

tava previsto nos regulamentos, mas mesmo esse período estendido ainda foi curto, e Alberto Acosta – então presidente da Assembleia Constituinte – buscou convencer a direção política da aliança PAIS a aprovar um novo adiamento. A direção política se recusou a fazê--lo e Alberto Acosta renunciou a seu cargo. O argumento utilizado para adotar esta decisão foi que se continuasse com o processo de discussão e diálogo que havia sido implementado até então, colocaria em risco o produto final, uma vez que a oposição estava usando o argumento da prorrogação para fazer uma grande campanha contra o governo espalhando boatos de que o que ele queria era assumir todos os poderes prescindindo do poder legislativo. Deve-se lembrar que quando a Assembleia Constituinte foi eleita, foi decidido que o Congresso entraria em recesso até que as pessoas decidissem, em consulta popular, aprovar ou rejeitar a nova constituição. O que se fez foi dar férias aos deputados. Com este subterfúgio, eliminava-se a interferência do Congresso sem necessidade de dissolvê-lo.[21]

410. Penso que aqueles que vivem com maior intensidade este dilema entre tempos políticos e processos democráticos são os intelectuais e, por essa razão, gostaria de lembrar o que Carlos Matus escreveu sobre a relação entre os políticos e os intelectuais em seu livro *O líder sin estado mayor:* "Enquanto o dilema de alguns intelectuais é se ocupar de pensar sem renunciar à ação [...], o de alguns políticos é se ocupar da ação sem renunciar a pensar. Esse dilema de ambos os leva à mútua desqualificação, o que impede que sejam reconhecidas as capacidades e contribuições que cada grupo deve fazer".[22]

411. Tudo isso são realidades que temos de enfrentar no futuro. O grande desafio que temos diante de nós é como maximizar os as-

---

[21] Marta Harnecker, *Ecuador. Una nueva izquierda en busca de la vida en plenitud, op. cit.*, parágrafos sete, 736 a 763.
[22] *La oficina del governante*, Fundación Altadir, La Paz, Bolívia, 1997.

pectos positivos e minimizar os negativos, a fim de acumular forças a favor da mudança e não a favor do passado.

412. Por outro lado, os avanços costumam ser muito lentos, e frente a esta situação não poucas pessoas de esquerda desanimam. Muitos pensaram que a conquista do governo seria a varinha mágica para resolver prontamente os problemas mais sentidos pelo povo, e quando essas soluções não chegam com a rapidez esperada, tendem a se iludir.

d) Necessidade de uma pedagogia dos limites

413. Por isso é que penso que da mesma maneira que os nossos dirigentes revolucionários devem usar o Estado para mudar a correlação de forças herdada, devem também realizar uma tarefa pedagógica frente aos limites ou obstáculos que encontram em seu caminho – o que chamamos uma pedagogia dos limites. Muitas vezes se acredita que falar com o povo sobre dificuldades pode desanimá-los, desalentá-los, quando pelo contrário, se os setores populares são informados, se a eles é explicado por que não se pode alcançar de imediato as metas desejadas, isso os ajuda a entender melhor o processo em que vivem e a moderar as suas demandas. Além disso, os intelectuais também devem ser alimentados com informação para que sejam capazes de defender o processo e para que possam realizar uma crítica séria e construtiva se for necessário.

414. Mas essa pedagogia dos limites deve ir acompanhada simultaneamente de um incentivo à mobilização e criatividade populares, evitando domesticar as iniciativas das pessoas e preparando-se para aceitar possíveis críticas a falhas da gestão governamental. Não apenas se deve tolerar a pressão popular, mas se deve entender que é necessária para ajudar os governantes a combater os desvios e erros que possam ir surgindo no caminho.

TAREFAS EM QUE SE PODE AVANÇAR A PARTIR DO GOVERNO

415. Até aqui temos falado em linhas gerais das características que consideramos essenciais do socialismo do século XXI; agora apontaremos alguns passos concretos que pensamos que podem ser dados – e que, de fato, alguns governos têm dado – a partir do Estado herdado em direção a essa meta. Para isso, certamente, é necessária uma condição fundamental: que este aparelho herdado esteja constituído por quadros revolucionários e que eles tenham vontade política para dar tais passos.

Avançar em uma nova integração da região

416. A partir do governo, se pode ir dando importantes passos no terreno internacional e assim se tem feito. Imbuídos das ideias de Simón Bolívar sobre a necessidade de articulação de nossos países, foram criadas instituições que têm lhes permitido ganhar soberania, dependendo cada vez menos dos grandes blocos mundiais e libertando-se dos ditames do Consenso de Washington. Foram realizados muitos progressos neste campo com a criação da Alba, Petrocaribe, Telesur, Radio del Sur, Banco del Sur, Sucre (moeda de intercâmbio comercial da Alba), Unasul e seu Conselho de Defesa, Celac e muitas outras iniciativas.

Mudar as regras do jogo institucional

417. Uma das primeiras tarefas empreendidas pelos governos mais avançados da região foi a mudança das regras do jogo insti-

tucional mediante processos constituintes que têm permitido dotar seus países de novas constituições.

418. Os governantes da Venezuela, da Bolívia e do Equador, ao assumirem seus mandatos, promoveram processos constituintes que terminaram com a aprovação majoritária através de um referendo de novas Carta Magnas: a Constituição Bolivariana da Venezuela foi aprovada em dezembro de 1999, a Constituição equatoriana em setembro de 2008 e a boliviana em fevereiro de 2009. O presidente de Honduras, Manuel Zelaya, também quis promover um processo desse tipo que terminou em sua destituição por um golpe institucional-militar.

419. Uma das coisas mais notáveis das constituições da Bolívia e do Equador é a criação de estados plurinacionais que reconhecem pela primeira vez as nações indígenas excluídas.

420. Mas, embora não seja possível construir o socialismo sem passar por um processo constituinte se for para avançar pela via pacífica, essa questão não deve ser abordada de forma voluntarista. Só faz sentido promover processos deste tipo quando as forças revolucionárias consideram que se pode conseguir uma correlação de forças eleitoral que permita que o processo constituinte conduza às mudanças necessárias. Não faz sentido promovê-lo se vai terminar aprovando regras do jogo institucional que freiem as mudanças.

421. Foi precisamente por isso que a Unidade Popular no Chile não decidiu convocar uma assembleia constituinte: não havia certeza que a ganharia. Mas me surge uma dúvida: o que teria acontecido se tivéssemos tensionado nossa força e se tivéssemos trabalhado casa a casa com esse tema? Aqui é importante lembrar que, quando a oposição propôs a revogação do mandato de Chávez, as pesquisas lhe eram desfavoráveis, havia o risco de vitória do SIM opositor, mas ele decidiu aceitar o desafio e se colocou na campanha para construir a correlação de forças que então permitiu que ele ganhasse.

422. E, por isso, me pergunto, até onde o generalizado mal estar dos chilenos frente à atual institucionalidade – que a juventude do meu país tão brilhantemente soube desvelar com suas lutas – pode ser traduzido em uma exigência de uma assembleia constituinte à qual nenhum político ou qualquer legalidade pode se opor, se a partir desse mal estar for possível realizar um trabalho de conscientização casa por casa, sala de aula por sala de aula, local de trabalho por local de trabalho, em torno desse tema?

Ir conquistando espaços que até então eram de domínio do capital

423. A partir do Estado herdado também se pode ir recuperando espaços perdidos devido ao processo de privatização realizado durante o período neoliberal e se pode avançar na criação de novos espaços sob o controle do governo popular.

a) Avanços na Venezuela

424. O caso mais claro foi o da recuperação da PDVSA na Venezuela. Essa empresa petroleira, embora formalmente estivesse em mãos do Estado – uma vez que foi nacionalizada em 29 de agosto de 1975, durante a presidência de Carlos Andrés Pérez – não era dirigida pelo governo, mas por uma alta administração neoliberal, que tinha sua agenda própria relacionada com os interesses dos grupos econômicos dominantes. A sabotagem petroleira de finais de 2002 e inícios de 2003 permitiu ao governo venezuelano destituir essa administração golpista e antinacional e substituí-la por uma administração constituída por quadros do processo, o que permitiu que o governo recuperasse o controle da empresa e pudesse dispor dos excedentes produzidos por ela para destiná-los ao uso social.

425. O governo venezuelano também conseguiu nacionalizar ou renacionalizar empresas estratégicas importantes, como a siderúr-

gica Siderurgia del Orinoco (Sidor);[1] fábricas de cimento, plástico, telecomunicações, indústrias alimentícias, tais como: Conservas Alimentícias La Gaviota (processamento de sardinha), Lácteos Los Andes, engenhos de açúcar, silos, torrefações, frigoríficos.

426. Também passou ao controle do Estado um dos principais bancos privados, o Banco da Venezuela, pertencente ao grupo espanhol Santander, e mais recentemente a cadeia comercial "Éxito", com a intenção de que seja administrada por seus trabalhadores.

427. Em 2010, segue o avanço nas expropriações buscando a soberania alimentar: é expropriada a empresa de alimentos Sociedade Mercantil Molinos Nacionales (Monaca), com participação majoritária do grupo mexicano Gruma; as empresas Envases Internacional e Aventuy, fabricantes de embalagens de alumínio e papelão para alimentos, respectivamente; a empresa "Agroisleña", com capital espanhol e principal distribuidora de produtos para o campo, com 82 pontos de venda e oito silos em todo o país; a filial na Venezuela da empresa americana Owens Illinois, líder mundial na fabricação de envases de vidro para bebidas, alimentos, medicamentos e cosméticos.

b) Avanços na Bolívia

428. Na Bolívia, também foram feitos muitos progressos no campo das nacionalizações.[2] E a transferência para o Estado do setor de hidrocarbonetos tem sido um componente crucial no novo modelo econômico que o governo de Evo Morales está implementando. Em 1º de maio de 2006, foi decretada a nacionalização dos

---

[1] Empresa criada como pública na década de 1960, vendida ao capital estrangeiro em 1997 e renacionalizada em abril de 2008, depois de quase dois meses de greve de seus quinze mil trabalhadores.

[2] Neste ponto nos baseamos em parte no capítulo cinco dedicado à Bolívia do livro de R. Burbach, Michael Fox e Federico Fuentes: *Latin América' turbulent transition:The future of Twenty-First Century Socialism*, London/New York: Zed Books, 2013.

hidrocarbonetos, especialmente do gás, a principal fonte de divisas do país. Esse decreto altera completamente as regras do jogo entre os fatores que intervêm no processo. Embora novos contratos de exploração sejam estabelecidos com empresas estrangeiras, o capital transnacional que antes se apropriava de 82% das riquezas geradas pelo pagamento de *royalties*, hoje, fica apenas com 10 a 18%. Em um único ano, 2011, o Estado boliviano recebeu de renda do setor de hidrocarbonetos o equivalente aos dez anos anteriores ao governo Evo Morales. A empresa YPFB voltou a ser estatal como uma corporação para dirigir a nacionalização petroleira e foi criada a Empresa Boliviana de Industrialização dos Hidrocarbonetos (EBIH).

429. O governo também tem dado passos para começar a industrializar o gás, dentre eles o início da construção de duas fábricas processadoras de gás, em 2010.

430. No setor de mineração, outro dos setores estratégicos, a mina de estanho de Huanuni volta às mãos do Estado em 2006. Mas neste setor houve maiores dificuldades, pois durante o período neoliberal as grandes minas foram divididas em pequenas operações, muitas das quais ficaram em mãos de cooperativas. Ao mesmo tempo, os trabalhadores do setor privado se opuseram à nacionalização. Isso explica as contradições que ocorreram entre trabalhadores mineiros privados e trabalhadores cooperativados.

431. Em maio de 2010, o presidente Morales nacionalizou quatro companhias elétricas: Corani; Guaracachi, Valle Hermoso e a cooperativa distribuidora Empresa de Luz y Fuerza Eléctrica de Cochabamba. Dois anos depois expropria as ações da Red Eléctrica Española (REE) na empresa Transportadora de Electricidade (TDE) e todas as ações das companhias elétricas de La Paz e Luz y Fuerza de Oruro passam às mãos do Estado. Desta forma, o Estado boliviano se torna o principal ator neste setor.

432. O mesmo ocorre no setor de telecomunicações. Em 1º de maio de 2007 foi decretada a nacionalização da companhia telefôni-

ca Entel, filial da italiana Euro Telecom Internacional. E em quatro anos de gestão, de 2008 a 2012, o setor de telecomunicações vem crescendo em cerca de 326%.[3]

c) Avanços no terreno das empresas públicas no Equador

433. Graças à resistência às privatizações que foi canalizada de várias frentes sociais e por políticos equatorianos, a tendência privatizadora no Equador não conseguiu tocar em todos os setores estratégicos, como aconteceu na Bolívia e em outros países. "O Equador herdou empresas estatais ou municipais de petróleo e eletricidade, mas seu funcionamento foi marcado por lógicas privadas e privatizadoras. No total, durante o governo de Correa, foi necessário reestruturar onze empresas públicas[4] e foram criadas dez novas empresas.[5] Além disso, foi criada a Gran Nacional Minera Mariscal Sucre Equador-Venezuela".

434. De acordo com a pesquisadora equatoriana Magdalena León,[6] o Equador assumiu o controle público de seus setores estratégicos a partir de uma visão de soberania econômica, soberania

---

[3] Discurso do presidente Evo Morales, em 22 de janeiro de 2013.

[4] Corporación Nacional de Telecomunicaciones, Empresa Pública Estratégica Hidropastaza, Corporación Eléctrica del Ecuador, Empresa de Ferrocarriles del Ecuador, Empresa Pública de Exploración y Explotación de Hidrocarburos (Petroamazonas EP), Empresa Pública de Hidrocarburos del Ecuador (EP Petroecuador), Empresa Pública Estratégica Hidroeléctrica Coca Codo Sinclair, Empresa Pública Telecomunicaciones Móviles del Ecuador, Empresa Pública TAME, Empresa Pública Flota Petrolera Ecuatoriana, Empresa de Municiones Santa Bárbara.

[5] Empresa Pública de Fármacos del Ecuador (Enfarma), Empresa Pública de Televisión y Radio del Ecuador (RTV Ecuador), Empresa Nacional Minera, Empresa Pública Cementera del Ecuador, Empresa Pública Estratégica Hidroeléctrica del Litoral, Empresa Pública de Parques Naturales y Espacios Públicos, Empresa Pública de Desarrollo Estratégico Ecuador Estratégico Empresa Eléctrica Pública de Guayaquil, Infraestructuras Pesqueras del Ecuador, Astilleros Navales Ecuatorianos (Poderes – Inteligencia Política).

[6] Notas enviadas expressamente para este texto.

energética e redistribuição. Para isso foi necessária uma profunda mudança na legislação herdada do neoliberalismo, que blindava o controle dos recursos estratégicos por parte das transnacionais e dos interesses privados.[7]

435. No setor petroleiro, as reformas levaram a uma nova modalidade de contrato com as concessionárias privadas, que vinham se beneficiando extraordinariamente do diferencial de preço do petróleo no mercado internacional. Hoje, 100% desse aumento de preços vai para o Estado, com o qual a participação na renda do petróleo dobrou, passando de 838 para 1,639 bilhão de dólares. Nesse mesmo âmbito, são promovidas a construção de uma nova refinaria (Refinaria do Pacífico) e a melhoria da Refinaria Estatal de Esmeraldas, a fim de reverter a situação paradoxal e desvantajosa de exportação de petróleo bruto e importação de derivados.

436. Em contrapartida, as instituições, normas e políticas públicas foram articuladas para dar um tratamento integral aos setores estratégicos, não só para recuperar o controle público, mas também para promover transformações na matriz produtiva e na matriz energética, com vistas a avançar ao pós-extrativismo. Nesse contexto, o investimento público em setores estratégicos já ultrapassa os dez bilhões de dólares, o que inclui a conclusão de dois grandes projetos hidrelétricos que ficaram para trás, e que permitirá passar de 48% para 94% de geração de energia hidrelétrica em 2020.

437. Os serviços de telecomunicações têm se expandido com critérios de democratização. Entre 2007 e 2012 quadruplicou-se a população com acesso a internet, e as escolas com esse serviço passaram de 4 a 1.400.

---

[7] Com essa finalidade, no âmbito da Assembleia Constituinte de 2008 foram expedidos vários Mandatos, entre eles o n. 6, que declarou extintas as concessões mineiras irregulares e as situadas em áreas protegidas, e o n. 15 que estabeleceu a 'tarifa dignidade' para a energia elétrica e deu início a uma reestruturação das empresas desse ramo orientada a recuperar e aprofundar seu caráter público.

438. Uma parte significativa dos recursos obtidos pelo controle público das empresas estratégicas foi revertida em benefícios imediatos para a população desses países.

Ir mudando as relações de produção

439. Esses governos podem ir aplicando uma estratégia coerente para ir mudando as relações de produção, mas essas mudanças não podem ser feitas de um dia para o outro. É um processo complexo que exige tempo. Como Michael Lebowitz diz: "Não se trata simplesmente de uma mudança na propriedade das coisas. Essa é a parte mais fácil de construir, o que é muito mais difícil é mudar as relações de produção, as relações sociais em geral – e mudar atitudes e ideias".[8] É necessário, portanto, elaborar uma estratégia coerente para ir transformando as relações de produção existentes nas novas relações que caracterizam o socialismo do século XXI. Os passos e a velocidade com que estes podem ser implementados dependem do ponto de partida e da correlação de forças existente.

440. Esclarecendo isso, menciono a seguir alguns dos passos necessários no caso das empresas de propriedade estatal, no caso das cooperativas e no caso das empresas capitalistas.

a) Empresas estatais

441. Sem dúvida, a transição mais fácil é a que se pode empreender dentro das empresas estatais, já que essas são formalmente propriedade da sociedade em geral e têm como orientação explícita atuar em função dos interesses da própria sociedade.

442. Nessas empresas se poderia ir avançando da propriedade formal à apropriação real, mediante:

---

[8] Michael Lebowitz, "Construir ahora mismo las nuevas relaciones de producción en Venezuela", texto inédito, 13 dez. 2006. A maior parte das ideias que exponho a seguir são desenvolvidas com maior profundidade nesse trabalho.

a) a criação de conselhos de trabalhadores que permitam a participação dos trabalhadores na gestão da empresa;
b) a orientação de sua produção para satisfazer as necessidades das comunidades;
c) a abertura de livros e a total transparência que permita aos trabalhadores o controle social e o combate ao desperdício, à corrupção e o interesse burocrático;
d) a escolha de administradores que compartilhem esta visão e que contem com a confiança dos trabalhadores;
e) a obtenção de uma eficiência de novo tipo que, ao mesmo tempo que melhore sua produtividade, permita a um maior desenvolvimento humano cada vez maior de seus trabalhadores (a instauração de uma jornada de trabalho que inclua a formação dos trabalhadores para que sua participação na gestão seja realmente efetiva, e não puramente formal) e que respeite o meio ambiente.

443. Segundo Michael Lebowitz, é possível que empresas específicas que se orientam por este tipo de políticas sociais possam ser inicialmente 'não rentáveis', mas como se trata de políticas que podem ser consideradas um investimento social, toda sociedade deveria financiar o seu custo.

b) Cooperativas

444. É necessário estimular as cooperativas a superar sua orientação estreita dirigida apenas ao interesse do grupo de cooperativistas. Como conseguir isso? Uma das formas é ir desenvolvendo vínculos orgânicos com o restante da sociedade.

445. Para isso é importante estimular:
a) o estabelecimento de vínculos entre cooperativas para que possam estabelecer relações de cooperação entre elas em vez de relações de competição. Em alguns casos poderia se tentar

integrar suas atividades diretamente sem que elas estejam separadas pelas operações mercantis.
b) Mas também é muito importante estabelecer vínculos entre cooperativas e as comunidades. Essa é a melhor forma de ir se afastando dos interesses particulares de cada cooperativa e se focar nos interesses e necessidades das pessoas.

c) Empresas capitalistas

446. Gradualmente, se poderia ir transformando as empresas capitalistas buscando diversas fórmulas para que sua atividade econômica se subordine aos interesses do plano econômico nacional. Isso é o que Michael Lebowitz tem chamado de "a condicionalidade socialista".

447. Entre essas medidas, poderiam figurar:
a) a exigência de transparência, de livros abertos para tornar possível a inspeção dos trabalhadores e das comunidades;
b) a utilização de um sistema de preços e impostos que as obrigue a transferir parte de seus excedentes a outros setores da economia, permitindo a criação de novas empresas ou a melhorar os serviços sociais para a população;
c) o uso da concorrência com empresas estatais ou cooperativas subvencionadas para obrigá-las a baixar seus preços e reduzir o montante de seus lucros;
d) A utilização de normatizações governamentais que exijam que as empresas transformem a jornada de trabalho para que inclua formação e formas específicas de participação dos trabalhadores na tomada de decisões com relação ao funcionamento da empresa.

448. Mas por que as empresas capitalistas aceitariam tais imposições se podem se transferir a outros lugares no mundo onde esses custos não existem? Poderiam estar dispostas a fazê-lo se em seus donos prevalecesse a consciência patriótica, e se o governo revolucio-

nário premiasse sua atitude de colaboração no plano de desenvolvimento nacional facilitando-lhe o acesso a crédito dos bancos estatais e garantindo a compra de seus produtos a preços convenientes. Ou seja, o Estado pode utilizar seu poder para mudar as regras do jogo sob as quais seria possível a sobrevivência das empresas capitalistas.

449. Mas, se o objetivo do governo revolucionário é ir avançando para uma sociedade sem exploradores e explorados, por que então realizar uma estratégia para incorporar as empresas capitalistas ao plano nacional se elas continuam explorando os trabalhadores?

450. A razão é muito simples: porque o Estado não pode, de um dia para o outro, assumir a gestão de todas essas empresas: não possui os recursos econômicos ou a experiência empresarial necessária. Nunca devemos perder de vista, no entanto, que as empresas capitalistas colocadas nessa situação tentarão, constantemente, reduzir o peso da referida "condicionalidade socialista". Por sua vez, o governo revolucionário, com a colaboração dos trabalhadores e comunidades, tentará introduzir cada vez mais características socialistas nessas empresas. Haverá, portanto, um processo de luta de classes em que alguns tentarão recuperar o terreno perdido retornando ao passado capitalista e outros buscarão avançar na substituição da lógica do capital por uma lógica humanista e solidária que permita a todos os seres humanos seu pleno desenvolvimento.

451. Em geral, trata-se de ir avançando a uma propriedade cada vez mais social dos meios de produção, sem negar o papel que possa ter a pequena propriedade.

Criar novas instituições estatais

452. Temos falado da necessidade de trabalhar a partir do aparelho de Estado herdado, mas isto não significa que não possamos buscar caminhos inéditos para lidar com ele.

453. Isso foi o que o governo revolucionário bolivariano fez para atender os setores mais abandonados, e decidiu criar instituições

que promovessem programas fora desse aparelho de Estado. Esse é o significado das diferentes missões sociais que foram criadas no país. Entre elas estão: a missão Barrio Adentro, para atendimento em saúde; missão Milagro, para atender problemas de visão; missão Mercal, para abastecimento de produtos essenciais a preços mais baixos; as missões educativas nos diferentes níveis: alfabetização, educação primária, ensino secundário, educação universitária; missão Cultura, para expandir a cultura em todos os âmbitos do país; a missão Guaicaipuro, para atender os povos indígenas; missão Negra Hipólita, para atender as pessoas em extrema pobreza e em situações de rua. Nos últimos anos, novas missões foram criadas, como a Gran Misión Agro Venezuela, que fornece aos pequenos e médios produtores os insumos necessários para plantar; a Gran Misión Vivienda Venezuela, criada em abril de 2011 em resposta à crise da habitação; a Gran Misión en Amor Mayor, para atender os idosos em situação de pobreza; a Gran Misión Hijos e Hijas de Venezuela, para combater a pobreza extrema em famílias de baixa renda; a Gran Misión Saber y Trabajo, com o objetivo de gerar três milhões de empregos de 2011 a 2018.

454. Mas, por que foi necessário criar essas missões fora do aparelho estatal herdado? O exemplo sobre a missão Barrio Adentro – que apresentaremos a seguir – permitirá ao leitor entender as razões.

455. O aparelho burocrático do Ministério da Saúde não foi capaz de responder às demandas de ajudar a população mais humilde que vivia em áreas remotas ou de difícil acesso: as colinas de Caracas, os bairros populares de diferentes grandes cidades, os povoados. Os médicos do sistema de saúde herdado não tinham disposição para ir a esses lugares, seu objetivo era ganhar dinheiro, a maioria deles realmente não tinha vocação para o serviço. Mas, além disso, eles não estavam preparados para oferecer esse tipo de atendimento, uma vez que a sua formação era fundamentalmente de especialistas e não de médicos generalistas (médicos de famí-

lia), que é o necessário para este tipo de atendimento (medicina preventiva). Enquanto uma nova geração de médicos venezuelanos estava sendo formada para atender as demandas, o governo decidiu criar a missão Barrio Adentro, instalando consultórios médicos nas colinas e bairros para proporcionar cuidados de saúde básicos aos setores populares, solicitando a colaboração de médicos cubanos para realizar esta tarefa. Enquanto a população humilde celebrou sua chegada com alegria, a oposição criticava a medida dizendo que eles vinham tirar empregos de médicos e enfermeiros venezuelanos, que eram profissionais despreparados e outras acusações absurdas. No entanto, o resultado positivo e a excelente recepção que esta missão teve no povo venezuelano fez com que hoje a oposição esteja dizendo em suas campanhas eleitorais que manterá as missões, mas que as tornará muito mais eficientes.

456. No caso do Equador, a missão Manuela Espejo, a cargo do vice-presidente da República, Lenin Moreno, foi criada para ajudar as pessoas com deficiência. A excelência com que esta missão abordou sua tarefa lhe deu reconhecimento mundial e vários países estão pedindo a assessoria do Equador para realizar projetos similares. O governo equatoriano decidiu recentemente criar uma secretaria especializada no atendimento a essas pessoas.

Transformando a gestão do governo central

Os gabinetes itinerantes: uma forma de aproximar o governo do povo

457. Ao assumir seu primeiro mandato, o presidente equatoriano Rafael Correa decidiu quebrar o esquema burocrático de fazer tudo fechado em quatro paredes e criou os chamados gabinetes itinerantes.[9] Regularmente, a cada três semanas, há reuniões do

---

[9] Marta Harnecker, *Equador. Los gabinetes itinerantes: uma forma de acercar el gobierno al Pueblo*, 1 de dez. de 2010. Disponível em: <www.rebelion.org/docs/117764.pdf>. Esta é uma reportagem sobre um gabinete itinerante em Cariamanga em 19 e 20 de novembro de 2010, ao qual tive a oportunidade

gabinete completo, entidades governamentais de âmbito nacional e membros da assembleia do Movimento Alianza-PAIS da localidade, em cantões (municípios) e paróquias totalmente distantes dos tradicionais centros de poder. As cidades pequenas são priorizadas em relação às grandes cidades. Trata-se de uma proposta de gestão governamental que permite ao governo central se aproximar das pessoas.

458. O gabinete começa em uma manhã de sexta-feira, a hora muitas vezes depende da distância do lugar. Os problemas regionais e nacionais são analisados. Geralmente não há interrupção para o almoço ou lanche, embora às vezes se realizem pausas para que funcionários do governo possam almoçar nos restaurantes da comunidade e ter contato direto com as pessoas. Os ministros, secretários e diretores das entidades estatais nacionais trabalham durante todo esse dia. As exposições de cada um dos assuntos são projetadas em uma tela central e em telas menores na frente da mesa de trabalho em que estão sentados.

459. Na noite de sexta-feira, aproximadamente às 20h30, uma vez terminada a reunião do gabinete, realiza-se uma atividade cultural no ginásio da cidade, onde as pessoas se encontram diretamente com o presidente e sua equipe de governo. Geralmente, os moradores do lugar acorrem maciçamente a esse evento. O presidente lhes dirige algumas palavras e apresenta seu gabinete, e esta atividade lhe permite perceber a avaliação que as pessoas fazem de seus colaboradores mais próximos. Então, alguns de seus ministros que tocam instrumentos e cantam vão ao palco para compartilhar com os grupos musicais locais e muitas vezes terminam dançando com as pessoas. Mais que um ato formal, é "um momento de

---

de assistir e participar em cada uma de suas reuniões. Foi uma experiência apaixonante que confirmou plenamente o que eu havia registrado em meu livro *Ecuador: Uma nueva izquierda em busca de la vida em plenitude*, IV Gabinetes itinerantes, parágrafos 781 a 821.

comunicação com a população".¹⁰ A atividade costuma terminar de madrugada.

460. No sábado, às 8h30 da manhã, o presidente Correa e sua equipe de governo se reúnem com os prefeitos da região. Cada um dos prefeitos tem três minutos para expor suas demandas. Em uma tela aparece o nome do prefeito, o do cantão (município) e as demandas ou temas sobre os quais ele quer falar. E um relógio digital naquela tela vai contando o tempo que passa. Após as exposições, há um intercâmbio entre o presidente e seus ministros. Os prefeitos da oposição recebem o mesmo tratamento que os prefeitos simpatizantes do governo. Os acordos alcançados são registrados em um sistema informatizado. O presidente Correa tem especial cuidado em não fazer promessas que não podem ser cumpridas.

461. No mesmo sábado, após o encontro com os prefeitos, e enquanto o presidente Correa realiza seu programa semanal de rádio e televisão, "Encontro Semanal", os ministros e dirigentes de entidades estaduais realizam uma reunião com cidadãos em uma escola pública. Ali, são estabelecidas mesas de trabalho presididas pelo ministro coordenador de cada uma das sete áreas em que os ministérios e secretarias são agrupados. Qualquer cidadão ou cidadã que assim o desejar pode se inscrever e participar de qualquer uma dessas mesas de trabalho colocando seus problemas ou sugestões. Os ministros estão abertos para receber críticas para melhorar seu trabalho. Os compromissos assumidos pelos diferentes ministros são registrados em um sistema informatizado ao qual o próprio presidente da República tem acesso, para dar-lhe o devido acompanhamento. Se há algo que Rafael Correa rejeita com muita ênfase são as promessas não cumpridas, que tiram a credibilidade do governo.

---

[10] Marta Harnecker, *Ecuador: Una nueva izquierda en busca de la vida en plenitud*, *op. cit.*, parágrafo 797.

462. O chanceler Ricardo Patiño considera que esse tipo de atividade tem enorme importância porque entende que se os ministros ficarem apenas no Palácio do Governo, tomando as decisões dali, nunca saberão o que realmente está acontecendo com as pessoas.[11]

Criar espaços para prestar contas

463. O presidente Correa insiste muito no tema da prestação de contas frente a seu povo. Isso seria para ele uma das características que distingue seu governo dos anteriores. Para isso criou o programa "Encontro Semanal".[12] Dura de duas a três horas e meia – das 10h da manhã em diante. Sempre o faz pela manhã em um lugar diferente.

464. Este programa tem três partes. Na primeira, presta contas do que ele fez em cada dia da semana, hora a hora, e explica de forma muito pedagógica as diferentes situações sobre as quais informa. E, ao mesmo tempo que presta contas do que fez frente ao povo, critica a gestão pública quando encontra erros ou deficiências. De acordo com o ministro das Relações Exteriores Ricardo Patiño, é por isso que "as pessoas o respeitam tanto, porque sabem que ele não finge, não se esconde, não encobre". Ele chama a atenção publicamente de seus ministros.[13]

465. Depois disso passa à segunda parte, que se refere aos temas importantes da semana. Trata de três ou quatro temas de interesse político ou comenta algo internacional.

466. A terceira parte é dedicada à análise crítica das mensagens difundidas pela imprensa opositora. Esse espaço – que dura uns quinze ou vinte minutos – tem sido denominado "A liberdade de expressão é de todos". Refere-se especialmente a distorções e mentiras. Mostra

---

[11] *Ibid.*, parágrafo 814.
[12] Ver mais detalhes deste programa em: "V Programa semanal de prestação de contas", *cit.*, parágrafos 822 a 830.
[13] *Ibid.*, parágrafo 824.

alguma notícia em um dos jornais opositores e vai explicando a mentira ali contida; faz o mesmo mostrando segmentos da televisão. Em cada programa se dedica a desmascarar as mentiras dessa imprensa.

467. Em algumas ocasiões, o presidente pede a um ou a vários ministros e outros funcionários que estejam presentes no auditório para detalhar as políticas implementadas em suas respectivas instituições. Costumam assistir a esse programa, que é aberto ao público, de duzentas a mil pessoas, dependendo do lugar e do espaço.

Tarefa pedagógica a partir do governo

468. Outra das tarefas que nossos governos podem fazer é de ocupar os meios de comunicação a seu alcance para ir educando o povo, elevando seu nível de consciência.

469. Referimo-nos anteriormente aos Encontros Semanais que o presidente Rafael Correa, no Equador, realiza com grande conteúdo pedagógico.

470. Mas quem iniciou esse contato direto com o povo através dos meios de comunicação foi o presidente Hugo Chávez, na Venezuela.

471. Desde o primeiro ano de seu governo, se preocupou em ir formando ideologicamente o povo. Em 23 de maio de 1999 – uns três meses depois de haver sido empossado como presidente – inaugurou seu programa dominical de rádio "Alô Presidente",[14] de contato direto com as pessoas que podiam ligar para fazer consultas ou dar suas opiniões. Esse espaço rapidamente se transformou em um programa radiotelevisivo, transmitido por várias emissoras do país.

472. Através dele se dirige todos os domingos a seu povo durante várias horas.[15] Em um estilo muito simples e em harmonia

---

[14] Pela Rádio Nacional da Venezuela.
[15] A partir das 11h, hora local da Venezuela, até às 17h, ou até quando a dinâmica o permitia.

com a idiossincrasia popular, ele explicava pacientemente ao povo os efeitos negativos do capitalismo e os benefícios do socialismo, tomando exemplos muito concretos da vida das pessoas. Muitas vezes usava gráficos ou mapas para explicar as coisas. O amadurecimento do povo venezuelano quanto à consciência política se deve – em uma importante medida – a essa capacidade pedagógica do presidente que não é utilizada apenas nestes programas dominicais, mas em todos os seus longos e frequentes discursos.

473. Mas também, através deste programa, o presidente escutava as pessoas e se inteirava de muitas coisas que as autoridades de governo não lhe comunicavam. Buscava sempre estimular a que qualquer vizinho ou vizinha que estivesse presente no lugar onde se realizava o programa pudesse falar.

Ser capaz de retificar quando o povo assim o exige

474. Outra coisa que nossos governantes podem e devem fazer se querem construir o socialismo no século XXI é serem capazes de retificar o caminho quando o povo assim o exige.

475. Isso foi o que ocorreu na Bolívia em inícios de 2011, quando Evo Morales voltou atrás na decisão governamental de aumentar os preços dos combustíveis em uma elevadíssima porcentagem (83%).

476. Embora a antipopular medida tivesse uma base racional – 150 milhões de dólares da subvenção anual de 380 milhões de dólares que o governo outorgava aos combustíveis acabava sendo contrabandeado a países vizinhos como o Brasil, Peru, Argentina, Chile e Paraguai foi tomada sem consulta popular. No dia seguinte a seu anúncio houve violentos protestos no país e ameaças de passeatas e greves. A reação popular fez o presidente da República reconsiderar sua decisão, revogando o decreto lei e assumindo a atitude de "mandar obedecendo o povo".

477. "O povo não saiu em oposição a Evo, mas a lhe dizer NÃO a qualquer tentativa de governar sem sua participação, a lhe pedir

retificação e reconhecimento [afirma Isabel Rauber]. E em um ato de humildade que evidencia tanto sua grande sabedoria como suas raízes, Evo Morales retificou: retirou os decretos e reiterou sua decisão de 'mandar obedecendo' que – em sentido estrito – não significa nem mandar nem obedecer, mas governar juntos, construir em conjunto as medidas fundamentais e compartilhar as responsabilidades das decisões e de sua implementação".[16]

478. A reação popular conhecida como "gasolinaço" se transformou assim – segundo a pesquisadora argentina –"em um chacoalhão político" [...] capaz de reverter a crescente tendência superestrutural governamental de decidir de cima sem contar com os de baixo, adotando a velha cultura política do poder que considera que governar é tarefa daqueles que supostamente "sabem e têm razão", que é coisa de iluminados ou de "quem é forte".[17]

Transformar o parlamento e criar fóruns de debate nacional

479. A partir do governo, tanto podem ser criadas novas instituições mais aptas para as novas tarefas como também, em certa medida, podem ir transformando as instituições do aparelho herdado como o parlamento.

a) Uma nova forma de legislar: o parlamentarismo social de rua

480. Na Venezuela tem sido experimentado uma nova concepção de participação relacionada com a elaboração das leis. Essa experiência foi denominada de "parlamentarismo social de rua".

481. Para levar a cabo esta iniciativa, o papel do deputado teve que ser reconstruído, fazer com que ele deixasse o edifício da Assembleia Nacional e fizesse contato direto com o povo, convocando seus

---

[16] Isabel Rauber, "La fuerza de los de abajo", *El blog del Checacho*, janeiro de 2011.
[17] *Ibid.*

eleitores para discutir os projetos de lei. Pedro Sassone, assessor da Assembleia Nacional venezuelana,[18] reconhece que isso não é fácil, pois exige uma ruptura com o quadro cultural existente. Em vez de discutir as leis com uma visão muito corporativa (por exemplo, se fosse uma lei de natureza econômica, o setor privado era convocado; se fosse uma lei de habitação, eram convocados os especialistas naquela área), o que se busca é criar espaços onde a população possa participar para discutir os projetos de lei e que suas opiniões e sugestões sejam levadas em consideração.

482. Sassone pensa que não se deve tratar de apenas discutir os projetos de lei que já foram elaborados, mas também criar espaços de participação popular que permitam recolher as sugestões das pessoas sobre determinados temas que depois possam se tornar projetos de lei e, em relação a essa ideia, nos conta uma das melhores experiências que ele testemunhou. Isso ocorreu na Plaza Altamira – um lugar que sempre foi um espaço de concentração da oposição ao governo Chávez, na cidade de Caracas. A reunião foi convocada para discutir um dos problemas mais sentidos pelos cidadãos venezuelanos: o problema da insegurança. "Nos encontramos com os setores da oposição, chegamos a um acordo com a prefeitura de Chacao [em mãos da oposição] para abrir vários parlamentarismos de rua sobre esse tema. Eles colocaram como requisito que também tivessem oportunidades de debater, e nós lhes demos a possibilidade de fazê-lo. O prefeito de Chacao veio debater no nosso centro[19] e nós fomos a Altamira para debater uma proposta nacional para atacar a falta de segurança".

483. Não resta dúvida que se essa proposta legislativa for bem aplicada pode significar uma verdadeira revolução na elaboração das leis.

---

[18] Diretor Geral de Pesquisa e Desenvolvimento Legislativo da Assembleia Nacional da Venezuela.

[19] Refere-se ao Centro de Estudos dirigido por Sassone na Assembleia Nacional da Venezuela.

484. E teria que avançar também na proposta que apaixonava Jesús Rojas:[20] o estabelecimento de parlamentos locais de porta-vozes popular. A ideia é que no futuro o poder legislativo municipal esteja composto por porta-vozes populares provenientes dos conselhos comunais, e de outras formas de expressão de poder popular, como são os conselhos de trabalhadores, os conselhos de comerciantes, os conselhos de artesãos, das comunas etc.

485. Em El Salvador não se avançou tanto nesse sentido, mas pelo menos os deputados da Frente Farabundo Martí para a Libertação Nacional (FMLN) realizam uma prática muito interessante: reúnem-se a cada certo tempo com seus eleitores em um lugar público para dar conta de sua gestão e para receber sugestões da população.

b) Redes de democracia direta nacional

486. O pesquisador boliviano Luís Tapia tem uma proposta interessante que qualificaria ainda mais a participação política do povo, aprofundando a democracia e que, em vários aspectos, coincide com as ideias de Sassone.

487. Segundo Tapia, "participar na vida política tem como conotação principal o estar presente em espaços políticos públicos para debater sobre questões de interesse geral e dirigidas a discutir a direção que o governo da coletividade a que pertencemos deveria tomar, tanto em âmbito local, regional e nacional. [...] nesse sentido, a primeira tarefa é pensar os espaços da participação antes de pensar nas formas de representação."[21]

488. Historicamente tem existido na Bolívia dois grandes espaços e formas de participação política. "Um deles é o espaço comunitário, ou seja, o espaço das comunidades nas quais há espécies

---

[20] Sociólogo venezuelano que foi um dos grandes promotores dos conselhos comunais.
[21] Luís Tapia, *op. cit.*, p. 128.

de autogoverno que muitas vezes entram em conflito com o Estado boliviano. O outro espaço é o da sociedade civil, ou seja, o das diferentes organizações da sociedade que geralmente refletem interesses setoriais".[22]

489. Luís Tapia propõe uma ideia interessante: a "rede de assembleias locais de democracia direta nacional".[23] Nesse sentido, deveria "haver espaços políticos de participação direta, não apenas sobre os temas locais e municipais, mas sobre os temas nacionais e plurinacionais". Considera que as pessoas que nasceram ou escolheram viver em lugares afastados da capital não devem ficar limitadas a discutir somente os temas locais, devem ter a possibilidade de participar na discussão de temas nacionais.

490. Isso implica organizar espaços locais de democracia direta, mas destinados a discutir os temas nacionais. Em todos os territórios do país o governo nacional deveria criar esses espaços onde as pessoas não discutam apenas os problemas locais, mas os temas nacionais.

491. Luis Tapia acredita que uma ideia complementar – e muito próxima ao parlamentarismo de rua – seria a de "pensar a necessidade de que a agenda dos debates parlamentares [...] seja pública e, portanto, uma vez que esteja formulada, também seja o objeto de discussão em cada um desses espaços de assembleias, que por sua vez também iriam alimentando com sugestões [os] subsequentes ciclos de discussão no próprio parlamento e no conjunto das assembleias em esfera nacional".[24]

492. "Esse nível das 'assembleias locais de democracia nacional' [como Tapia as denomina] seria o espaço em que as cidadãs

---

[22] *Ibid.* p. 129.
[23] Este é o subtítulo de um dos pontos desenvolvidos no artigo já citado *Gobierno multicultural y democracia directa nacional*. O que expomos em seguida foi desenvolvido no livro *La transformación del estado pluralista, op. cit.*, p. 132-137 e p. 180-182.
[24] *Ibid.* p. 134.

e cidadãos poderiam exercer, de maneira contínua, seu direito à participação no governo do país."

493. Para materializar essa ideia o governo deveria formular um plano de discussão dos temas centrais de direção da política do país e estabelecer um cronograma de trabalho de tal maneira que permita a participação na discussão nesses espaços de assembleias antes de passar à execução de suas políticas.

494. Segundo Tapia, esse conjunto de espaços democráticos, de democracia direta deveriam ter uma representação direta no parlamento nacional multicultural e no poder executivo.

495. "Nesse sentido, um traço central da proposta é que a principal forma de descentralização política é a organização dessa rede de assembleias de democracia nacional e multicultural nas quais os cidadãos participem em seu território da discussão dos temas nacionais de maneira regular e através de um conjunto de instituições que permitam a comunicação e volta entre ambos os níveis. Nesse sentido, a principal forma de descentralização política seria esta organização de espaços políticos onde se possa fazer política nacional no local".

496. "[...] o tamanho das assembleias poderia corresponder à esfera dos bairros, no caso das cidades, ou, alternativamente, ao distrito municipal – embora não seja tarefa municipal. Em todo caso, haveria que se deixar em aberto a possibilidade de que sejam as próprias pessoas que terminem de desenhar as fronteiras dos espaços políticos em que, de fato, já como parte em interações políticas e, portanto, teriam que ser os âmbitos e o horizonte no qual se continue deliberando e discutindo sobre governar o país".

497. "A ideia é que este âmbito não se burocratize. É necessário que haja uma infraestrutura e uma equipe mínima que faça com que essas assembleias funcionem a cada mês, e que seja a própria assembleia que, de maneira rotativa, eleja os representantes que levem as decisões de cada processo ou cada momento assembleista

aos âmbitos de articulação nacional, ou seja, diretamente ao parlamento boliviano. [Não devem se converter] em um âmbito de profissionalização da política; também não teriam um custo em termos de trabalho político, mas, sim, teriam um custo em termos de condições materiais para que seja possível a transmissão nos dois sentidos: ida e volta [...]".[25]

498. Esse uso dos espaços públicos para o debate é algo que está se generalizando dentro do movimento mundial de repúdio ao neoliberalismo. Aí temos o exemplo do Movimento 15M, em Madri, e dos estudantes chilenos em suas manifestações mais recentes. Esses encontros têm se transformado em processos maciços de autoeducação popular.

499. Por último, junto a esse sistema de construção coletiva de opiniões e alinhamentos, nos quais participam as pessoas mais ativas e conscientes, não se deve descartar o emprego de mecanismos de consulta popular de caráter nacional com diferentes modalidades, como já se faz em alguns de nossos países latino-americanos. No entanto, devemos ter clareza de que esses mecanismos de consulta implicam um pronunciamento individual e, portanto, não têm a riqueza e o papel educador das discussões coletivas. Devem ser instrumentos complementares, e não substitutos.

Promover a construção do novo Estado de baixo para cima

500. Anteriormente, argumentamos que o socialismo do século XXI exige a construção de um novo Estado de baixo para cima, e também temos apontado o papel que Hugo Chávez atribuiu inicialmente aos conselhos comunais: considerou-os a menor célula do autogoverno da sociedade.[26] Mais tarde, ele pensou que o espaço ideal para formar realmente um autogoverno era um espaço com

---

[25] Ibid. p. 181.
[26] Ver parágrafos 254 a 257 deste livro.

uma dimensão territorial menor do que o município, mas maior do que a área do conselho comunal, que de alguma maneira fosse autossustentável economicamente e a cujo governo pudessem ser transferidas certas funções e serviços até então executados pelos municípios. Esse espaço foi denominado comuna.

As comunas: espaços de autogoverno

501. Inspirada nas inumeráveis intervenções públicas de Chávez e revisando experiências históricas de comunas, cheguei a formular algumas ideias sobre este tema que foram reunidas no livro *De los consejos comunales a las comunas.*[27] Aqui reproduzirei algumas delas.

a) Um território composto por várias comunidades

502. A comuna seria um território povoado no qual coexistem várias comunidades que compartilham tradições histórico-culturais, problemas, aspirações e vocação econômica comuns, que usam os mesmos serviços, que têm condições de autossustentabilidade e autogovernabilidade, e cujas comunidades estão dispostas a se articular em um projeto comum construído de forma participativa e constantemente avaliado e readequado às novas circunstâncias que vão se criando.

503. Esses critérios deveriam ser contemplados para definir os limites de seu território; portanto, eles não podem ser fixados considerando o número de habitantes como costuma se fazer nos distritos eleitorais ou nas subdivisões administrativas municipais que existem em alguns países. Também não podem ser definidas porque existe uma afinidade entre alguns dirigentes ou melhores relações entre algumas comunidades em relação a outras e essas comunidades

---

[27] Marta Harnecker, *De los consejos comunales a las comunas...*, Quarta parte: "Hacia una definición de la comuna y tareas actuales", *op. cit.*

decidiram se juntar. E menos ainda, pode ser definida de forma arbitrária decretando-as de cima para baixo sem consultar a população.

b) Autossustentabilidade econômica com orientação socialista

504. A comuna deve garantir as condições materiais e espirituais que permitam o seu desenvolvimento produtivo e a satisfação das necessidades materiais, sociais, culturais e outras necessidades coletivas de seus habitantes e, para isso, deve trabalhar e articular todos os esforços de acordo com um plano de desenvolvimento comunal elaborado de forma participativa.

505. A comuna deveria chegar a ser autossustentável, ou seja, deveria ir conseguindo dispor de recursos próprios para que dependa cada vez menos de recursos externos e, para isso, em seu território deveriam ser realizadas atividades produtivas ou serviços que lhe permitam obter uma parte importante dos recursos necessários para satisfazer suas próprias necessidades e cobrir seus gastos.

506. Cada comuna deveria ser orientada à construção de um sistema comunal de produção, distribuição e de consumo com a participação das comunidades, através das organizações comunitárias, cooperativas, empresas de propriedade social com orientação socialista, processos de intercâmbio não mercantil e muitas outras formas inovadoras que conduzam à criação desse novo modelo produtivo, como expressão do poder e do controle popular sobre a produção.

507. Seria lógico que um dos eixos estruturantes da comuna sejam as unidades de produção ou serviços de propriedade comunal ou estatal-comunal.

508. Tratando-se de uma comuna rural, poderia se combinar a existência de cooperativas agrárias para o cultivo de determinadas frutas ou hortaliças, a compra desses produtos para seu processamento industrial por uma empresa de propriedade social comunal e a distribuição dos produtos elaborados nela em armazéns populares de orientação socialista da comuna e de fora dela.

509. Em cada comuna deveria se buscar instalar empresas de propriedade comunal que empreguem mão de obra desse território e produzam bens e serviços para desfrute ou uso comunal: padaria, mercado, empresa de transporte comunal, empresa que regulamente a distribuição de água e sua cobrança, uma central de enchimento de botijões de gás liquefeito, uma estação de serviços, entre outras. As iniciativas geradoras de emprego deveriam ser apoiadas centralmente durante sua etapa inicial até que cheguem a ser autossustentáveis financeiramente.

c) Governo comunal

510. Em contrapartida, deve se ir avançando até o estabelecimento do autogoverno comunal. O município deveria ir transferindo às comunas uma parte importante das funções de governo e de manejo dos assuntos públicos que anteriormente eram suas funções.[28] A prefeitura deveria conservar em suas mãos apenas aquelas funções que por seu caráter mais geral ou mais complexo justificam essa decisão.

Parlamento comunal constituído pela assembleia do poder popular da comuna

511. Em cada comuna deveria ser constituído um parlamento comunal ou um poder legislativo comunal, que seria a instância decisória dos habitantes da comuna, que poderiam ser chamados de *comuneras* e *comuneros*. Esse parlamento seria composto por porta-vozes dos diferentes conselhos comunais; dos conselhos de trabalhadores e dos conselhos temáticos ou grupos de interesse,[29] localizados no seu

---

[28] Ver art.184 da Constituição e artigos 60, 61 e 70 da Lei Orgânica do poder público municipal.

[29] Chamamos de conselhos temáticos ou grupos de interesse aos porta-vozes das organizações que se agrupam em torno de uma linha de interesse ou temática. Por exemplo, organizações de mulheres, de estudantes, da juventude, da terceira idade, das pessoas portadoras de deficiências; grupos de defesa do meio ambiente, contra a discriminação racial e questões de gênero; organizações que

território e dispostos a participar da construção da comuna, e não seria outra coisa que a assembleia do poder popular da comuna.

512. Para expressar e tornar mais ágil o trabalho desses e dessas porta-vozes, propomos criar uma equipe de assessoria jurídica para esse parlamento e reuni-los em três órgãos colegiados: um conselho do poder popular das comunidades; um conselho do poder popular dos trabalhadores; e, finalmente, um conselho de poder popular temático ou de grupos de interesse.

513. Cada um desses conselhos do poder popular trabalharia de forma separada seus temas específicos e se reuniriam em uma grande assembleia do poder popular da comuna para discutir os temas comuns e fazer as articulações necessárias.

514. A assembleia do poder popular da comuna seria a máxima instância de poder popular nesse território.

Assembleias do poder popular constituem seus respectivos órgãos de governo

515. A comuna deveria ser capaz de assumir uma série de atividades que até agora têm sido de competência do município, como: a cobrança de impostos; a limpeza comunal; a cobrança e manutenção do serviço elétrico; água potável e vias locais; e a manutenção dos locais públicos comunais. Para isso deverá criar um aparato que lhe permita exercer essas responsabilidades.

516. No futuro, deveria ser a assembleia do poder popular da comuna quem deveria estabelecer o governo da comuna, constituindo os aparelhos ou instâncias que lhe permitam assumir as tarefas que derivam das competências que lhes foram transferidas.

517. Seria essa assembleia que deveria eleger as pessoas que ocuparão cargos em cada um dos restantes quatro poderes do Estado

---

agrupam pessoas em torno de temas como: saúde, educação, esportes, cultura e muitos outros.

reconhecidos pela Constituição bolivariana: o poder executivo, o judiciário, o moral e o eleitoral. Esses servidores públicos deveriam prestar contas e poderiam ser revogados se for considerado que não estão cumprindo com o mandato para o qual foram eleitos.

Conselho de planejamento comunal e sala técnica

518. A comuna deve ter um conselho de planejamento comunal que deve promover um processo de planejamento participativo no início do período do governo para preparar o plano plurianual de desenvolvimento estratégico da comuna e os planos anuais. Planos que devem estar inseridos no plano de desenvolvimento estratégico da nação e no restante dos planos locais, e que, por sua vez, devem alimentar esses planos com suas propostas e projetos.

d) Banco da comuna

519. A comuna deveria contar também com uma entidade financeira ou banco da comuna, no qual sejam recebidos todos os recursos que ela deve administrar. Poderiam existir também outras iniciativas de financiamento, como as caixas rurais, as cooperativas de poupança e empréstimo e as caixas de poupança.

520. O Estado nacional deve garantir um fundo destinado a promover um impulso inicial das comunas, regido por um princípio de equidade solidária. As comunas mais carentes e historicamente negligenciadas pelo Estado devem receber mais recursos do que as demais.

521. Enquanto o banco da comuna está sendo criado, ninguém pode impedir que os fundos de todos os conselhos comunais pertencentes à comuna sejam agrupados em um único projeto, com cada conselho, do ponto de vista financeiro, assumindo uma parte do projeto. Também não se pode impedir que um dos bancos já constituídos de um conselho comunal seja escolhido para receber os fundos de alguma instituição do Estado que esteja disposta a apoiar algum projeto da comuna. A disposição dos conselhos comunais

de compartilhar seus recursos com todos os conselhos comunais da comuna é um bom indicador de que as condições subjetivas estão amadurecendo para avançar em direção ao autogoverno comunal.

e) Controle social sobre o governo

522. Deveria existir um eficiente controle social sobre o funcionamento do governo, facilitando vias e mecanismos que permitam que os cidadãos e cidadãs organizados possam se pronunciar sobre a qualidade dos serviços e tenham competência para promover a destituição daqueles funcionários cujo desempenho tenha sido questionado por um número suficiente de cidadãos e cidadãs.

f) Não se pode decretar de cima para baixo

523. Por isso as comunas não podem ser decretadas de cima para baixo. Não são os governadores nem os prefeitos os que, por decisão própria e sem um prévio estudo territorial, devem constituir comunas. Não se trata de disputar quem tem mais comunas. Também não se deve criar comunas de forma artificial apenas para satisfazer o desejo dos superiores hierárquicos ou para obter recursos do Estado. Não se deve forçar o processo de amadurecimento subjetivo daqueles que vivem nesses territórios. As equipes dos governos estaduais e das prefeituras devem ser facilitadoras do processo, e não usurpadoras daquilo que as pessoas devem fazer por si mesmas. Devem prestar assistência técnica em seu processo de construção, do manejo financeiro, da distribuição e em todo qualquer outro aspecto que a comuna necessite.

g) Experimentar um funcionamento diferente do aparelho de Estado herdado

524. As experiências das comunas deveriam servir também para experimentar um funcionamento diferente do aparelho do Estado, colocando-o a seu serviço. Nelas as instituições do Estado deveriam

trabalhar de forma harmônica, a serviço dos interesses da respectiva comuna, e para isso deveriam, por um lado, se articular entre elas e, por outro, reunir-se com os porta-vozes comunitários para seguir suas diretrizes baseadas em um plano comunal.

525. Suas ações deveriam estar subordinadas à controladoria social comunal e, no caso de algum funcionário não se adequar a esta função de articulação e serviço, deveria haver um compromisso de cada instituição em âmbito nacional ou local para remover esse funcionário.

526. O processo de construção das comunas envolve a criação dos fundamentos do novo Estado, que já não seria um Estado acima do povo, mas um Estado composto pelo próprio povo organizado que tomou seu destino nas próprias mãos.

Coexistência de dois tipos de Estado no período de transição

527. É preciso entender, então – como diz Michael Lebowitz em seu mais recente trabalho –, que durante um longo período existirão dentro do processo dois tipos de Estado:[30] o velho Estado herdado, cujas funções de direção foram ocupadas por quadros da revolução que tratarão de usá-lo para fazer avançar o processo de mudanças; e um Estado que começa a nascer de baixo para cima através do exercício do poder popular, através de diferentes instâncias, entre elas os conselhos comunais.

---

[30] [No período de transição] há dois Estados: um, o Estado que os trabalhadores conquistam no início (ou seja, o velho Estado) e de onde começam a tomar ações despóticas sobre o capital, e dois, o novo Estado emergente cujas células de base são os conselhos de trabalhadores e os conselhos comunais. O ponto de partida, claro, é o velho Estado, e a transição ao socialismo, entendido como um sistema orgânico, é um processo de transição do velho Estado ao novo. Mas isso significa que os dois devem coexistir e interagir durante todo esse processo de transição (Michael Lebowitz: *La alternativa socialista: el verdadero desarrollo humano*, *op. cit.*, capítulo 7). Várias das ideias que apresento a seguir foram tomadas desse capítulo.

a) Relação de complementaridade, e não de negação, de um pelo outro. Papel do movimento organizado

528. A particularidade desse processo é que o Estado herdado é o que promove o surgimento do Estado que vai substituí-lo, e portanto, deve se estabelecer uma relação de complementariedade, e não de negação, de um pelo outro. É claro que partindo do pressuposto que o movimento organizado deve controlar e pressionar o Estado herdado para que avance, porque sua inércia é enorme e porque nem sempre os quadros que ocupam posições de direção estão imbuídos realmente de um espírito revolucionário, e tendem a cair nas mesmas condutas que os funcionários do passado.

b) A cultura herdada contamina também os germens nascentes do novo Estado

529. Mas também não se pode descartar que os germens do poder popular que emergem de baixo possam ser contaminados com a cultura herdada e que caiam no burocratismo ou outros desvios.

530. Como Gramsci diz, e o presidente Chávez nunca se cansa de repetir, há uma luta entre o velho que não acabou de morrer e o novo que está nascendo.

c) Visão local e visão global

531. Em contrapartida, uma das características do Estado que nasce de baixo para cima é a sua tendência de ter uma "visão localista"[31] das coisas: uma visão do corpo em vez de uma visão do mundo; uma espécie de corporativismo local, como ocorre com o corporativismo sindical, que tende a se centrar nas questões de reivindicação em relação à sua empresa e perde a visão da classe trabalhadora como um todo.

---

[31] *Ibid.*

532. O Estado herdado, por sua vez, devido ao seu caráter nacional, deve necessariamente ter uma "visão global"[32] das coisas. E deve promover, com a máxima participação popular possível, a elaboração de um plano de desenvolvimento integral do país que permita avançar na materialização do projeto de transformação econômica, política, educacional e cultural que conduza à sociedade que quer se construir, aquela que permita o pleno desenvolvimento de todas as pessoas e que seja solidária com as localidades mais pobres, propiciando um desenvolvimento nacional equilibrado.

Transformar as Forças Armadas identificando-as cada vez mais com seu povo

533. Uma das tarefas mais importantes dos nossos governos é a de transformar a instituição militar. Mas é possível que um corpo que fez parte do aparelho repressivo e disciplinador do Estado burguês, permeado pela ideologia burguesa e cujos superiores tenham sido treinados na doutrina da Segurança Nacional pelos Estados Unidos na Escola das Américas, possa se tornar uma instituição a serviço do povo e cada vez mais identificada com ele?

534. A experiência histórica das últimas décadas na América Latina nos permite pensar que isso é possível. Nos anos que se seguiram à vitória presidencial de Hugo Chávez, na Venezuela, as Forças Armadas de seu país desempenharam um papel relevante na defesa das decisões adotadas democraticamente pelo povo venezuelano, sendo as principais artífices do retorno de Chávez ao governo quando um grupo de oficiais superiores, a maioria sem comando de tropas,[33] desempenhou o triste papel de peões dos grandes interesses

---

[32] *Ibid.*
[33] Pouco se conhece que os únicos oficiais golpistas de alta patente que realmente tinham posição de comando foram: o chefe do Estado-Maior Geral da Força Armada, Ramírez Prez, e o comandante do Exército, general Vásquez Velasco. Aderiram ao golpe vários generais reformados e cerca de 200 comandantes,

empresariais em uma frustrada tentativa de golpe de Estado em abril de 2002.

Defensoras de uma nova ordem que nasce de uma nova Constituição

535. A tarefa não é nada fácil, já que essa instituição, historicamente, na maior parte dos nossos países, é uma instituição repressiva do Estado a serviço da ordem estabelecida. Mas, de que ordem se trata? Justamente daquela que tem permitido a reprodução do capital e que está plasmada na constituição herdada. Cada vez que o movimento popular, através de diferentes formas de luta, ameaçou a reprodução do sistema capitalista; cada vez que minimamente afetou seus interesses ou tentou reduzir privilégios dos grupos até então dominantes, as Forças Armadas foram chamadas a pôr "ordem", ou seja, a manter a ordem burguesa, a institucionalidade herdada. É sintomático que na Bolívia "as Forças Armadas tinham – e ainda têm um pouco – concentrado seus efetivos em torno das minas do altiplano rebelde e no Chapare, ou seja, nas zonas rebeldes da cidade e do campo. Sua lógica era a contenção social."[34]

536. Hoje, entretanto, um número cada vez maior de governos de esquerda em nosso subcontinente compreendeu a importância de mudar essa ordem, de criar novas regras do jogo institucional que sirvam de andaimes para facilitar a construção da nova sociedade. Por isso, têm estimulado ou estão estimulando a instalação de assembleias constituintes que permitam a elaboração de novas constituições, nas quais se imponha uma nova maneira de ordenar a sociedade; nas quais seja estabelecida uma ordem a serviço da

---

entre generais, almirantes, coronéis, tenentes-coronéis e oficiais subalternos. O número de oficiais com que conta as Forças Armadas é de oito mil. Dos comandos operacionais, 80% aderiu ao plano de resgate de Chávez, e o número talvez seja maior, porque as comunicações naquele momento eram muito difíceis.

[34] Marta Harnecker, Entrevista com Álvaro García Linera, 21 de março de 2010 (em processo).

maioria do povo e não uma ordem a serviço da elite; nas quais as riquezas naturais, que foram cedidas a empresas transnacionais, retornem às mãos dos nossos Estados; tudo para que possamos construir Estados independentes e soberanos. A instituição armada, ao defender essa nova ordem, estará então defendendo a pátria e os interesses da imensa maioria da população, e não apenas os interesses das elites.

537. Foi o que aconteceu na Venezuela. O primeiro gesto do governo recém-eleito foi promover um processo constituinte para mudar as regras do jogo herdadas e refundar o Estado, criando uma nova institucionalidade mais adequada às mudanças que se pretendiam levar adiante. Uma Assembleia Constituinte deu lugar a uma nova Constituição.[35] A nova Constituição tornou-se a grande aliada do processo, porque a defesa da Constituição não significa nada além da defesa das mudanças iniciadas pelo governo de Chávez. Foi essa Constituição que permitiu que a maioria dos altos-comandantes – movidos pela pressão popular – se declarassem em rebelião contra os golpistas e decidissem não obedecer às ordens de seus superiores. Foi dessa mesma Constituição que muitos jovens oficiais e soldados se valeram para organizar a resistência desde a base, pressionando seus comandantes para rejeitar o golpe.

Como se pode promover a transformação do estamento militar

538. De que maneira nossos governos podem impulsionar este processo de transformação das Forças Armadas para que possam defender e aplicar de maneira mais consequente a nova ordem institucional?

---

[35] Em 1999 foi convocada uma Assembleia Constituinte, composta por 131 membros. Ela funcionou por cerca de seis meses e, finalmente, apresentou um projeto de nova Constituição que foi aprovada pela esmagadora maioria (129 votos de 131) e depois submetida a votação, obtendo o apoio de 70% do eleitorado venezuelano.

539. Nossos governos têm posto em prática várias medidas. Vejamos algumas delas.

a) Encarregar à instituição armada projetos sociais a serviço dos mais desvalidos

540. Encarregar as Forças Armadas de tarefas sociais de tal forma que ponham sua força de trabalho, seus conhecimentos técnicos e sua capacidade organizativa a serviço dos setores sociais mais desvalidos. O exemplo mais destacado foi o Plano Bolívar 2000, impulsionado pelo presidente Chávez na Venezuela no começo de seu mandato: consistia em um programa de melhoria das condições de vida dos setores populares; de limpeza das ruas e escolas; de saneamento ambiental para combater doenças endêmicas; de recuperação da infraestrutura social em zonas urbanas e rurais. Os militares venezuelanos assumiram com muito entusiasmo essas tarefas, e o contato direto com a problemática social vivida pela população mais pobre contribuiu para criar consciência e compromisso social na jovem oficialidade que realizou essa tarefa. Esses jovens militares estão, hoje, entre os setores mais radicalizados do processo.

541. Na Bolívia, os militares foram encarregados de entregar aos setores mais desfavorecidos diversos auxílios econômicos, como o bônus Juancito Pinto, para estimular as crianças de famílias com menos recursos a frequentar a escola, e o bônus Juana Azurduy, para a mãe solteira grávida etc.

b) Promover escolas de formação e cursos de acordo com o espírito da Constituição

542. É importante que os altos-comandos militares e seus subalternos tenham uma visão do mundo de acordo com a nova sociedade que se pretende construir.

543. É interessante observar que, na geração de Hugo Chávez, a maioria de seus oficiais não se formaram na Escola das Améri-

cas, mas na Academia Militar venezuelana, que, em 1971, havia sofrido uma profunda transformação. "O chamado Plano Andrés Bello elevou a docência a grau universitário. Os quadros do Exército começaram a estudar ciências políticas, a conhecer pensadores da democracia, analistas da realidade venezuelana. Em estratégia militar se estudava Clausewitz, estrategistas asiáticos, Mao Zedong. Muitos desses militares acabaram se especializando em determinadas matérias nas universidades e começaram a fazer intercâmbio com outros estudantes universitários. E se alguns chegaram a ir estudar na academia estadunidense, já iam com sua mochila carregada de ideias progressistas."[36]

c) Responsabilizá-las por grandes projetos de infraestrutura que potencializem a soberania nacional

544. Nossos exércitos e nossos povos, embora desejem ardentemente viver em paz, devem estar preparados para defender a soberania, enquanto existirem forças imperialistas que pretendem dominar o mundo e impor sua visão do que temos que fazer, desrespeitando nossos projetos de desenvolvimento nacional.

545. Vale lembrar que, inicialmente, a revolução cubana pretendia transformar os quartéis em escolas, e que teve que mudar seu projeto e gastar enormes somas de dinheiro para fortalecer seu poderio militar para impedir a intervenção externa dos Estados Unidos. Frente a um inimigo irracional, não resta outro caminho a não ser se preparar para a guerra, como o melhor caminho para evitá-la.

546. Em países como os nossos, no entanto, com tantas necessidades de desenvolvimento, não faz sentido que nossos Exércitos apenas se preparem para a guerra e fiquem esperando o invasor;

---

[36] Marta Harnecker, *Militares junto al Pueblo*, publicado na Espanha por El Viejo Topo, 2003; Valdell Hermanos: Caracas, 2003 e Ministério das Comunicações, Caracas, 2005.

podem usar parte de seu pessoal em tarefas econômicas de caráter estratégico.

547. É importante que as Forças Armadas não apenas se sintam defensoras da ordem e da soberania nacional, mas que também se sintam construtoras da nova sociedade. Muitos dos conhecimentos adquiridos para defender a pátria podem ser empregados para recuperar as obras de infraestrutura que se deterioraram por falta de manutenção (hospitais e escolas públicas) ou para colaborar na gestão de novas empresas de caráter estratégico ou obras que facilitem, por exemplo, as comunicações em todo o território nacional.

548. Em Cuba tem tido um excelente resultado empregar o pessoal militar em tarefas econômicas. Em geral, as empresas em mãos de militares têm conseguido melhores resultados que o restante das empresas estatais.

d) Democratizar o acesso aos altos-comandos
e mudar os critérios de seleção

549. Também é importante eliminar toda a discriminação para acessar os mais altos graus dentro da instituição militar. Na Venezuela, as coisas eram muito mais fáceis porque não havia casta militar como em outros países. A maioria dos oficiais de alto escalão eram filhos de famílias de baixa renda, seja do campo ou da cidade, e conheciam, por sua própria experiência, as dificuldades que o povo venezuelano tinha de enfrentar em suas vidas diárias.[37]

550. Na Bolívia, como na maior parte de nossos países, o oficial que ia aos EUA e lá se formava tinha antes maior possibilidade de se projetar, mas no futuro será o contrário: aqueles que reafirmarem um maior sentimento nacionalista, um maior apego à instituciona-

---

[37] Isto pode ser corroborado nas histórias de vida dos generais e oficiais entrevistados em meu livro anteriormente mencionado.

lidade, apoio à parte social e produtiva terão maiores possibilidades de ser promovido dentro das Forças Armadas.

e) Uma doutrina militar que incorpore
o povo nas tarefas de defesa nacional

551. Nossas nações devem estar preparadas – como já dissemos – para defender-se de qualquer ingerência estrangeira. Evidentemente que técnica e numericamente nossos exércitos não poderiam resistir a uma invasão imperialista sem que nossos povos participem maciçamente junto ao pessoal militar nas tarefas da defesa de nossa soberania. Como disse o vice-presidente da Bolívia, Álvaro García Linera, nossa única opção de viver ou de resistir frente a uma eventual invasão é ter "uma forte vinculação entre a estrutura militar e a estrutura social. Na Bolívia está se recuperando uma tradição de luta do passado: o que aqui se chamou as 'republiquetas', nascidas na época da luta pela independência para lutar contra o poder colonial. Nelas, o militar estava amalgamado com a estrutura local comunitária. Foi assim que resistiu e se desenvolveu durante quinze anos de guerra de emancipação e conseguiu construir o Estado boliviano. Essa é a lógica com a qual está se construindo a doutrina militar boliviana pelos próprios militares desse país".[38]

552. Em cuba tem sido fundamental – para manter a soberania de um país que está apenas a noventa milhas dos Estados Unidos – a constituição de milícias populares preparadas militarmente para defender a pátria junto ao exército permanente, em caso de ameaça externa. Na Venezuela se tem avançado nesse sentido.

553. A história tem demonstrado que frente a uma alta moral combativa de nossos povos levantados em armas não há imperialismo que possa vencer.

---

[38] Marta Harnecker, Entrevista com Álvaro García Linera, *op. cit.*

554. Em contrapartida, outro passo importante do avanço em defesa de nossa soberania como subcontinente foi a decisão de constituir o Conselho de Defesa da Unasul.

f) Recuperar as tradições e os símbolos pátrios

555. Outro esforço que nossos governos têm feito é recuperar tradições e valores modificando os símbolos pátrios para que estejam mais de acordo com as características de cada realidade nacional. A expressão mais recente disso é a decisão de que as Forças Armadas do estado plurinacional boliviano assumam como outra de suas bandeiras o símbolo indígena da Whipala.[39]

g) Construção de soberania territorial do Estado em zonas anteriormente abandonadas

556. Existem países em nosso continente onde a soberania total de seu território ainda não foi alcançada. Este é o caso da Bolívia. Até muito recentemente, o Estado não controlava cerca de 30% do território nacional. Na faixa oriental, a uma parte do Beni até Santa Cruz, o poder estava nas mãos de latifundiários, traficantes de drogas, contrabandistas madeireiros e contrabandistas de matérias-primas e minerais. Ali não havia Estado, imperava o mais forte, o narcotraficante ou o bandido da terra. "Agora esse território está sendo recuperado como nunca na história. A presença do Estado nessa área se multiplicou por 2000 [diz o vice-presidente boliviano]. Antes, uma viagem a Pando era uma viagem por ano de um presidente, agora não há uma semana que um ministro não vá. Conseguimos a presença do Estado em todos esses territórios do país. Agora, há um Estado permanentemente presente com suas Forças Armadas, levando recursos, levando saúde, levando educação."[40]

---

[39] Bandeira indígena com as cores do arco-íris.
[40] Marta Harnecker, Entrevista com Álvaro García Linera, *op. cit.*

Pôr em prática um modelo de desenvolvimento que respeite a natureza

557. Outra das grandes tarefas que os nossos governos têm é a de pôr em prática um modelo de desenvolvimento econômico que não seja baseado na exploração indiscriminada dos recursos naturais, mas que vá reestabelecendo gradualmente o harmônico metabolismo que deve existir entre o homem e a natureza.

558. Existe um consenso entre os governos progressistas da América Latina de que não se pode manter nem imitar o tipo de crescimento da segunda metade do século XX nos países avançados. Isto "teria consequências irreversíveis e catastróficas para o entorno natural deste planeta, incluindo a espécie humana que faz parte dele".[41] Ninguém duvida de que deter essa situação se torna cada vez mais urgente se queremos que a humanidade tenha um futuro.

Todos sabemos, no entanto, que a solução não virá dos países de desenvolvimento avançado, que são os países mais poluidores. A recente Cúpula do Rio[42] acaba de ratificá-lo.

559. São os nossos governos mais avançados que devem, então, indicar o caminho, não só por uma questão de princípio: não há socialismo sem respeito à natureza, mas também porque assim é exigido para a sobrevivência da humanidade.

560. A Venezuela, a Bolívia e o Equador devem, além disso, se submeter ao mandato constitucional de respeitar o meio ambiente. As novas Constituições aprovadas nestes três países enfatizam esse tópico. De fato, a Constituição do Equador é

---

[41] E. Hobsbawm, *La historia del siglo XX* (1914-1991), Barcelona Crítica, 1995, p. 561. [Há edição brasileira: *Era dos extremos*: o breve século XX (1914-1991), São Paulo: Companhia das Letras, 2008]
[42] Cúpula da Terra Rio+20 – chamada oficialmente Conferência das Nações Unidas sobre Desenvolvimento Sustentável – foi realizada de 20 a 22 de junho de 2012 na cidade do Rio de Janeiro.

a primeira Constituição do mundo a reconhecer os direitos da natureza.[43]

561. Esta não é uma tarefa fácil. O grande dilema que têm pela frente é como retirar seu povo da pobreza e responder a suas necessidades básicas postergadas por séculos, e fazê-lo respeitando a natureza. Pretender um "crescimento zero", como alguns propõem, para evitar o consumo de energia poluidora e suas consequências na degradação do meio ambiente, significaria congelar as atuais desigualdades existentes entre os países ricos e os países pobres, ou seja, entre as sociedades desenvolvidas que alcançaram um elevado nível de vida e a maior parte da humanidade que está muito longe de alcançar essas condições. É muito fácil pedir aos outros que não cresçam quando suas necessidades próprias já estão satisfeitas.

a) O grande desafio: transformar os recursos naturais em uma bênção e não em uma maldição

562. Portanto, temos que enfrentar o desafio de encontrar uma estratégia que nos permita construir o Bem Viver, aproveitando os recursos naturais não renováveis e transformando-os em "uma benção" – como recomendado pelo Prêmio Nobel de Economia Joseph Stiglitz –, mas sem depender exageradamente deles. Só então podemos sair da armadilha da pobreza e do subdesenvolvimento.[44]

---

[43] Constituição da República do Equador, art. 71: "A natureza ou Pacha Mama, onde se reproduz e realiza a vida, tem direito a que seja respeitada integralmente sua existência e a manutenção e regeneração de seus ciclos vitais, estrutura, funções e processos evolutivos. Toda pessoa, comunidade, povo ou nacionalidade poderá exigir à autoridade pública o cumprimento dos direitos da natureza. Para aplicar e interpretar esses direitos serão observados os princípios estabelecidos na Constituição, no que proceda. O Estado incentivará às pessoas físicas e jurídicas, e aos coletivos, para que protejam a natureza, e promoverá o respeito a todos os elementos que formam um ecossistema".

[44] Marta Harnecker, *Tiempos políticos y procesos democráticos*, Entrevista a Alberto Acosta, 21 set.2010 Disponível em: <www.rebelion.org/docs/113474.pdf>, parágrafo 147.

563. O grande desafio – como diz o presidente Correa – é usar o "extrativismo para sair do extrativismo".[45] Eu, particularmente, considerando que o termo extrativismo tem uma carga negativa como muitos dos ismos em espanhol, preferiria falar sobre a necessidade de usar a extração para sair do extrativismo.

564. Nossos governos devem, portanto, dar passos que permitam que o desenvolvimento de nossos países dependa cada vez menos da extração de recursos não renováveis.

b) Uma meta que não pode ser conquistada de um dia para o outro

565. O dilema não é extrair ou não extrair, mas extrair mantendo um saudável metabolismo entre o homem e a natureza. Mas isso não pode ser conseguido de um dia para o outro.

566. María Fernanda Espinosa, antiga militante ecologista e atual ministra de Defesa do governo equatoriano, nos assegura que o governo está fazendo esforços no sentido de passar de economia extrativista a uma economia de serviços, mas acrescenta: "isso não se faz por decreto, ou seja, a torneira do petróleo não [pode ser fechada] de um dia para o outro... [...]Então, aqui a questão é: como conseguimos no mundo do possível, dentro do exercício do governo, essa transição de uma economia extrativista altamente dependente do petróleo a uma economia pós-petroleira? Como vai se resolver isso em um processo organizado, planejado e responsável?"[46]

567. O próprio Alberto Acosta,[47] economista equatoriano muito crítico ao extrativismo, esclarece que não se pode pensar em

---

[45] Intervenção no Encontro Semanal, 16 de março de 2013.
[46] Entrevista realizada por Marta Harnecker incorporada ao livro *Ecuador: una nueva izquierda en busca de la vida en plenitud, op. cit.*, parágrafos 1001 a 1004.
[47] Ex-ministro de Minas do governo de Correa e ex-presidente da Assembleia Constituinte. Foi membro da direção política do Movimento PAIS e depois da constituinte começou a se distanciar do movimento, terminando por ser

"fechar os atuais campos petrolíferos em exploração, mas discutir seriamente sobre a conveniência de continuar ampliando a fronteira petrolífera" com os impactos ambientais devastadores que isso significa.[48]

c) Critérios para uma sociedade ecologicamente sustentável

568. Por sua vez, o ecologista e economista estadunidense Herman E. Daly estabeleceu três critérios operacionais básicos que devem ser aplicados em uma sociedade ecologicamente sustentável, como ele chama: "1) não explorar recursos renováveis acima de seu próprio ritmo de renovação; 2) não explorar recursos não renováveis acima do ritmo de substituição por recursos renováveis; 3) não despejar no ar, na água e no solo uma quantidade ou uma composição de resíduos acima da capacidade de absorção dos ecossistemas".[49] Há aqueles que adicionam um quarto critério: respeito pela diversidade biológica ou biodiversidade de diferentes ecossistemas.

569. Não se trata, então, de dizer não ao desenvolvimento, mas de "conceber e concretizar modelos de desenvolvimento autenticamente humanos" ou aquilo que vários autores chamam de "desenvolvimento sustentável", ou sociedade ecologicamente sustentável, ou seja, uma sociedade que satisfaça "de forma equitativa as necessidades de seus habitantes sem colocar em perigo a satisfação das necessidades das gerações futuras,[50] uma sociedade em que seja o povo organizado quem decida o quê e como produzir".

---

candidato a presidente em oposição ao presidente Rafael Correa nas eleições de fevereiro de 2003, em que obteve escassa votação.

[48] Marta Harnecker, *Tiempos políticos y procesos democráticos,* Entrevista a Alberto Acosta, *op. cit.*, parágrafo 148.

[49] H. E. Daly, "Criterios operativos para el desarrollo sostenible", citado por Enric Tello em "Economía y ecología en el camino hacia ciudades sostenibles", *in*: *Papeles de la FIM n. 8* (Alternativas al desarrollo), Madrid, Espanha, nota 7, p. 136.

[50] Enric Tello, *op. cit.*, p. 135.

d) Passos que vão sendo dados

570. Nossos governos deveriam avançar nesse sentido, e, em muitos casos, já foram dados passos significativos, embora em grande parte ainda permaneçam nas declarações, mas pelo menos demonstram que há uma intenção de avançar nessa direção.

571. Um passo importantíssimo foi a introdução do assunto com grande ênfase nas respectivas constituições. Em todas elas, é proposto como dever do Estado proteger o meio ambiente

572. Para isso é necessário passar em um determinado lapso de tempo – como o governo equatoriano está empenhado em fazer – de uma economia primário-exportadora a uma economia de serviços e do conhecimento.

573. De acordo com o pesquisador peruano Manuel Lajo,[51] o governo equatoriano "fez um esforço gigantesco para tentar articular uma estratégia que estabeleça uma cadeia de instituições de pesquisa científica e tecnológica, públicas e privadas, nacionais e internacionais", a fim de identificar os setores econômicos que, produzindo para o mercado interno e para a exportação – através do uso intensivo do conhecimento científico e das inovações tecnológicas –, podem conseguir implementar a mudança urgente da matriz produtiva.

574. O presidente Rafael Correa é o governante da América Latina que mais tem posto ênfase no papel desempenhado pela educação para formar as futuras gerações de cidadãs e cidadãos capazes de construir a futura sociedade.

575. Não podemos nos deter aqui em tudo o que foi feito nesse país sobre a questão educacional. Vamos nos referir apenas ao seu projeto principal, a Cidade do Conhecimento: "a obra chave para a

---

[51] Podemos encontrar um maior desenvolvimento do tema em seu livro em vias de publicação: *Red para globalizar: el bioconocimiento. Estratégia para el desarrollo del siglo XXI*, resultados do trabalho do Projeto Prometeu nas províncias de El Oro, Loja e Zamora Chinchipe, 2013.

criação do novo Equador do conhecimento", de acordo com as palavras de Daniel Suárez, assessor da Secretaria Nacional de Ensino Superior, Ciência, Tecnologia e Invenção, instituição responsável pela implementação deste trabalho.[52]

576. "A Universidade de Yachay será o centro de articulação da cidade e o primeiro centro acadêmico público do ensino superior no Equador e na América Latina que terá uma oferta exclusiva de carreiras em ciência e tecnologia para resolver necessidades sociais e treinar profissionais criativos e inovadores."

577. "Haverá também onze institutos públicos de pesquisa que se tornarão centros de vanguarda regional e continental em suas respectivas áreas, voltando sua pesquisa para as necessidades básicas da sociedade. Entre estas linhas, podemos destacar as seguintes: desenvolvimento de tecnologias para aumentar a produção e a geração de produtos inócuos para consumo interno e exportação; desenvolvimento de tecnologias para a industrialização de recursos naturais não renováveis (petroquímica e metalurgia); pesquisa de materiais alternativos para soluções de habitação com baixo consumo de energia; pesquisa para adaptar as tecnologias para transporte eficiente, com baixo consumo de energia e amigável com o meio ambiente; pesquisa sobre cuidados ambientais através de remediação, como a reciclagem, o tratamento de resíduos e a limpeza do local contaminado por atividades industriais, para citar aqueles que considero mais ilustrativos desse novo enfoque da pesquisa".

578. Outro passo que nossos governos podem dar é começar a recuperar sistemas ecológicos que foram degradados, danificados ou destruídos. Uma parte dos recursos obtidos pelo maior controle estatal da extração de petróleo no Equador tem se dedicado, por

---

[52] O que aqui exponho sobre o tema está baseado em algumas notas que ele me forneceu.

exemplo, ao saneamento das águas, favorecendo milhares de famílias, especialmente das zonas mais pobres.

579. Também se está transformando a matriz energética reduzindo a dependência do petróleo e seus derivados. Estão sendo feitos importantes investimentos em hidroeletricidade e em energia eólica.

580. Também estão sendo dados passos para mitigar as consequências ambientais nocivas, promovendo medidas de prevenção e controle para que a extração petroleira não seja uma atividade altamente poluidora, como ocorreu nos anos 1970 com a Texaco. Para consegui-lo estão sendo feitos investimentos em alta tecnologia, com recursos que vêm da extração do petróleo.

581. Dentre as medidas de precaução e restrição para as atividades que podem levar à extinção de espécies, à destruição dos ecossistemas ou à alteração permanente dos ciclos naturais, foram recuperados e conservados, entre outros, os manguezais, e foram entregues para gestão das comunidades locais.

582. Mas a iniciativa mais importante nesse sentido é o esforço do governo equatoriano para limitar a exploração petroleira. Em 2007, Rafael Correa apresentou ao mundo um interessante e desafiador projeto – conhecido como o projeto Yasuní ITT.[53] O Equador se compromete a manter sob a terra o petróleo cru equivalente a 20% de suas reservas existentes em três campos petrolíferos situados no Parque Nacional Yasuní em troca de que a comunidade internacional contribua financeiramente com pelo menos 3,6 bilhões de dólares, equivalente a 50% dos recursos que o Estado receberia em caso de optar pela exploração do petróleo. No entanto, Correa disse claramente que se não conseguir a colaboração mundial ao projeto ITT, não restará alternativa ao Equador que não seja explorar esse petróleo.

---

[53] Ishpingo, Tambocoha e Tiputini, daí a sigla (ITT). Nesse parque existem reservas para 846 milhões de barris de petróleo.

e) A participação popular na defesa do meio ambiente

583. Como o desafio é enorme e as tentações são muitas, me parece muito interessante o que preveem as Constituições do Equador e da Bolívia sobre o papel da participação popular na defesa do meio ambiente. A Constituição equatoriana expressa que "o Estado garantirá a participação ativa e permanente das pessoas, comunidades, povoados e nacionalidades atingidas no planejamento, execução e controle de toda atividade que gere impactos ambientais".[54]

584. Algo similar também está previsto na Constituição boliviana, mas nela se acrescenta que o povo organizado no que a Carta Magna chama de "ação popular" pode e deve reagir contra qualquer violação e ameaça contra uma série de direitos, e entre eles, o do meio ambiente.[55]

585. Além disso, essa Constituição criou a figura de um tribunal especializado em jurisdição agroambiental (temas agrícolas, florestais, ambientais).[56] E suas autoridades foram eleitas com participação popular, em um processo inédito para o âmbito judiciário, em outubro de 2011.

586. Por último, também na Bolívia, em 21 de dezembro de 2010, passou a vigorar a Lei número 71 de Direitos da Mãe Terra, que tem por objetivo reconhecer seus direitos, bem como as obrigações e deveres do Estado plurinacional e da sociedade para garantir esses direitos.[57]

---

[54] Capítulo segundo. Biodiversidade e recursos naturais, art. 395, seção 3.
[55] Artigo 135. A ação Popular procederá contra todo ato ou omissão das autoridades ou de pessoas individuais ou coletivas que violem ou ameacem violar direitos e interesses coletivos, relacionados com o patrimônio, o espaço, a segurança e salubridade pública, o meio ambiente e outros de similar natureza reconhecidos por esta Constituição.
[56] Capítulo terceiro. Jurisdição Agroambiental, artigos 187 a 190.
[57] A lei entende por Mãe Terra "aquele sistema dinâmico constituído pela comunidade indivisível de todos os sistemas de vida e os seres vivos, inter-relacionados, interdependentes e complementares, que compartilham um destino comum", daí que a Mãe Terra é considerada sagrada, baseado nas cosmovisões

587. Depois do que foi dito até agora, penso que no mapa dos governos acima mencionados, embora existam algumas contradições internas nos textos constitucionais, o caminho é claramente indicado. No entanto, há de se reconhecer que ainda há uma grande distância entre as formulações teóricas e os passos práticos que esses governos têm dado, embora eu não tenha dúvidas de que existe vontade política para ir impulsionando até a meta do bem viver, que implica a harmonia entre o homem e a natureza e deve ser uma das características da sociedade alternativa ao capitalismo que devemos construir.

588. No entanto, também está claro que, ao usar os recursos dos processos extrativos para resolver os problemas da pobreza, também se está ajudando a melhorar as condições ambientais, porque em muitos lugares é a pobreza que leva à deterioração do meio ambiente. O corte de florestas para poder obter lenha para cozinhar e se aquecer é um dos dados mais ilustrativos.

Estimular a descentralização e o planejamento participativo regional

589. Embora até agora, na América Latina, estejam sendo realizados processos de orçamento participativo, mas não conheço experiências como a de Kerala, na Índia, onde se realizou um programa massivo de planejamento participativo,[58] demonstrando ao mundo

---

das nações e povos indígenas originários camponeses. Sobre o tema do direito ao meio ambiente, ver o livro de Alan Vargas L.: *El derecho ao Medio Ambiente en la Constitución Política del Estado Plurinacional de Bolivia*, Lidema, La Paz, Bolívia, 2011.

[58] Uma informação sintética pode ser encontrada no anexo a meu livro: *Inventando para no errar América latina y el socialismo del siglo XXI*, 3. La campaña del Pueblo para la planificación descentralizada em Kerala, India, *op. cit.*, p. 191 a 199. E uma informação mais desenvolvida no livro inédito: *Estado Kerala, India: una experiencia de planificación participativa descentralizada* (Richard Franke, M. Harnecker e outros), Caracas, 2009. Disponível em: <www.rebelion.org/docs/97086.pdf>

que um governo de esquerda pode empreender significativos passos nesse sentido. Com a base legal outorgada pela Constituição de 1993, que estabelece três níveis de entidades locais (distritos, blocos e aldeias rurais),[59] o governo comunista que ganha as eleições em 1996 empreende um experimento notável e radical de democracia, a denominada Campanha do Povo para o Planejamento Descentralizado, que prevê uma mudança fundamental no papel que desempenharão de agora em diante as diferentes esferas de governo local e o início do que alguns têm denominado autogovernos locais.

a) Descentralizar tudo o que possa ser descentralizado

590. Uma das primeiras decisões do novo governo foi transferir de 35% a 40% dos recursos do Plano Nacional para projetos e programas propostos pelas entidades locais, estimulando assim a participação popular em que são as pessoas que se interessariam em participar porque teriam o poder de tomar decisões em assuntos concretos e importantes.

591. Nessa campanha foi aplicado o princípio de "subsidiaridade": tudo que se possa fazer na esfera mais de base, mais local, deve ser feito ali, e só devem ser remetidas a uma esfera mais alta aquelas ações que necessitem da intervenção de instâncias administrativas superiores.

---

[59] O Estado se divide em quatorze distritos. Cada um destes pode conter cidades ou subdistritos rurais. As grandes cidades (corporações municipais) são cinco e existem outras 53 cidades de menor tamanho (municipalidades). Os subdistritos rurais são 63, e estes, por sua vez, se dividem em 1.453 aldeias rurais e seus respectivos conselhos (*grama panchayats*), salvo em algumas que por ter uma população inferior a quinhentos, se unem a outras para constituir um conselho, daí que haja um número menor de conselhos que de aldeias rurais (1.007). De duas a treze aldeias rurais se unem para formar um bloco rural e vários blocos rurais formam um subdistrito. Em todos esses espaços há circunscrições eleitorais.

592. Para evitar que a oposição, próxima a 40%, boicotasse o processo, os seus representantes foram convidados a participar tanto no Alto Comissariado Nacional quanto nas comissões locais, e a sua opinião foi consultada para formar uma comissão com amplos poderes para investigar as malversações em que os governos locais pudessem incorrer no exercício de suas funções.

b) As assembleias comunitárias: base de massas do planejamento

593. O planejamento participativo envolve a realização de assembleias comunitárias (*grama sabhas*) no âmbito das circunscrições eleitorais (wards, contando com um número entre 1.500 e 2.000 pessoas em idade de votar) para identificar tanto os problemas quanto as necessidades mais sentidas pelas pessoas, e os recursos locais, tanto materiais como humanos com os quais se pode contar. E uma vez que os problemas e recursos foram analisados, são feitas as propostas. A mim, parece fundamental o fato de não se limitar a apontar os problemas.

594. Foi atribuída grande importância ao funcionamento efetivo dessas assembleias comunitárias para a criação de uma base de massas para o planejamento local e para assegurar a transparência na elaboração e implementação dos planos.

595. Cada uma dessas assembleias elegia vinte pessoas que iriam lhe representar no âmbito de aldeia rural ou do município urbano, formando o que se denominava Conselho.

596. Em torno de mil entidades constituíram as unidades políticas de desenvolvimento do processo de planejamento participativo.

c) Passos no processo de planejamento participativo

597. Parte-se da identificação das necessidades mais sentidas pelo povo. Isso é realizado mediante a convocatória das assembleias comunitárias, tentando assegurar a máxima participação dos cidadãos e especialmente das mulheres e de outros setores marginaliza-

dos. Para facilitar a participação, a convocação das assembleias não é feita em dias úteis.

598. Depois orienta-se a investigar não apenas os problemas, mas também os recursos humanos e materiais da localidade. Dali surgem propostas ou o que aqui temos denominado ideias-projetos.

599. Uma vez conhecidas as necessidades e os recursos disponíveis, procede-se à elaboração dos projetos.

600. Para concretizar essa etapam cada corpo local cria grupos de trabalho por setor de desenvolvimento, compostos por representantes eleitos, funcionários, especialistas e ativistas.

601. Partindo deste conjunto de projetos, os representantes elegem as propostas que devem ser incluídas no Plano.

602. Enquanto as instâncias inferiores preparam seus planos, as superiores vão integrando nos seus as propostas surgidas da base, avaliando-as em termos técnicos, sem questionar as prioridades definidas pelos municípios e aldeias.

603. Finalmente, ao âmbito de cada distrito, uma equipe de funcionários e especialistas faz uma avaliação técnica e financeira dos planos e projetos antes de serem aprovados pelo Comitê de Planejamento do Distrito.

604. Os seis passos apontados levaram um ano para serem materializados e envolveram três milhões de cidadãos, dezenas de milhares de funcionários e especialistas, numerosas organizações de massa e outras pessoas da sociedade civil, e ao redor de cem mil voluntários que foram treinados para prover suporte organizacional à Campanha.

d) Diminuição da corrupção graças a medidas adotadas

605. Um dos argumentos dos opositores a esta iniciativa de descentralizar recursos nos poderes locais era que se havia corrupção na cúpula do governo, ao descentralizar recursos se transferiria a corrupção para as localidades. No entanto, aconteceu o oposto, em vez

de aumentar, a corrupção diminuiu. Isso não foi conseguido espontaneamente, mas adotando-se uma série de medidas muito eficazes para prevenir este mal. Em seguida apresentaremos algumas delas.

606. A transparência foi introduzida na lei. Todos os documentos do Plano, inclusive a seleção das pessoas beneficiadas, as contas e comprovantes das obras etc., são considerados documentos públicos, aos quais qualquer cidadão pode ter acesso.

607. No lugar onde se realiza uma obra, coloca-se um grande quadro ou mural, visível a todo cidadão ou cidadã e no idioma do lugar, onde são mostrados todos os dados sobre a obra pública que está sendo realizada, e são estabelecidas penalidades ao descumprimento dessa medida. A aliança infame entre os empreiteiros, os engenheiros e os políticos foi quebrada definitivamente em uma grande quantidade de lugares.

608. Estabeleceram-se auditorias sociais regulares sobre as assembleias comunitárias, o que ajudou muito a lutar contra a corrupção.

609. Foi criado um comitê de sete membros em consulta com os líderes da oposição, a quem foram dados amplos poderes para investigar as malversações em que os governos locais pudessem incorrer no exercício de suas funções.

610. Estabeleceram-se comitês de monitoramento integrados por cidadãos comuns para acompanhar os processos de seleção, execução e avaliação de projetos.

UM GUIA PARA AVALIAR COMO SE ESTÁ AVANÇANDO

611. Até aqui tratamos de analisar as características dos processos de construção do socialismo em nosso subcontinente: indicamos como se pode avançar a partir do governo, dissemos que, para julgar nossos governos, é mais importante levar em consideração a direção em que avançam do que o ritmo com que avançam. Agora queremos propor alguns critérios que nos permitam avaliar de forma mais objetiva o avanço daqueles nossos governos que propuseram explicitamente começar a construir o socialismo do século XXI.

Atitude frente ao neoliberalismo e ao capitalismo em geral

612. Qual é seu comportamento frente ao neoliberalismo e, em geral, frente ao capitalismo? Desmascaram a lógica do capital, combatem-no ideologicamente, usam o Estado para debilitá-lo?

Atitude frente à distribuição desigual da renda

613. Está diminuindo a distância entre os mais ricos e os mais pobres; está sendo ampliado, para esses últimos, o acesso à educação, saúde e moradia? Realizam ações para que exista uma justa distribuição de riquezas entre os municípios mais ricos e mais pobres?

Atitude frente à institucionalidade herdada

614. São promovidos processos constituintes para mudar as regras do jogo institucional, sabendo que o aparelho do Estado neoliberal herdado é um forte obstáculo para se avançar na construção

de uma sociedade diferente? São feitos esforços para aumentar o número de eleitores, levando em conta que, em geral, os setores mais pobres não estão inscritos nas listas de eleitores? São tomadas medidas para transformar o aparelho estatal herdado: o modo de governar, o parlamento, o sistema judiciário etc.?

Atitude frente às Forças Armadas

615. Estão sendo tomadas medidas para transformar essa instituição? Foi suspensa a formação na Escola das Américas, bem como os exercícios conjuntos com as Forças Armadas dos Estados Unidos? Os militares recebem tarefas sociais que os aproximem do povo? Seu sistema curricular está sendo modificado? A doutrina da segurança nacional está sendo reelaborada? O sistema de promoção dos quadros militares está mudando?

Atitude frente ao desenvolvimento econômico e o desenvolvimento humano

616. Está colocada a meta de priorizar a satisfação das necessidades humanas acima do crescimento do capital? Entendem que esse desenvolvimento humano não é alcançado com um Estado meramente paternalista que resolve problemas e transforma seu povo em mendigos, mas que esse desenvolvimento só é alcançado através da prática, e, portanto, se esforçam para criar espaços para que as pessoas possam desempenhar o seu papel de protagonista?

Atitude frente à soberania nacional

617. Rejeitam a intervenção militar estrangeira: bases militares, tratados humilhantes? Recuperam a soberania sobre seus recursos naturais? Avançam na resolução do problema da hegemonia midiática até agora em mãos das forças conservadoras? Estimulam o resgate das tradições culturais nacionais?

Atitude frente ao papel da mulher

618. Respeitam e estimulam o papel protagonista da mulher?

Atitude frente à discriminação de todo tipo

619. Têm avançado na eliminação de toda discriminação (gênero, etnia, religião etc.?)

Atitude frente aos meios de produção e aos produtores

620. Eles estão avançando em direção a uma apropriação cada vez mais social dos meios de produção e uma participação cada vez mais ativa dos trabalhadores em seus locais de trabalho? Tem diminuído a separação entre trabalho intelectual e trabalho manual? Estimulam a capacidade de autogestão e autogoverno dos trabalhadores? Têm encurtado a distância entre o campo e a cidade?

Atitude frente à natureza

621. Estão promovendo mudanças nas regras do jogo institucional para favorecer a proteção do meio ambiente? Estão se esforçando para passar de um modelo eminentemente extrativista para um modelo de desenvolvimento sustentável? Estão sendo realizadas ações que indiquem no futuro que o desenvolvimento do país dependerá menos das indústrias extrativistas? Estão resolvendo problemas de poluição industrial? Estão estimulando e tomando medidas práticas para a reciclagem do lixo? Estão descartando o uso de transgênicos? Estão conduzindo campanhas educativas a favor da defesa do meio ambiente?

Atitude frente à necessidade de que seja a sociedade quem tome em suas mãos a riqueza da sociedade

622. Estão dando passos para uma maior descentralização de funções do governo? São elaborados planos nacionais com a par-

ticipação dos cidadãos? São realizados processos de planejamento participativo nas diversas instâncias de organização da sociedade?

Atitude frente à coordenação e solidariedade internacional (sobretudo latino-americana)

623. Estão buscando formas de integração com outros países da região? Estão realizando ações solidárias requeridas pelos países da região?

Atitude frente ao protagonismo popular

624. Estão fortalecendo a classe trabalhadora, eliminando a subcontratação, universalizando a seguridade social, fortalecendo suas organizações sindicais, facilitando sua educação e preparação profissional? Mobilizam os trabalhadores e o povo em geral para realizar certas medidas e aumentam suas capacidades e poder? Entendem que precisam de um povo organizado e politizado capaz de pressionar para enfraquecer o aparelho estatal herdado e assim poder avançar no processo de transformações proposto? Entendem que nosso povo tem que ser composto de atores de primeira linha, e não apenas atores de segunda? Ouvem e dão a palavra ao seu povo? Entendem que podem se apoiar nele para combater os erros e desvios que surgem ao longo do caminho? Entregam-lhe recursos e o chamam para exercer o controle social do processo?

Em suma, contribuem para criar um sujeito popular cada vez mais protagonista, que vai assumindo as responsabilidades do governo?

TERCEIRA PARTE

UM NOVO INSTRUMENTO POLÍTICO PARA CONSTRUIR UMA NOVA HEGEMONIA

CONSTRUINDO UMA NOVA HEGEMONIA

625. Anteriormente me referi às características fundamentais da nova sociedade que queremos construir. Detive-me especialmente no tema da democracia participativa e protagonista como um dos seus traços essenciais. Abordei também as características inerentes à transição naqueles países cujos governantes decidiram avançar ao socialismo pela via pacífica ou institucional, e me detive em alguns passos que esses governos poderiam dar, destacando que não importava tanto o ritmo com que se avançasse, mas, sim, a direção dos passos que começavam a dar, porque o ritmo dependia da correlação de forças existente em cada país.

626. Agora gostaria de falar brevemente sobre como conseguir a correlação de forças necessárias para avançar para a sociedade que queremos construir e sua relação com o tema da hegemonia.[1]

Definindo o que entendemos por hegemonia

627. A palavra hegemonia costuma ser usada como sinônimo de dominação, para se referir a diferentes situações. Fala-se, por

---

[1] Retomei neste capítulo muitas das ideias expostas em meu texto: "Ideias para a luta. Explosões sociais ou revoluções? O papel do instrumento político". O primeiro de uma série de doze artigos escritos em 2003. Publicado pela Expressão Popular: *Ideias para a luta:* doze artigos para o debate militante, 2018. De outros livros que escrevi sobre o tema: *Reconstruyendo la Izquierda* (2006) *op. cit.*; *La izquierda después de Seattle* (2005) *op. cit.*; *La izquierda en el umbral del Siglo XXI. Haciendo posible lo imposible* (1999), *op. cit.*; *La izquierda se renueva* (1991), *Vanguardia y crisis actual o Izquierda y crisis actual* (1990), *in:* <www.rebelion.org/docs/92106.pdf.>

exemplo, de hegemonia econômica, militar, política, cultural. Aqui usarei o termo para me referir ao tema da consciência, da cultura.[2]

628. E meu ponto de partida, seguindo Marx, é que as ideias e valores que prevalecem em uma determinada sociedade e racionalizam e justificam a ordem existente são as ideias e valores das classes dominantes, que em épocas passadas se transmitiam fundamentalmente através da família, da igreja e do sistema escolar, e que hoje cada vez mais são transmitidas através dos meios de comunicação, e especialmente através da televisão, cujas telenovelas passaram a ser – como disse o sociólogo chileno Tomás Moulián – o ópio do povo de hoje, influenciando muito especialmente os setores menos providos de armas teóricas de distanciamento crítico.

629. E entendo que uma classe chega a ser hegemônica quando consegue que seus valores, suas propostas e seu projeto de sociedade sejam aceitos, vistos com simpatia e assumidos como próprios por amplos setores sociais. Hegemonia é o contrário da imposição pela força.

630. Portanto, não se deve confundir a palavra hegemonia com dominação, porque pode haver dominação de uma classe quando seus interesses são impostos à sociedade pela força, e pode haver dominação se esses interesses são assumidos pelas pessoas como próprios. Pode haver então uma classe que domina por meio do terror ou que domina mediante o consenso, ou mesmo por uma combinação de ambos. Além disso, deve-se ter presente que a hegemonia não é algo que se conquista para sempre, pode se perder. E costuma ocorrer que aqueles governos que exerciam sua dominação mediante

---

[2] Aqui tomei ideias de Gramsci e de dois estudiosos do pensamento do filósofo italiano: Christine Buci-Glucksmann, *Gramsci y el Estado* e Luciano Gruppi, *El concepto de Hegemonía en Gramsci* (Ediciones de Cultura Popular, México, 1978, caps. I e V. p. 7-24 e 89-111 respectivamente). [Há edição brasileira de ambos os livros: Christine Buci Glucksmann, *Gramsci e o Estado*. Rio de Janeiro: Paz e terra, 1980. Luciano Gruppi, *O conceito de hegemonia em Gramsci*. Rio de Janeiro: Graal, 1978.]

o consenso, quando começam a perder o apoio social, substituem essa perda pela adoção de métodos autoritários que lhes permitam continuar em seu papel dominante. Pareceria que há uma dialética entre enfraquecimento da capacidade de convencer e o aumento da necessidade de empregar a força.

631. Quando uma classe social chega a ser hegemônica, uma de suas conquistas é constituir um bloco social, ou seja, permitir manter unido um conglomerado social heterogêneo que normalmente está marcado por contradições de classe, às vezes muito profundas. São suas as argumentações e propostas dessa classe que servem de elemento de coesão ajudando a mitigar as contradições existentes entre os diferentes setores sociais.

632. Mas para que essas propostas convençam e aglutinem, as pessoas devem sentir que essa classe hegemônica é capaz de resolver os problemas do povo. Devem, ao menos, ter a ilusão de que as medidas adotadas irão resolvê-los, porque se as pessoas comprovam que não resolvem, começa a haver fissuras nessa hegemonia.

a) A burguesia consegue aceitação popular da ordem capitalista

633. Em muitos países, os setores burgueses têm conseguido semear seus valores e gerar uma ampla aceitação popular da ordem social capitalista, têm conseguido a direção cultural sobre a sociedade, ou seja, têm conseguido governar mais pelo consenso do que pelo chicote. Sua propaganda costuma estar tão bem elaborada que não só consegue criar necessidades artificiais, mas também consegue iludir importantes setores da população com a promessa de que seus problemas serão resolvidos mediante a implementação de seu modelo econômico.

b) Começam as rachaduras da hegemonia burguesa

634. No entanto, a crise mundial do capitalismo, a incapacidade do neoliberalismo para resolver os problemas mais angustiantes de

nossos povos, o vertiginoso agravamento da miséria e a exclusão social da grande maioria da população, enquanto cada vez menos mãos se apropriam da maior parte da riqueza, tudo isso tem levado a que um número crescente de pessoas no mundo comece a rejeitar este modelo. A hegemonia cultural da burguesia tem começado a se romper em vários países. Foi esse rompimento que criou as condições para que vários de nossos povos latino-americanos começassem a eleger governantes com propostas alternativas ao neoliberalismo e que explica também as atuais mobilizações e sublevações populares em diferentes partes do planeta.

Necessidade de um instrumento político

635. Mas essa rachadura na hegemonia burguesa não significa que tenha se consolidado uma nova hegemonia popular. Isso não surge espontaneamente, é necessário um instrumento político, uma organização política que a construa.

636. Temos visto recentemente como, cada vez em mais países, crescentes multidões têm se rebelado contra a ordem existente e, sem uma condução definida, têm ocupado praças, ruas, rodovias, povoados, parlamentos; mas apesar de haver conseguido a mobilização de centenas de milhares de pessoas, nem seu volume nem sua combatividade permitiram ir além de uma mera revolta popular. Elas conseguiram derrubar presidentes, mas não foram capazes de conquistar o poder para iniciar um processo de transformações sociais profundas. Porém, uma vez mais, mobilizações como as explosões sociais que aconteceram em vários países da América Latina nas décadas de 1980 e 1990, têm demonstrado enfaticamente que não basta a iniciativa criadora das massas para conseguir a vitória sobre o regime imperante.

637. A história das revoluções vitoriosas, ao contrário, ratifica insistentemente que para que *a energia popular,* em vez de ser desperdiçada, *se transforme em força motriz para as mudanças,* é

necessária uma instância política que ajude a superar a dispersão e atomização do povo explorado e oprimido, propondo um programa alternativo de caráter nacional que sirva de instrumento aglutinador de amplos setores populares, bem como estratégias e táticas que permitam unificar a ação para atacar eficazmente, no momento decisivo, e no lugar decisivo o poderoso inimigo que deve ser enfrentado. E com mais razão atualmente, quando o sujeito popular potencialmente revolucionário é tão heterogêneo e está tão fragmentado.

638. A sólida coesão organizativa não só outorga maior capacidade objetiva para atuar como também cria um clima interno que torna possível uma intervenção enérgica nos acontecimentos e um aproveitamento das oportunidades que estes oferecem. Devemos lembrar que em política não só se deve ter razão, mas que se deve tê-la a tempo e contar com a força para materializá-la.

639. Inversamente, não ter ideias claras de por que lutar e a sensação de não contar com instrumentos sólidos que permitam levar à prática as decisões adotadas influi negativamente exercendo uma ação paralisadora.

640. Reconheço que o terreno não é fértil para semear essas ideias. Há muitos que não aceitam sequer discuti-las. E adotam essa atitude negativa porque as associam às práticas políticas antidemocráticas, autoritárias, burocráticas, manipuladoras que têm caracterizado muitos partidos de esquerda.

641. Eu creio que é fundamental superar este bloqueio subjetivo e entender que, quando falo de um instrumento político, não se trata de qualquer instrumento político, trata-se de um instrumento político adequado aos novos tempos; um instrumento que temos de construir entre todos nós.

642. Mas para criar ou remodelar o novo instrumento político, deve-se mudar primeiro a cultura política da esquerda e sua visão da política, a qual não poderá ser reduzida às disputas políticas

institucionais pelo controle do parlamento ou dos governos locais; para ganhar um projeto de lei ou algumas eleições. Nesta forma de conceber a política, os setores populares e suas lutas são os grandes ignorados. A política também não pode limitar-se à arte do possível.

643. Para a esquerda, a política deve ser a arte de tornar possível o impossível.[3] E não se trata de uma declaração voluntarista. Trata-se de entender a política como a arte de construir força social e política capaz de mudar a correlação de forças em favor do movimento popular, de modo a poder tornar possível no futuro o que hoje aparece como impossível.

644. A visão que eu tenho deste instrumento é a de uma organização que abandonou o reducionismo classista assumindo a defesa de todos os setores sociais discriminados e excluídos econômica, política, social e culturalmente. Além dos problemas de classe, essa organização deve se preocupar com os problemas étnico-culturais, de raça, de gênero, de sexo, de meio ambiente. Não deve ter presente apenas a luta dos trabalhadores organizados, mas também a luta das mulheres, dos indígenas, negros, jovens, crianças, aposentados, portadores de deficiência, homossexuais, ecologistas etc.[4]

645. De uma organização capaz de levantar um projeto nacional que permita aglutinar todos os setores atingidos pela crise e lhes sirva de bússola.

646. De uma instância voltada para a sociedade, que respeite a autonomia dos movimentos populares, que renuncie a manipulá-los.

647. De uma instância orientadora e articuladora a serviço dos movimentos populares. Portanto, a nova organização política não

---

[3] Marta Harnecker, *Haciendo posible lo imposible. La izquierda en el umbral del siglo XXI, op. cit.*, Terceira parte: La situación de la izquierda, parágrafos 1044 a 1068. [Há edição brasileira: *Tornar possível o impossível: a esquerda no limiar do século XXI*, Rio de Janeiro: Paz e Terra, 2000.]

[4] Sobre este tema ver, as proposições do Partido dos Trabalhadores do Brasil em seu I Congresso de 1991 (27 de novembro e 1º de dezembro), in: *Resoluções do 1º Congresso do PT*.

deveria buscar abrigar em seu interior os representantes legítimos de todos os que lutam pela emancipação, mas esforçar-se para articular suas práticas em um único projeto político,[5] gerando espaços de encontro *para que os diversos mal-estares sociais possam se reconhecer e crescer* em consciência e em lutas específicas que cada um tem que travar em sua área determinada: bairro, universidade, escola, fábrica etc.[6]

648. Uma instância que entenda a política como a arte de construir forças e que supere o antigo e arraigado erro de pretender construir política sem construir força social.

Estratégia política para a atual conjuntura: uma frente ampla

649. Uma instância política que seja capaz de aproveitar a profundidade da crise e a amplitude e variedade dos setores atingidos.[7] Que aproveite o cenário altamente favorável para superar a fragmentação e aglutinar em uma única grande coluna a crescente e dispersa oposição social constituindo um bloco social alternativo, de amplíssima composição social e de enorme força, a qual irá aumentando na medida em que haja capacidade de convocar a legião de seus potenciais integrantes.

650. No caso de uma esquerda no governo, a tarefa estratégica é ser capaz de articular e mobilizar todos os setores sociais interessados em defender e aprofundar as mudanças que o governo começou a realizar e que encontram uma férrea oposição nos setores que se opõem a eles.

---

[5] Enrique Rubio y Marcelo Pereira, *Utopía y estrategia, democracia y socialismo*, Ed. Trilce, Montevideo, Uruguai, 1994, p. 151.
[6] Helio Gallardo, *Globalización neoliberal y alternativas populares*, em revista *Surda* n.12, junho de 1997, p. 13.
[7] Sobre esse tema, ver: Marta Harnecker, *La izquierda después de Seattle* e *Reconstruyendo la izquierda*.

651. As características deste bloco social – que poderia reunir a imensa maioria da população – dependerão de cada país. O peso de cada setor social, de cada grupo étnico etc., será diferente em cada um deles. Na América Latina, além dos setores tradicionais da classe trabalhadora urbana e rural e dos setores mais pobres e marginalizados, poderia se convocar as camadas médias empobrecidas, a constelação de pequenos e médios empresários e comerciantes, o setor de trabalhadores informais, os pequenos e médios produtores rurais, a maioria dos profissionais liberais, a legião de desempregados, os cooperativistas, os aposentados, a polícia e os quadros subalternos do exército (suboficiais e quadros que lhes estão subordinados).

652. Penso que também poderiam fazer parte dele setores capitalistas cuja situação no mundo dos negócios tenha entrado em contradição objetiva com o capital transnacional. Não se trataria de setores burgueses capazes de levantar um projeto próprio de desenvolvimento nacional, mas de setores que, para sobreviver como tais no contexto da globalização neoliberal, não têm outro caminho além de se inserir em um projeto nacional popular que lhes assegure apoio creditício e um amplo mercado interno, resultado das políticas sociais de tal governo.

653. E como o neoliberalismo empobrece a grande maioria da população de nossos países, e não a empobrece apenas do ponto de vista econômico, mas também em sua subjetividade, nesse bloco não só deveríamos considerar os setores economicamente atingidos, mas também a todos os discriminados e oprimidos pelo sistema.

654. Devem, então, caber neste bloco todos aqueles que sofrem as consequências do sistema e estão dispostos a se comprometer na luta para em um primeiro momento deter seu avanço e, em seguida, buscar revertê-lo.

655. Em contrapartida, em um mundo no qual o exercício da dominação se realiza em escala global, mais do que nunca parece necessário estabelecer coordenações e estratégias de luta em esfera

regional e suprarregional. Os fóruns sociais mundiais e outros encontros de caráter internacional têm permitido notáveis avanços nesse sentido, embora ainda reste muito por fazer.

656. Continua plenamente atual o que o senador uruguaio da Frente Ampla Enrique Rubio escreveu em 1994: devemos buscar uma articulação "dos excluídos, postergados, dominados e explorados em escala mundial, inclusive os que vivem nos países desenvolvidos. É preciso [...] xequear o capitalismo a partir do político, estatal ou não estatal, militante ou não militante, partidário ou não partidário, a partir dos movimentos populares, a partir dos complexos tecno-científicos, a partir dos centros culturais e de comunicação nos quais se moldam, de maneira decisiva, as formas de sensibilidade, e a partir das organizações autogestionárias [...]. Para dizê-lo de um forma um pouco esquemática e talvez chocante: a revolução será internacional, democrática, múltipla e profunda, ou não será."[8]

657. Penso que para ir constituindo este bloco é necessário que sejamos capazes de propor tarefas concretas e limitadas, que priorizem os pontos de convergência, e que sejamos capazes de tratar corretamente as contradições que necessariamente vão surgir entre setores tão diferentes do povo.

658. Seria importante elaborar um programa conjuntural ou uma plataforma de acumulação, para essa conjuntura, que cumpra o papel de instrumento aglutinador de todos os "perdedores" e prejudicados pelo modelo neoliberal. Uma plataforma que proponha interromper o desenvolvimento do projeto neoliberal e oferecer alternativas concretas aos sérios problemas do presente

659. Uma plataforma que deve ser desenvolvida com a participação de todos aqueles que se sintam chamados a fazê-lo. Concordo com Rafael Agacino que "o exercício democrático da formulação

---

[8] E. Rubio e M. Pereira, *Utopía y estrategia, Democracia y socialismo*, Ediciones Trilce, Montevideo, Uruguai 1994, p. 149-150.

de políticas, de construção dos consensos em torno das demandas populares" é muito importante. "Trata-se [como ele diz] de abrir espaços para a política a partir de baixo, estimular o mais elementar ato de comunicar os desejos face a face e, a partir daí, avançar o processamento social de diversos interesses, unindo inteligências e vontades em torno dos direitos gerais de todos nós que vivemos por nossos próprios esforços."[9]

660. Essa plataforma não deve ser confundida com o programa do instrumento político. Este deve desenvolver com maior profundidade o objetivo a alcançar e o caminho a seguir.

a) Ganhar coração e mente da imensa maioria[10]

661. Em contrapartida, se o nosso projeto de sociedade alternativa ao capitalismo é essencialmente democrático, devemos ter claro que temos de conquistar corações e mentes da imensa maioria das pessoas. Não podemos impor o nosso projeto, devemos convencê-las de que é o melhor projeto para elas e fazê-las participar da construção da nova sociedade.

662. E o que podemos fazer para conquistar esses objetivos?

663. Em primeiro lugar, devemos entender que o proselitismo não é suficiente. Como diz o presidente Chávez, a mente e o coração são conquistados na prática, criando oportunidades para que as pessoas vão entendendo à medida que elas próprias vão sendo as/os construtores desses projetos.[11]

664. Em segundo lugar, nosso chamado deve ser amplo, não deve excluir ninguém. Todas as pessoas de boa vontade que dese-

---

[9] Rafael Agacino, "Movilizaciones sociales: coyuntura y aperturas políticas del período.", maio de 2012.

[10] Desenvolvi essa temática in: *"Hacia la construcción de uma nueva hegemonia anticapitalista. Tareas de nuestros gobiernos y de la organización popular"*, Palestra na UCA, El Salvador, 21 de outubro de 2011.

[11] Hugo Chávez, *Primer 'Alô presidente' teórico sobre o tema das comunas*, 11 de junho de 2009.

jam realizar um trabalho baseado em um coletivo, buscando seu bem-estar, buscando solidariedade com outros grupos, devem ser chamadas, seja qual for sua tendência política ou crença religiosa.

665. Em terceiro lugar, nossa atitude deve levar às pessoas o sentimento de que as suas opiniões, as informações que envia, suas críticas, reflexões e iniciativas são levadas em conta.

666. Isso também implica entender que não se pode governar apenas para os nossos, apenas para os "vermelhos". Quantas pessoas já foram conquistadas para o processo ao ver que o governo concede recursos aos setores mais desvalidos, sejam estes partidários ou não desse governo!

667. É por isso que acredito que é fundamental que se faça uma diferenciação no campo capitalista entre oposição destrutiva, conspiradora, e oposição construtiva, evitando colocar todo mundo no mesmo saco. Eu acho que isso ajudaria a trazer muitos dos que hoje estão afastados, se pudermos reconhecer as iniciativas positivas da oposição e não condenar como nocivo tudo o que venha dela. Devemos combater suas ideias erradas, suas propostas equivocadas, mas destruí-las com argumentos, sem agressões verbais. Talvez essas agressões verbais sejam muito bem recebidas pelos setores populares mais radicais, mas produzem rejeição em grandes camadas médias e, também, em muitos setores populares. As pessoas geralmente não se sentem confortáveis com esses ataques.

668. Temos de nos perguntar por que – se o nosso projeto de sociedade alternativa ao capitalismo é um projeto bonito, profundo e transformador, e reflete os interesses da grande maioria da população – aqueles que se propuseram a construí-lo não têm todo o apoio popular com o que eles deveriam contar.

669. Penso que isso é amplamente explicado porque uma parte significativa da população não conhece nosso verdadeiro projeto. A mídia opositora se encarrega de deformá-lo, criando falsos alarmes e, muitas vezes, conseguem aterrorizar as pessoas sobre o futuro que

as aguarda. Mas eles não são os únicos culpáveis por esta situação. Também contribuímos para ela. Tendemos a ter grandes debilidades na comunicação do projeto. Não destinamos tempo nem recursos suficientes ou criatividade para essa tarefa. E, o mais grave, muitas vezes, com o nosso próprio modo de vida, estamos negando esse projeto. Propomos criar uma sociedade democrática, solidária, transparente e não corrupta e assumimos práticas autoritárias, clientelistas, egoístas e pouco transparentes. Muitas vezes há uma grande distância entre o que pregamos e o que vivemos, e o nosso discurso carece de credibilidade.

670. Portanto, não podemos nos surpreender que existam importantes setores da sociedade que ainda não se identificam com nosso projeto, e que precisamos conquistá-los. Temos que tentar corrigir esses erros e superar esses desvios, já que somente assim poderemos alcançar a hegemonia sobre a sociedade.

UM NOVO INSTRUMENTO POLÍTICO

Por que é necessário um instrumento político

671. Anteriormente nos referimos à necessidade de construir uma nova hegemonia, e como neste processo de construção é essencial ter um instrumento político que a torne possível. Em seguida, queremos discutir mais sobre esse tema e desenvolver algumas ideias sobre como deve ser e quais as tarefas que o instrumento político deve assumir.

a) As relações de produção socialistas não surgem espontaneamente

672. A experiência histórica demonstra que a intervenção do Estado ou do governo para fazer avançar o processo de transição para o socialismo é crucial. Mas por que é necessária essa intervenção do Estado? Isso aconteceu da mesma forma no capitalismo? Não, o processo histórico de desenvolvimento do capitalismo foi muito diferente.

673. As relações capitalistas de produção nasceram no seio das sociedades pré-capitalistas[1] e as revoluções políticas burguesas tiveram apenas como missão a conquista do poder político para colocá-lo a serviço da expansão desse modo de produção que tem sua própria lógica de desenvolvimento.

---

[1] Feudais, escravistas, tributárias ou asiáticas.

674. O que explica a dinâmica capitalista é a busca do lucro mediante a exploração do trabalho assalariado e das leis econômicas que regem esse processo. O que guia esse processo é uma lógica econômica. O Estado só intervém para criar as duas condições básicas de existência do modo de produção capitalista: primeira, a separação radical do produtor de seus meios de produção e, segunda, a acumulação primitiva do capital dinheiro.[2] E uma vez constituído o modo de produção capitalista, intervém para facilitar ou favorecer sua lógica de funcionamento.[3]

675. As relações de produção socialistas, ao contrário, não nascem de forma espontânea no seio da sociedade anterior. Elas requerem uma intervenção de algum tipo de organização política que, apoiada pelo povo, conquiste o poder do Estado, ou pelo menos o governo. E a partir dessa posição vão se criando as condições para tornar possível o avanço gradual para o estabelecimento de relações de produção socialistas nas diferentes esferas econômicas da sociedade, de acordo com as condições objetivas de cada país.

b) Uma herança cultural pesada

676. Mas essas pessoas, esse povo que deve ser o ator principal da edificação da nova sociedade não cai do céu, carrega uma pesada herança cultural. Por isso, a construção do socialismo requer um longo processo de transformação cultural, em que se vá superando essa cultura herdada: individualista, consumista, que espera que as

---

[2] Lembremos do que Marx escrevia em *O Capital:* "A descoberta das jazidas auríferas e argentíferas na América, o extermínio, escravização e soterramento nas minas da população aborígene, a conquista e a pilhagem das Índias Orientais, a transformação da África em uma reserva para a caça comercial de peles negras", Livro III, p. 939.

[3] Marta Harnecker, *Los conceptos elementales del materialismo histórico*, Siglo XXI editores, México, Ed.51 revisada e aumentada e seguintes, capítulo IX. "La transición", ponto 1: El problema de la transición en *El Capital*. Ver em: <www.rebelion.org/docs/87917.pdf>.

soluções venham de cima para baixo, como nos referimos anteriormente.

677. O socialismo do século XXI só poderá se consolidar se conseguirmos impregnar a atual e as futuras gerações de uma nova ética humanista e solidária, em harmonia com a natureza e que ponha ênfase em ser em vez de ter.

678. Em contrapartida, se a meta que perseguimos é o pleno desenvolvimento de cada pessoa, e cada uma delas é diferente da outra, um dos traços mais importantes da cultura socialista deve ser o respeito às diferenças, o combate ao machismo e a todo tipo de discriminação.

c) Fragmentação do sujeito revolucionário

679. Outra das realidades que herdamos: uma sociedade imensamente fragmentada. Essa tem sido uma das estratégias usadas pelo inimigo para nos debilitar. Por um lado, nossos processos de transição costumam se iniciar com uma classe trabalhadora muito heterogênea, debilitada pelos processos de flexibilização do contrato de trabalho e subcontratação e muito dividida internamente, não só pelas condições objetivas criadas pelo neoliberalismo, mas por diferenças ideológicas, personalismos, caudilhismos. Por outro lado, existe uma grande quantidade de organizações sociais e políticas que lutam por seus próprios objetivos e esquecem que o mais importante é levar adiante a revolução.

d) As pessoas não têm experiência de governar

680. Embora o objetivo estratégico a ser alcançado seja o autogoverno do povo – ou seja, que as pessoas governem a si mesmas, que o povo assuma o poder –, isto não é possível de acontecer de um dia para o outro. Como diz Aristóbulo Istúriz, nossos povos não têm "cultura de participação", não têm "experiência real de governar-se", são povos acostumados "ao populismo, ao clientelis-

mo, a não raciocinar politicamente, a pedir coisas"; é necessário, então, governar com as pessoas durante um certo período de tempo, para que as pessoas aprendam a governar a si mesmas, ou seja, autogovernar-se.[4]

Tarefas do instrumento político

681. A construção do socialismo implica, então, o desenvolvimento de novas relações de produção, a realização de uma verdadeira revolução cultural que nos permita superar a cultura herdada, a construção do sujeito revolucionário que sustentará todo o processo, e a aprendizagem do povo em formas de autogoverno. E tudo isso não pode ser conseguido de forma espontânea, daí a necessidade de um instrumento político.

682. A seguir mencionaremos as principais tarefas que esse instrumento deve assumir:

a) Lutar para transformar a consciência do povo combatendo a nefasta herança cultural do passado

683. Marx estava convencido de que eram necessárias décadas de "guerras civis e lutas populares não só para [mudar a realidade, mas para mudar os trabalhadores e capacitá-los para] exercitar o domínio político".[5] É necessário que as pessoas, através de suas práticas sociais e de sua luta, saiam do lodo da cultura herdada ao ir descobrindo, experimentando e incorporando à sua forma de viver novos valores: os valores do humanismo, da solidariedade, do respeito às diferenças, o combate ao machismo e a todo tipo de discriminação.

---

[4] Marta Harnecker, *Haciendo camino al andar*, Monte Ávila editores, Caracas 2005, p. 334-335. Ver em: <www.rebelion.org/docs/92120.pdf>
[5] Marx, *Revelaciones sobre el proceso a los comunistas en Colonia* [1953] in: *Obras Escogidas*, Editorial Lautaro, 1946, p. 94. En inglês: Collected Works, vol.11, 1979, p. 403.

684. Mas não bastam estas práticas, são necessárias ideias novas que substituam as velhas ideias, senão para que teria Marx dedicado toda sua vida a escrever *O capital?* É necessário – como diz Fidel Castro – haver uma batalha de ideias. Mas as batalhas não serão vitoriosas se alguém não conduz a batalha. Eis aí uma das razões da necessidade de que exista um instrumento político.

685. Esta organização política deveria se responsabilizar também por elaborar uma estratégia de formação – através da prática e de cursos mais estruturados – que facilite a seus militantes e ao povo em geral a aquisição de novos conhecimentos que lhes permita ter uma atitude crítica frente à cultura herdada e os capacite para ir assumindo cada vez maiores responsabilidades na construção da nova sociedade.

b) Elaborar um projeto do país que queremos
e orientar o andamento do processo

686. Em segundo lugar, uma organização política é necessária porque se requer uma entidade que crie as condições para elaborar inicialmente uma proposta, programa ou projeto nacional alternativo ao capitalismo, que sirva de mapa de navegação para se orientar, para não perder o rumo, para encaminhar-se certeiramente à construção do socialismo, para não confundir o que deve ser feito agora com o que deve ser feito depois, para saber como e quais deverão ser os passos a serem dados, ou seja, necessitamos de uma bússola que permita que o barco não se extravie e chegue seguro a seu destino.

687. Se tenho falado de uma elaboração inicial por parte da organização, é porque acredito que devemos ter muito presente que esse projeto deverá ir sendo enriquecido e modificado a partir da prática social, das opiniões e sugestões dos atores sociais, porque, como dissemos anteriormente, o socialismo não pode ser decretado de cima para baixo, é preciso que vá sendo construído com as pessoas.

688. Rosa Luxemburgo não se cansa de repetir que o caminho ao socialismo não está traçado de antemão, que também não há fórmulas nem esquemas pré-determinados, já que "a classe proletária moderna não conduz sua luta segundo algum esquema reproduzido em um livro ou em uma teoria, mas que a luta moderna dos trabalhadores é um pedaço da história, um pedaço da evolução social e, em meio à história, em meio à evolução, em meio à luta aprendemos como devemos lutar".[6]

689. E essa tarefa requer tempo, pesquisa, conhecimento da realidade nacional e internacional. Não é algo que se possa improvisar de um dia para outro e, menos ainda, no complexo mundo em que vivemos. Esse projeto deve ser plasmado em um programa que cumpra o papel desse mapa de navegação de que falávamos e se concretize em um plano de desenvolvimento nacional.

690. O instrumento político deve proporcionar um constante debate sobre os grandes temas nacionais para ir enriquecendo esse plano e os programas concretos que dele possam derivar. Concordo com Farruco Sesto em que este debate não pode se limitar a um simples enfrentamento de ideias, mas deve "conduzir à construção coletiva de ideias e de respostas aos problemas". "[...] Alguns argumentos somados ou contrapostos aos outros permitirão a elaboração de uma verdade compartilhada."

691. A organização política deveria ser – segundo ele – "uma grande oficina de pensamento estratégico espalhado por todo o território [...]."[7]

692. Eu, particularmente, penso que o instrumento não só deve estimular um debate interno, mas que também deve impulsionar

---

[6] Rosa Luxemburgo, *La huelga política de masas y los sindicatos*, Discurso ante a Assembleia extraordinária de membros da União de Trabalhadores Metalúrgicos Alemães, Hagen, 1 out. 1910, *in* Luxemburg, R., *Obras Escogidas*, I, México, Era, 1978, p. 478. [Há edição brasileira: Greve de massas e sindicatos, *in:* Teoria da organização política, v. I, São Paulo: Expressão Popular, 2009].

[7] Farruco Sesto, *¡Que viva el debate!*, Editorial Pentagráfica, Caracas, 2009, p. 10-11.

a criação e participar ativamente em espaços de debate público – como os que já mencionamos anteriormente – sobre os temas de interesse mais geral, convocando todas as cidadãs e cidadãos que se interessem em participar.

693. Por isso, concordo novamente com Farruco que, como o partido não é algo isolado do povo, e precisa fazer "sua vida no povo", o lugar ideal para o debate é o "seio do movimento popular". E que "se uma das linhas estratégicas da revolução é transferir o poder ao povo, isso implica a transferência da capacidade não só de decisão, mas da elaboração dos fundamentos da decisão. [Porque] produzir as ideias e ter clareza dos caminhos é a mais importante das atividades no exercício do poder".[8]

c) *Superar a herança da fragmentação social e política*

694. Já me referi a este tema anteriormente. Necessitamos de uma instância política que entenda que não basta construir uma grande organização composta por centenas de milhares de militantes, é preciso ir mais adiante. É necessário criar espaços de encontro e promover a articulação das diferentes práticas emancipatórias existentes em diversos âmbitos da sociedade buscando reunir todos os atores em torno de objetivos comuns: partidos, movimentos e organizações sociais, indivíduos... Nossos instrumentos políticos devem ser instâncias que promovam a unidade do povo, capazes de entusiasmar milhões de homens e mulheres para lutarem por um objetivo comum.

---

[8] *Ibid*, p. 27-28. Neste mesmo sentido vai a seguinte afirmação de Alexandra Kollontai: "Temores à crítica e à liberdade de pensamento, combinado com o desvio burocrático, produz amiúde resultados nefastos. Não pode haver autoatividade sem liberdade de pensamento e de opinião, já que a autoatividade se manifesta não apenas em iniciativa, ação e trabalho, mas também em pensamento independente". Ver: *On bureaucracy & self-activity of the masses*. Este texto pode ser encontrado in: <www.marxists.org/archive/kollonta/1921/workers-opposition/ch03.htm>. 1921, Workers Opposition.

695. Em contrapartida, nossos instrumentos políticos – que devem apostar em construir uma direção coletiva – devem entender, no entanto, o papel positivo que as lideranças carismáticas podem desempenhar em uma etapa inicial do processo de transição nas sociedades extraordinariamente fragmentadas que eles herdam. Seu carisma pode contribuir enormemente para articular os distintos setores do povo. Mas para que sua liderança seja positiva, a longo prazo, nossos governantes teriam que entender que um bom líder é o que vai criando as condições para ser cada vez menos indispensável. Devem ir propiciando o crescimento do sujeito popular e a construção de uma direção cada vez mais coletiva.

696. Os elementos que apresentei até aqui podem nos fazer entender por que vários de nossos governantes buscaram estender seu mandato, sendo sua decisão muito atacada pela oposição que os acusa de tentar perpetuar-se no poder.

697. Nesse sentido, é interessante lembrar que o *New York Times*, jornal conservador estadunidense, tem defendido o tema da renovação do mandato. Em um editorial de 1 de outubro de 2008, criticava a limitação de mandatos porque apoiava a reeleição do prefeito de Nova Iorque. Um argumento usado pelo jornal foi que um mandato limitado conduz a propostas de projetos de pouco alcance, que podem ser conseguidos rapidamente, em vez de projetos com visão de futuro, que demandam muito mais tempo para serem realizados. Se um prefeito necessita de mais tempo, podemos imaginar quanto mais tempo necessitarão aqueles de nossos governos que pretendem transformar radicalmente o modelo da sociedade. Não devemos estranhar, portanto, que alguns dos seus governantes tenham decidido tomar medidas para prolongar seus mandatos.

d) Promover e facilitar a participação do povo como protagonista

698. Por último, e a tarefa mais importante, porque sem isso nunca conseguiremos construir o socialismo: é necessário um ins-

trumento político que estimule a participação do povo como protagonista nos mais diversos âmbitos políticos e sociais do país e se ponha a seu serviço, para que seja o próprio povo o construtor da nova sociedade. Não podemos repetir a experiência soviética que Kropotkin criticava, na qual o partido terminava por sufocar a iniciativa criadora das organizações populares.[9]

699. Só assim seremos consequentes com a tese de que a prática revolucionária é essencial para a emancipação dos trabalhadores e trabalhadoras, e do movimento popular em geral, e de que é através dela que se alcança o pleno desenvolvimento humano, a grande meta que buscamos.

700. Às tarefas anteriormente apontadas, penso que se deve agregar duas tarefas adicionais.

e) Detectar e recrutar novos quadros que fortaleçam e renovem o instrumento político

701. Em todo processo de construção do socialismo se apresenta o problema da escassez de quadros. Geralmente se conta com muito poucos quadros revolucionários preparados política e tecnicamente para colocar em prática eficientemente as múltiplas e complexas tarefas demandadas pela construção do socialismo. Por isso, todos nossos governos de esquerda têm tido que utilizar a *expertise* de muitos profissionais e técnicos que trabalharam para governos anteriores e não estão imbuídos de consciência revolucionária.

702. É imprescindível que esta situação mude se queremos realmente avançar na construção do socialismo. O instrumento político deveria preocupar-se muito especialmente em detectar os novos quadros que vão surgindo nos diferentes espaços de participação popular criados pela revolução.

---

[9] Ver parágrafos 249-250 deste livro.

703. E como medida transitória, talvez recorrer a quadros profissionais e técnicos comprometidos com o projeto revolucionário provenientes de outros países, cuja tarefa fundamental seria ir formando os novos quadros do país no próprio exercício do seu cargo.

704. Em contrapartida, se requer novos quadros providos dos novos valores para que revigorem e renovem o instrumento político.

f) Alertar a tempo sobre as debilidades e os erros que são cometidos

705. Por último, o instrumento político deveria detectar a tempo as debilidades e os erros que são cometidos e que têm uma base objetiva: as enormes limitações que nossos governos devem enfrentar. Entre elas, por exemplo: a) devem trabalhar com uma estrutura estatal herdada; b) se veem obrigados a recorrer a quadros profissionais e técnicos que não compartilham o projeto que se quer construir; c) necessitam se apoiar em um povo cuja cultura política está muito longe de ser a desejada; d) devem ir experimentando como ir avançando na transformação das relações de produção em sociedades onde em vez de reinar a abundância reina a escassez; e) se veem obrigados, muitas vezes, a trabalhar com partidos constituídos para lutar no terreno eleitoral, e infestados de oportunistas que querem aproveitar sua adesão ao partido para conseguir algum cargo ou sinecura; f) se veem impelidos a aceitar, transitoriamente, que altos dirigentes do partido sejam, ao mesmo tempo, altos dirigentes do Estado, pela escassez de cargos com que se conta; h) devem enfrentar o constante perigo de burocratização, mesmo dos quadros mais revolucionários, que nem sempre conseguem sobreviver ao efeito triturador do aparelho de Estado herdado; não poucos deles começam a abandonar a lógica revolucionária e a trabalhar com a lógica administrativa, ou a corromper-se.

706. Dificilmente, em um processo dessas características, podem se evitar desvios ou erros. Daí a necessidade de que se conte com um instrumento político que cumpra o papel de consciência

crítica do processo: que alerte a tempo para que sejam corrigidos estes erros e desvios e que, por sua vez, seja muito autocrítico.

Características da militância que necessitamos atualmente

707. Para que os militantes revolucionários possam contribuir para a construção do socialismo – que tem como meta o pleno desenvolvimento humano através da prática –, nossa principal tarefa deve ser promover e facilitar a participação do povo como protagonista.

708. Mas para isso devemos começar por mudar nossa forma de conceber a política. Não podemos reduzir a política – como dissemos anteriormente – à luta por ganhar postos nas instituições do Estado, nem a pretender dirigir tudo de cima para baixo porque acreditamos que somos donos da verdade.

709. Vejamos a seguir os traços mais importantes que os militantes da nova organização política devem possuir.

a) Que com sua forma de viver e trabalhar
politicamente prefigurem a nova sociedade

710. Dissemos anteriormente que uma das dificuldades que enfrentamos na construção do socialismo é a herança cultural de nossos povos, do tipo de consciência herdada. Temos que começar a construir o socialismo sem ter ainda um povo que tenha assumido como seus os valores socialistas. Mas, em contrapartida, não podemos construir o socialismo sem homens e mulheres socialistas. Como resolver esta contradição? O que ocorre é que existem pessoas que – através do seu compromisso com lutas anteriores – conseguiram transformar sua consciência e começar a praticar os valores socialistas. Esses devem ser os militantes que construirão o novo instrumento político.

711. Os militantes devem cuidar que a própria prática não esteja em contradição com os valores da nova sociedade que se quer construir.

712. Em um mundo em que reina a corrupção e existe um crescente descrédito nos partidos políticos e, em geral, na política, é fundamental que apresentemos um perfil ético claramente diferente, que sejamos capazes de encarnar em nossa vida cotidiana os valores que dizemos defender. Devemos ser democráticos, solidários, dispostos a cooperar com os demais, a praticar o companheirismo, a honestidade a toda prova, a sobriedade. Devemos projetar vitalidade e alegria de viver.

713. Nossa prática deve ser coerente com nosso discurso político.

714. "As pessoas rejeitam essas igrejas que prometem democracia sem discriminações para todas as classes sociais e que negam a seus próprios fiéis a mais elementar liberdade de expressão quando não aceitam cegamente suas palavras de ordem [...], estados-maiores que negociam e pactuam por sua conta o bem-estar de todos; [...] máquinas gigantes que confiscam a iniciativa, a ação e a palavra do indivíduo [...]".[10]

715. E como o objetivo da revolução social "não é somente lutar para sobreviver, mas transformar a forma de viver", como diz Orlando Núñez,[11] é necessário que incursionemos no mundo da moral e do amor buscando "a transformação direta e cotidiana de [nosso] modo de viver e sentir [...]".[12]

716. Se lutamos pela libertação social da mulher, devemos começar desde já por transformar as relações homem-mulher dentro da família, superar a divisão do trabalho no lar, a cultura machista; se consideramos que "a argila fundamental de nossa obra é a

---

[10] Octavio Alberola, "Ética y revolución", *in*: revista *El Viejo Topo n.19*, Madrid, abril de 1978, p. 35. Esta citação e a que segue neste ponto provém de meu livro *Reconstruyendo la izquierda*, op. cit., parágrafos 412 a 418.

[11] Orlando Núñez, *La insurrección de la conciencia*, Ed. Escuela de Sociología de la Universidad Centroamericana, Manágua, Nicarágua, 1988, p. 29.

[12] *Ibid.* p. 60.

juventude",[13] devemos educá-la para que pense por si mesma, adote posições próprias e seja capaz de defendê-las com base no que sente e pensa; se lutamos contra a discriminação racial devemos ser coerentes com isso em nossa própria vida.

b) Não sectários, dispostos a dialogar e articular

717. Devemos entender que para triunfar necessitamos do apoio da imensa maioria do povo e, por isso, os militantes devem propiciar espaços de encontro e articular todas as forças revolucionárias.

718. Todo sectarismo, toda atitude de prepotência contribuirá, apenas, para debilitar o processo para o socialismo. Não podemos impor nossas ideias e nossos candidatos porque somos a organização política majoritária, mesmo que essa maioria seja notória. Uma pequena organização revolucionária pode contar proporcionalmente com uma maior quantidade de quadros preparados para assumir as tarefas de governo do que o próprio partido majoritário. O que deve contar aqui é a qualidade e não a quantidade e, certamente, a fidelidade ao programa de governo. Devemos evitar reproduzir a nefasta prática da Unidade Popular chilena em que todos os cargos eram repartidos por cotas. Cada partido tinha uma cota e praticava sua própria política.

719. Devemos aprender com os novos atores sociais do século XXI. Estes são particularmente sensíveis ao tema da democracia. Suas lutas geralmente têm tido como ponto de partida a luta contra a opressão e a discriminação. Daí que se recusem a ser manipulados e exijam que seja respeitada a sua autonomia e que possam participar democraticamente na tomada de decisões. Em suas organizações propiciam o consenso e, se não for possível, consideram que

---

[13] Ernesto Guevara, *El socialismo y el hombre en Cuba, op. cit.*, p. 169. [Há edição brasileira: O socialismo e o homem em Cuba, *in*: Eder Sader (org.) *Che Guevara – política*. São Paulo: Expressão Popular, 2011].

as decisões devem ser adotadas por uma maioria muito ampla. O Movimento dos Trabalhadores Rurais Sem Terra (MST) do Brasil, por exemplo, evita usar as maiorias estreitas para impor sua vontade àqueles que ficaram em minoria. Consideram que se a grande massa não está convencida, não faz sentido impor uma medida adotada por uma maioria estreita. É preferível esperar que as pessoas amadureçam e cheguem a se convencer por si mesmas do acerto dessa medida. Isso evita as nefastas divisões internas que costumam perturbar os movimentos e partidos de esquerda e evita que sejam cometidos erros de grande envergadura.[14]

720. Por outro lado, devemos respeitar as posições minoritárias sempre que estejam dispostas a se encaixar dentro do jogo democrático, recordando que historicamente há minorias que têm tido razão porque sua análise da realidade estava mais próxima dos fatos e porque foram capazes de descobrir as verdadeiras motivações de determinados setores sociais.[15]

c) Disciplinados

721. Penso que outra característica que os nossos militantes devem ter é a disciplina. O MST considera que a disciplina interna é apenas o respeito às decisões coletivas. Esta disciplina deve se manifestar tanto nas grandes decisões como nas pequenas questões, como por exemplo, o cumprimento dos horários.[16]

722. "Se não houver um mínimo de disciplina que faça com que as pessoas respeitem as decisões das instâncias não se constrói uma organização. É uma das regras da democracia. Não é nem militarismo nem autoritarismo [nos diz João Pedro Stedile]. Muito ao

---

[14] Marta Harnecker, *Sin Tierra: Construyendo movimiento social*, op. cit., parágrafo 902.
[15] Ver Marta Harnecker, *Reconstruyendo la izquierda*, op. cit., parágrafos 449-458.
[16] MST, *Normas gerais*. Citado in Marta Harnecker, *Sin Tierra: Construyendo movimiento social*, op. cit. Parágrafo 899.

contrário". Não há democracia sem normas ou regras que orientem o comportamento do coletivo. "A disciplina consiste em aceitar as regras do jogo. Temos aprendido [isto] até do futebol e da Igreja Católica, que é uma das organizações mais antigas do mundo. [...] Se alguém está na organização por sua livre vontade, tem que ajudar a construir as regras e a respeitá-las, tem que ter disciplina, tem que respeitar o coletivo. Do contrário, a organização não cresce".[17]

d) Respeitar a organização autônoma do povo

723. "Devemos expressar um grande respeito pela organização autônoma do povo. Devemos contribuir para esse desenvolvimento autônomo, abandonando toda tentativa de manipulação. Devemos partir da base de que os quadros políticos não são os únicos que têm ideias e propostas e que, pelo contrário, o movimento popular tem muito o que oferecer, porque em sua prática cotidiana de luta vai aprendendo, descobrindo caminhos, encontrando respostas, inventando métodos que podem ser muito enriquecedores."[18]

e) Não quadros com a mentalidade de ordenar
e mandar, mas pedagogos populares

724. Os militantes e especialmente os dirigentes do novo instrumento político não podem ter uma mentalidade de ordeno e mando. Devemos ser fundamentalmente pedagogos populares, capazes de potencializar toda a sabedoria que existe no povo – tanto a que provém de suas tradições culturais e de luta como a que adquire no seu labor cotidiano pela subsistência – através da fusão dessa sabedoria popular com os conhecimentos mais globais que a organização

---

[17] J. P. Stédile e B. Mançano Fernandes, *Brava gente, la trayectoria del MST y de la lucha por la tierra en Brasil*, Ediciones Barbarroja, Argentina, 2000, 16; Edição brasileira, Editora Fundação Perseu Abramo/Expressão Popular, 2012, p. 16. Citado por Marta Harnecker, *Ibid.*, parágrafo 900.

[18] *Ibid.*, parágrafo 354, p. 114.

política pode contribuir.[19] Por isso é tão sábio o lema: "mandar obedecendo".

Burocratismo: principal flagelo a combater tanto fora como dentro do instrumento político

725. Um dos desvios que causou mais danos nas experiências históricas do socialismo soviético foi o do burocratismo. E por que dizemos isso? Porque destrói a energia e a criatividade das pessoas, do povo, do verdadeiro construtor da nova sociedade e impede, portanto, que se consiga a meta do socialismo do século XXI: que os homens e as mulheres se desenvolvam plenamente através da própria prática revolucionária.

726. Por suas nefastas consequências, gostaríamos de tratar melhor esse assunto.

a) A raiz do burocratismo

727. Anteriormente – quando abordamos o tema da descentralização – dissemos que a existência de burocratismo no Estado soviético não podia ser atribuído apenas à herança do passado tsarista, mas principalmente ao excesso de centralização existente em tal Estado. Porém, embora a centralização excessiva conduza inevitavelmente ao burocratismo, esse fenômeno pode aparecer também em instituições estatais, partidárias e em outros tipos de instituições públicas ou privadas.

728. Em contrapartida, se se tratasse de papeladas e reuniões das pessoas, bastaria melhorar a gestão para eliminá-los, e isso não ocorre.

729. Onde estaria então a raiz desse flagelo? Este fenômeno está relacionado com uma questão de fundo: a forma como é concebida e implementada a gestão de uma instituição. Ou são os funcionários

---

[19] *Ibid.*, parágrafo 364, p. 117.

ou quadros de alto nível aqueles que tomam as decisões – porque eles acreditam que são os únicos que têm a *expertise* para fazê-lo –, ou se confia na militância e no povo organizado, em sua energia e criatividade.

b) Funcionários ou quadros que rejeitam a iniciativa das pessoas

730. Muito se falava na União Soviética que só se poderia ir para frente nesse país devastado pela guerra imperialista e pela guerra civil se os trabalhadores e camponeses em massa se comprometessem a trabalhar pela reconstrução do país. Mas quando eles levaram a sério tais orientações e tratavam de aplicá-las na vida real, tomando diversas iniciativas (organizar, por exemplo, um restaurante popular ou uma creche infantil para acrescentar mão de obra feminina), eram rejeitadas pelas autoridades centrais tanto do partido como do governo com diferentes pretextos, mas a razão de fundo era que esses funcionários não suportavam que as pessoas tivessem tido iniciativas não controladas por eles.

c) Negação direta da atividade autônoma das pessoas

731. O burocratismo é a negação direta da atividade autônoma das pessoas. Qualquer iniciativa independente, qualquer pensamento novo é considerado uma heresia, uma violação da disciplina do partido. O centro deve decidir e supervisionar todas e cada uma das coisas que se faça. Nada pode ser realizado sem a permissão do centro.

732. Alexandra Kollontai, a militante feminista russa e dirigente da Oposição Operária,[20] coloca um exemplo muito ilustrativo: "Que aconteceria, por exemplo, se alguns dos membros do

---

[20] A Oposição Operária foi uma corrente dentro do partido bolchevique que defendeu a participação dos trabalhadores dentro dos centros de trabalho e era considerada por Lenin como uma corrente anarcossindicalista.

Partido Comunista Russo – aqueles que fossem aficcionados por pássaros – decidissem constituir uma associação para preservar os pássaros? A ideia parece útil. Em nenhum caso prejudica nenhum projeto estatal. Porém só parece que é assim. De repente poderia aparecer uma instituição burocrática que poderia reclamar o direito de lidar com essa iniciativa particular. Esta instituição particular 'incorporaria imediatamente' esta associação dentro da máquina soviética, portanto, matando a iniciativa direta e, em lugar da iniciativa direta, apareceria um monte de decretos e regulamentações que dariam suficiente trabalho a centenas de outros funcionários [...]".[21]

d) Uma terceira pessoa decide por outra

733. O burocratismo pretende resolver os problemas com decisões formais tomadas por uma pessoa ou um pequeno grupo, seja no partido ou em alguma instituição do Estado, mas os verdadeiros interessados jamais são consultados. Desta maneira, não só restringe a iniciativa dos membros do partido, mas também das massas sem partido. A essência do burocratismo é que uma terceira pessoa é quem decide pelo outro.

Necessidade de promover uma crítica pública para salvar o partido

a) O partido não está imune ao lodo cultural herdado

734. Como afirmamos anteriormente, é necessário um longo processo de transformação cultural para sair do lodo da cultura herdada. Segundo Marx, esta transformação é conseguida apenas através de décadas de guerras civis e lutas populares. E a história tem lhe dado razão. Não só é difícil que as pessoas comuns mudem,

---

[21] Alexandra Kollontai, *op. cit.*

isto também ocorre entre aqueles que militam na própria instância política.

735. Mesmo os partidos mais experientes na luta revolucionária, aqueles que estiveram na liderança de guerras de libertação nacional durante muitos anos, como o Partido Comunista Chinês e o Partido Comunista Vietnamita, sofreram com o flagelo do burocratismo e da corrupção. Apesar dos enormes sacrifícios que viveram durante os anos de luta para libertar seus povos, vários de seus dirigentes deixaram de ser servidores do povo, se distanciaram dele, se acomodaram, se tornaram arrogantes, tratam prepotente e autoritariamente as pessoas, gozam de privilégios e têm caído em atos de corrupção.

b) Por que ocorrem essas situações

736. Mas por que ocorrem essas situações? É preciso lembrar que as revoluções carregam sobre seus ombros uma cultura política herdada em que sempre aqueles que ocuparam cargos públicos gozaram de considerações especiais e privilégios.

737. Além disso, se seu futuro político não depende das pessoas a quem deve servir, e sim de seus superiores, é natural que os funcionários estejam mais inclinados a satisfazer as demandas desses do que a responder às necessidades e aspirações das pessoas. Costuma ocorrer que desejosos de agradar a seus superiores ou de conseguir mais estímulos monetários, falsificam dados ou conseguem os resultados pedidos à custa da qualidade das obras. Tem sido algo comum nos países socialistas a tendência a inflar os dados sobre a produção. Mas isto não só é negativo do ponto de vista moral, é muito negativo também do ponto de vista político, porque ao falsificar os dados se desinforma sobre a situação realmente existente e isso impede que o partido ou o governo adotem a tempo as medidas corretivas necessárias.

738. Agrega-se a isso que aqueles que adulam seus superiores costumam ser promovidos a cargos de maior responsabilidade, en-

quanto aqueles que os criticam, adotando uma postura independente, são marginalizados apesar de sua competência.

739. Em contrapartida, como não é estimulado o controle popular sobre o comportamento dos quadros, o desvio de recursos públicos para objetivos pessoais passa a ser algo muito tentador.

c) Como combater esses erros e desvios

740. Como combater esses erros e desvios? É possível confiar que o próprio partido resolva internamente seus problemas criando, por exemplo, uma comissão de ética destinada a enfrentar essa situação? Parece que esta não é a solução.

741. A história tem demonstrado – especialmente nos regimes de partido único ou de um partido claramente hegemônico que dá sustentação ao governo e que muitas vezes se confunde com ele – que é necessário que esse partido seja controlado de baixo para cima, seja submetido à crítica pública. Esse parece ser o único caminho para evitar que seus quadros se burocratizem, se corrompam e comecem a se sentir donos do destino das pessoas e a colocar freios ao protagonismo popular.

742. Para explicar a necessidade da crítica e da autocrítica Mao Zedong usa a imagem de uma casa que deve ser limpa regularmente para que não acumule pó. A esse respeito, disse textualmente: "a única forma eficaz de evitar que o pó e os micróbios políticos infectem a mente dos camaradas do partido e o corpo do partido", entre outras coisas é "não temer a crítica e a autocrítica", dizer tudo o que se saiba e dizê-lo "sem reservas", não culpar aquele que fala, mas "tomar suas palavras como uma advertência", corrigir "teus erros se os cometeu e se prevenir deles se não cometeu nenhum".[22]

---

[22] Mao Zedong, *Sobre el gobierno de coalición*, 24 de abril de 1945, *Obras Escogidas,* tomo III, Edições em línguas estrangeiras, Pequim, 1968, p. 275-276.

d) Criticar funcionários para salvar o partido

743. Há autores que, frente aos erros e desvios cometidos por quadros do partido, tratam de nos convencer de que todo o partido ou, como eu prefiro chamar, todo instrumento político é ruim. Creio haver argumentado anteriormente suficientemente que, na construção do socialismo, não podemos prescindir de instrumento político. Portanto, não se trata de pretender prescindir de um instrumento político, mas de buscar corretivos a esses possíveis desvios.

744. Por isso, da mesma forma que Lenin pensou que para salvar o Estado soviético havia que aceitar a existência de movimentos grevistas destinados a lutar contra seus desvios burocráticos, nós podemos pensar hoje que, para salvar nossos governos e nossos instrumentos políticos – que são muito mais do que a soma de seus dirigentes –, devemos permitir ao povo organizado questionar publicamente os erros e desvios que alguns dos seus quadros possam cometer.

745. E existe um argumento de fundo para isso. Devemos lembrar que a instância política é o instrumento criado para conseguir a meta socialista do pleno desenvolvimento de todas as pessoas e que, portanto, o fundamental é a pessoa, o povo, e não o partido. Eles têm direito a vigiar que o instrumento que os ajudará a se desenvolver cumpra seu papel, que seus quadros sejam realmente facilitadores do protagonismo popular, que não pretendam asfixiar a iniciativa das pessoas, desrespeitá-las e, muito menos, usar seus cargos para obter privilégios ou recursos injustificados.

746. Se somos realistas, não podemos pensar que os próprios dirigentes do partido se façam um haraquiri. A tendência é que esses busquem se autoproteger das críticas de seus subordinados e do povo em geral. Por isso, é fundamental que sejam as pessoas que supervisionem a gestão dos dirigentes do governo e do partido. E para isso deve-se permitir que os erros desses dirigentes possam ser criticados publicamente sem serem qualificados como "antipartido". O instrumento político tem que entender que se desfazer desses

funcionários prepotentes e corruptos que o desprestigia não faz mais do que fortalecer o partido.

747. É importante que o descontentamento das pessoas frente aos erros ou desvios cometidos pelos dirigentes não seja sofrido de forma passiva, porque esse mal-estar vai se acumulando internamente e em um determinado momento poderia explodir. Em contrapartida, ao se estabelecer canais de expressão desse mal-estar, poderiam corrigir a tempo os defeitos detectados.

e) A crítica pública não enfraquece a revolução, fortalece-a

748. Um argumento que costuma ser usado para condenar a crítica pública é que ela é usada pelos inimigos para enfraquecer o partido e o processo de mudança, daí que alguns acusem essas críticas de atitudes antipartido ou contrarrevolucionárias.

749. Nesse sentido, são importantes as reflexões que Fidel Castro fez sobre a crítica e autocrítica em finais de 2005, depois de meio século de revolução, em uma entrevista que deu a Ignacio Ramonet, diretor do *Le Monde Diplomatique*. Dias antes, em 17 de novembro, o líder máximo da revolução cubana afirmara que havia que se realizar "uma guerra sem quartel" contra alguns males que existiam no país, como a pequena corrupção, o roubo ao Estado e o enriquecimento ilícito, e informou a Ramonet que estão "convidando a todo povo para que coopere nesta batalha, a batalha contra todas as deficiências, entre elas os pequenos roubos e os grandes desperdícios de qualquer tipo, em qualquer lugar [...]". E quando o jornalista francês lhe perguntou a razão pela qual "o método habitual do recurso à crítica e a autocrítica" não funcionou, Fidel respondeu:

750. "Nós confiávamos na crítica e na autocrítica, sim. Mas isso quase se fossilizou. Esse método, tal como estava sendo utilizado, praticamente já não servia. Porque as críticas costumam ser no seio de um grupinho; nunca se recorre à crítica mais ampla, a crítica em um teatro, por exemplo. Com centenas ou milhares de pessoas. [...]"

751. "Deve-se ir à crítica e a autocrítica na aula, no núcleo e depois fora do núcleo. No município e no país [...]. Devemos utilizar essa vergonha que os homens, sem dúvida, têm. [...]"[23]

752. Mais adiante, depois de haver reconhecido vários erros cometidos pela revolução, estimulado por outra pergunta de seu entrevistador, afirmou: "Não tenho medo de assumir as responsabilidades que tenha que assumir. Não podemos andar com suscetibilidades. Que me ataquem, que me critiquem. Sim, muitos devem estar um pouco magoados... Devemos nos atrever, devemos ter a coragem de dizer as verdades".

753. Mas, o que me pareceu mais surpreendente e interessante foi o que acrescentou: "Não importa o que digam os bandidos de fora e os telegramas que venham amanhã ou depois de amanhã comentando com ironia. Os que riem por último, riem melhor. E isto não é falar mal da Revolução. Isto é falar muito bem da Revolução, porque estamos falando de uma revolução que pode abordar estes problemas e pode agarrar o touro pelos chifres, melhor que um toureiro de Madri. Nós devemos ter a coragem de reconhecer nossos próprios erros precisamente por isso, porque somente assim se alcança o objetivo que se pretende alcançar".[24]

754. Resumindo, a crítica pública pode servir ao inimigo para atacar o partido e a revolução, mas serve aos revolucionários para corrigir a tempo os erros e, desse modo, fortalecer o partido e a revolução.

f) Quando a crítica pública não seria necessária?

755. Se o instrumento político contasse com um excelente sistema de informações que lhe permitisse detectar rapidamente quais de

---

[23] Ignacio Ramonet, *Cien horas con Fidel*, Oficina de Publicações do Conselho de Estado, La Habana, 2006. p. 677. [Há edição brasileira: *Fidel Castro*: biografia a duas vozes. São Paulo: Boitempo, 2006].
[24] *Ibid.* p. 682-683.

seus quadros caíram em erros ou desvios; e se, além disso, tomasse de imediato medidas contra esses quadros, não haveria nenhuma necessidade de realizar uma crítica pública. Também não haveria necessidade de fazê-lo se esta informação lhe fosse fornecida de fora do partido ou de sua própria base e tivesse tempo para processá-la e adotar as sanções correspondentes.

756. Mas se estas condições não existem, e os erros e desvios que são cometidos diariamente estão à vista de todos, incluindo a oposição, minha opinião é que não resta outro caminho que denunciá-los publicamente para apelar, como diz Fidel, ao menos à vergonha dessas pessoas que, com sua atitude, estão destruindo o instrumento político.

757. Por acaso não é mais conveniente pedir ao povo, às pessoas que vivem próximas desses defeitos dos quadros, que vigie seu comportamento e denuncie os erros e desvios em que caem, pela dor e com espírito construtivo, a deixar que seja feito por nossos inimigos motivados pela raiva e pelo desejo de aniquilamento de nosso projeto revolucionário?

g) Como evitar uma crítica anárquica?

758. Mas insistir na necessidade da crítica pública não significa avalizar toda crítica pública. Deve-se evitar a crítica anárquica, destrutiva, pouco fundamentada. A crítica deve estar impregnada pelo desejo de resolver problemas, e não de aumentá-los.

759. Para isso é necessário: a) que as críticas e denúncias que se façam estejam bem fundamentadas; b) que existam fortes penalidades para aqueles que façam críticas ou denúncias infundadas; c) que toda crítica seja acompanhada de proposta de solução; d) que em uma primeira instância se procure fazê-las chegar primeiro ao partido e se, em um prazo curto, não houver resposta, então deve-se torna-las públicas.

760. O ideal é que o partido se adiante criando espaço aberto para que todas as pessoas interessadas possam se pronunciar sobre como estão funcionando os quadros do partido e do Estado em uma determinada localidade.

CONCLUSÃO

761. Com essas reflexões acerca do instrumento político necessário para construir o socialismo do século XXI queremos terminar por ora nossas reflexões acerca de como imaginamos esse horizonte para o qual um crescente número de governos da América Latina está encaminhando seus passos.

762. Mas para que esta tarefa possa ser levada com êxito é necessária uma nova cultura de esquerda: uma cultura pluralista e tolerante, que ponha acima o que une e deixe em segundo plano o que divide; que promova a unidade em torno de valores como: a solidariedade, o humanismo, o respeito às diferenças, a defesa da natureza, rejeitando o afã de lucro e as leis do mercado como princípios orientadores da atividade humana.

763. Uma esquerda que começa a se dar conta de que a radicalidade não está em levantar as bandeiras mais radicais nem em realizar as ações mais radicais – que só são seguidas por uns poucos porque assustam a maioria –, mas na capacidade de criar espaços de encontro e de luta para amplos setores; porque constatar que somos muitos os que estamos na mesma luta é o que nos torna fortes, é o que nos radicaliza.

764. Uma esquerda que entende que é necessário ganhar hegemonia, ou seja, que deve convencer em vez de impor.

765. Uma esquerda que entende que mais importante do que o que fizemos no passado é o que faremos juntos no futuro para conquistar nossa soberania e construir uma sociedade que permita o pleno desenvolvimento do ser humano: a sociedade socialista do século XXI.

POSFÁCIO

"PARA CONSTRUIR UMA SOCIEDADE SOCIALISTA SE REQUER UMA NOVA CULTURA DE ESQUERDA"

Discurso de Marta Harnecker ao receber o prêmio Libertador Simón Bolívar ao Pensamento Crítico
Caracas, 15 de agosto de 2014

1. Este livro que é premiado hoje (Libertador Simón Bolívar: Prêmio ao pensamento crítico 2013 – Venezuela pelo livro *Um mundo a construir* – novos caminhos) terminou de ser escrito um mês após o desaparecimento físico do presidente Hugo Chávez Frías e não poderia ter sido escrito sem sua intervenção na história da América Latina. Muitas das ideias aqui apresentadas estão relacionadas, de uma forma ou de outra, ao dirigente bolivariano, seja a seu pensamento, seja a suas ações em âmbito interno, ou em âmbito regional e globalmente. Ninguém pode duvidar que há um abismo entre a América Latina que recebeu e a América Latina que ele deixou.

2. Por isso, dedico a ele esse livro, com as seguintes palavras:
Ao comandante Chávez, cujas palavras, orientações e entrega exemplar à causa dos pobres servirão como uma bússola para o seu povo e para todos os povos do mundo, e serão nosso melhor escudo para nos defendermos daqueles que pretendam destruir essa maravilhosa obra que ele começou a construir.

3. Quando Chávez triunfou solitário nas eleições presidenciais de 1998, o modelo capitalista neoliberal já começava a fazer água. O dilema não era outro senão refundar esse modelo – evidentemente com mudanças, entre elas uma maior preocupação com o social, mas movido pela mesma lógica; a lógica do lucro, a busca do lucro – ou avançar na construção de outro modelo. Chávez teve a audácia de incursionar por este último caminho e, para denominá-lo, decidiu usar a palavra socialismo, apesar da carga negativa que tinha. Especificou que se tratava do socialismo do século XXI, diferenciando-o do socialismo soviético implementado no século XX. Não se trata de "cair nos erros do passado": nesse "desvio stalinista" que burocratizou o partido e acabou eliminando o protagonismo popular.

4. A necessidade do protagonismo popular era uma de suas obsessões e é o elemento que o distancia de outras propostas de socialismo nas quais é o Estado que resolve os problemas e as pessoas recebem os benefícios como presente.

5. Chávez estava convencido de que o socialismo não pode ser decretado de cima para baixo, que deve ser construído com o povo. E entendi, além disso, que é através da participação como protagonista que as pessoas crescem, ganham autoconfiança, ou seja, elas se desenvolvem humanamente.

6. Lembro-me sempre do primeiro programa "Alô Presidente" de caráter mais teórico, em 11 de junho de 2009, quando Chávez citou extensamente a carta que Piotr Kropotkin – o anarquista russo – escreveu a Lenin em 4 de março de 1920: "Sem a participação das forças locais, sem uma organização das forças de baixo, dos camponeses e dos trabalhadores, realizada por eles mesmos, é impossível construir uma nova vida. Parecia que os sovietes serviram precisamente para cumprir esta função de criar uma organização a partindo da base. Mas a Rússia tornou-se uma república soviética apenas no nome. [...] a influência do partido sobre as pessoas

[...] já destruiu a influência da energia construtiva que os sovietes possuíam, essa instituição promissora".[1]

7. É por isso que, muito cedo, eu acreditei que era necessário distinguir entre o projeto e o modelo socialista. Entendia por projeto as ideias originais de Marx e Engels e, por modelo, a forma como este projeto havia se materializado na história. Se analisarmos o socialismo soviético, vemos que nos países que implantaram esse modelo de socialismo – que recentemente foi nomeado por Michael Lebowitz como "o socialismo dos condutores e dos conduzidos", baseado no modo de produção vanguardista –, o povo deixou de ser o protagonista, os organismos de participação popular foram se transformando em entidades puramente formais, o partido tornou--se a autoridade absoluta, o único depositário da verdade, quem controlava todas as atividades econômicas, políticas, culturais, ou seja, o que deveria ter sido uma democracia popular se transformou em uma ditadura do partido. Esse modelo de socialismo que foi chamado por muitos de "socialismo real" é um modelo fundamentalmente estatista, centralista e burocrático, onde o grande ausente era o protagonismo popular.

8. Lembram-se que quando esse socialismo entrou em colapso e se falava da morte do socialismo e da morte do marxismo? Então, Eduardo Galeano, o escritor uruguaio que todos vocês conhecem, dizia que haviam nos convidado para um funeral que não era nosso. O socialismo que havia morrido não era o projeto socialista pelo qual lutávamos. O que aconteceu na prática tinha muito pouco a ver com o que Marx e Engels conceberam como a sociedade que

---

[1] A citação continua: "No momento atual, são os comitês do 'Partido', e não os sovietes, que têm a direção na Rússia, e sua organização sofre os efeitos de toda organização burocrática. Para sair desta desordem mantida, a Rússia deve retomar todo o gênio criativo das forças locais de cada comunidade"[a citação continua, mas eu me detenho aqui MH].

substituiria o capitalismo. Para eles, o socialismo era impensável sem um grande protagonismo popular.

9. Mas essas ideias originais de Marx e Engels não apenas foram desvirtuadas pela prática soviética e pela literatura marxista difundida por esse país nos âmbitos da esquerda; foram também ofuscadas ou simplesmente ignoradas nos países fora da órbita soviética, devido à rejeição produzida por esse modelo associado ao nome de socialismo.

10. Quase não se sabe que, segundo Marx e Engels, a futura sociedade que eles chamavam de comunista permitiria o pleno desenvolvimento de todas as potencialidades do ser humano, desenvolvimento que seria conseguido através da prática revolucionária. A pessoa não se desenvolve por arte de magia, se desenvolve porque luta, porque transforma (transformando as circunstâncias, a pessoa transforma a si mesma).

11. Por isso que Marx aceitava como algo natural que os trabalhadores com os quais se iniciaria a construção da nova sociedade não fossem seres puros, mas pesava sobre eles o "esterco do passado", e por isso é que não os condenava, mas confiava que eles iriam se libertando dessa herança negativa através da luta revolucionária. Ele acredita na transformação das pessoas através da luta, da prática.

12. E Chávez – provavelmente sem ter lido essas palavras de Marx – também entendeu assim. Em seu primeiro "Alô Teórico" de 11 de junho de 2009 alertou às comunidades sobre a necessidade de se ter cuidado com o sectarismo. E orientou: "[...] se há gente, por exemplo, pessoas que não participam em política, que não pertencem a partido algum, tudo bem, não importa, bem-vindas. Digo mais, se vive por aí alguém da oposição, chamem-no. Que venha a trabalhar, que venha a demonstrar, a ser útil, que a pátria, tudo bem, é de todos. Deve-se abrir espaços para eles e vocês verão que com a práxis muita gente vai se transformando. É a práxis que transforma as pessoas, a teoria é a teoria, mas a teoria não se prende na alma,

nos ossos, nos nervos, no espírito do ser humano e na realidade nada se transformaria. Não vamos nos transformar lendo livros. Os livros são fundamentais, a teoria é fundamental, mas precisa ser levada na prática porque a práxis é a que transforma verdadeiramente o ser humano."

13. Em contrapartida, não tem nada a ver com o marxismo a prática "coletivista" do socialismo real que suprimia as diferenças individuais em nome do coletivo. Basta lembrar que Marx criticava o direito burguês por pretender igualar artificialmente as pessoas em vez de reconhecer suas diferenças. Ao pretender ser igual para todos, termina sendo um direito desigual. Se dois trabalhadores recolhem sacos de batata e um recolhe o dobro do outro, deve se pagar ao primeiro o dobro do segundo? O direito burguês diz que sim, sem levar em conta que o trabalhador que recolheu a metade estava doente naquele dia, ou nunca foi um trabalhador forte porque em sua infância foi mal alimentado e que, portanto, talvez com o mesmo esforço do primeiro pôde render apenas a metade.

14. Marx, pelo contrário, afirmava que uma distribuição verdadeiramente justa deveria levar em conta as necessidades diferenciadas de cada pessoa, e daí sua máxima: "De cada um segundo sua capacidade, a cada um segundo suas necessidades".

15. Outra ideia de Marx muito tergiversada tanto pela burguesia como pela prática soviética foi sua defesa da propriedade comum ou coletiva.

16. Que costumam dizer os ideólogos da burguesia? Os comunistas (ou socialistas) vão te expropriar tudo, teu refrigerador, teu carro, tua casa etc.

17. Quanta ignorância! Marx nem nenhum socialista ou comunista pensou jamais em expropriar os bens de uso das pessoas. O que Marx postulava era a ideia de devolver à sociedade o que lhe pertencia e que tenha sido apropriado injustamente por uma elite, ou seja, os meios de produção.

18. O que a burguesia não entende ou não quer entender é que só há duas fontes da riqueza: a natureza e o trabalho humano, e que sem o trabalho humano a potencial riqueza contida na natureza nunca poderia ser transformada em riqueza real.

19. Marx destacava que não existe apenas o trabalho humano atual, mas que também existe o trabalho passado, ou seja, o trabalho incorporado nos instrumentos de trabalho.

20. As ferramentas, as máquinas, as melhorias feitas na terra e, claro, as descobertas intelectuais e científicas que aumentam substancialmente a produtividade social, frutos todos do trabalho humano, são uma herança que se transmite de geração em geração, são uma herança social, são uma riqueza do povo.

21. Mas a burguesia, graças a todo um processo de mistificação do capital – que aqui não podemos explicar por questões de tempo – tem nos convencido de que os donos dessa riqueza são os capitalistas, que por esforço, criatividade e capacidade para os negócios, e por serem os donos das empresas têm direito a se apropriar do que elas produzem.

22. Apenas a sociedade socialista reconhece essa herança como social, e por isso considera que deve ser devolvida à sociedade e que deve ser usada pela sociedade e em interesse da sociedade em seu conjunto e não para servir a interesses privados.

23. Esses bens, nos quais está incorporado o trabalho de gerações, não podem pertencer a pessoas específicas, nem a países específicos, mas sim à humanidade como um todo.

24. A questão é como garantir que isso ocorra? A única forma de fazê-lo é desprivatizando esses meios e os transformando em propriedade social. Mas como a humanidade de começos do século XXI não é ainda uma humanidade sem fronteiras, esta ação deve começar em cada país e o primeiro passo é que os meios de produção estratégicos passem à propriedade de um Estado que expresse os interesses das e dos trabalhadores.

25. Mas a simples transferência para as mãos do Estado dos principais meios de produção é apenas uma simples mudança jurídica de proprietário, já que se nas empresas agora em mãos do Estado a mudança se limita a isso, continua a sujeição dos trabalhadores a uma força externa. A administração capitalista é substituída por uma nova administração, agora socialista, mas não modifica a situação alienada de trabalhadores no processo de produção. Trata-se de uma propriedade formalmente coletiva, porque o Estado representa a sociedade, mas a apropriação real ainda não é coletiva.

26. É por isso que Engels afirma que "a propriedade do Estado não é a solução [embora] abriga já em seu seio o meio formal, a alavanca para chegar à solução".

27. Em contrapartida, Marx afirmava que era necessário acabar com a separação entre o trabalho intelectual e o trabalho manual que transforma o trabalhador em uma peça a mais da engrenagem; que as empresas devem ser geridas por seus trabalhadores e trabalhadoras. E assim, Chávez, seguindo suas ideias, defendeu com tanta ênfase que o socialismo do século XXI não podia se limitar a ser um capitalismo de Estado que mantivesse intocados processos de trabalho que alienam o trabalhador ou a trabalhadora. A pessoa que trabalha deve estar informada do processo de produção como um todo, deve poder controlá-lo, poder opinar e decidir sobre os planos de produção, sobre o orçamento anual, sobre a distribuição dos excedentes, inclusive sua contribuição para o orçamento nacional. Não era esse, por acaso, o plano socialista da Guayana?

28. Mas aí surgirá o argumento da burocracia administrativa socialista: como vamos entregar a administração das empresas aos trabalhadores?!

29. E no âmbito das comunidades e das comunas, um tema que não posso abordar aqui, entre muitos outros que eu gostaria de abordar, lembro sempre o que Aristóbulo Istúriz dizia: "temos que governar com as pessoas para que as pessoas aprendam a se governar".

E entendo que o presidente Maduro está buscando esse objetivo ao promover a participação do povo organizado em sua gestão de governo, no que ele tem chamado de Conselhos de Governo Popular.

30. Várias vezes mencionei o socialismo do século XXI e, para mim, essa é a meta a alcançar" e chamo de transição socialista ao longo período histórico de avanço a essa meta.

31. Mas de que tipo de transição estamos falando? Não se trata da transição em países capitalistas avançados, que nunca ocorreu na história, nem da transição em países atrasados que conquistaram o poder do Estado pela via armada, como ocorre com as revoluções no século XX (Rússia, China, Cuba), mas de uma transição muito particular onde só se conseguiu chegar ao governo pela via institucional.

32. E em relação a isso, penso que a situação na América Latina na década de 1980 e 1990 pode ser comparada em certos aspectos com a que foi vivida pela Rússia pré-revolucionária do início do século XX. O que foi para ela a guerra imperialista e seus horrores tem sido para nós o neoliberalismo e seus horrores: a extensão da fome e da miséria, uma distribuição cada vez mais desigual da riqueza, a destruição da natureza, a crescente perda de nossa soberania. Nessas circunstâncias, vários de nossos povos disseram "basta!" e foram para adiante, primeiro resistindo e, depois, passando à ofensiva, e, em razão disso, os candidatos presidenciais da esquerda ou centro-esquerda que defendem programas antineoliberais começam a triunfar.

33. Foi assim que, frente ao evidente fracasso do modelo neoliberal tal como estava sendo aplicado, surgiu o seguinte dilema: ou se refundava o modelo capitalista neoliberal ou se avançava na construção de um projeto alternativo movido por uma lógica humanista e solidária. E já dizíamos que foi Chávez quem teve a audácia de incursionar por este último caminho e acreditamos que o presidente Maduro está buscando ser consequente com seu legado. Logo ou-

tros governantes, como Evo Morales e Rafael Correa, lhe seguiram. Todos eles conscientes de que as condições objetivas econômicas e culturais, a correlação de forças existentes no mundo e em seus países lhes obrigaria ainda a conviver, não por pouco tempo, com formas de produção capitalista.

34. E dizemos audácia porque esses governos enfrentam uma situação muito complexa e difícil. Não apenas devem enfrentar o atraso de seus países, mas devem fazê-lo sem contar com o poder do Estado em sua totalidade. E fazê-lo a partir de um aparelho de Estado herdado cujas características são funcionais ao sistema capitalista, mas não o são para avançar ao socialismo.

35. No entanto, a prática tem demonstrado – contra o dogmatismo teórico de alguns setores da esquerda radical – que se esse aparelho está administrado por quadros revolucionários, esses quadros podem utilizá-lo como um instrumento para dar passos firmes até a construção da nova sociedade.

36. Mas, para isso, esses quadros não podem se limitar ao uso do aparelho herdado, é necessário que – usando o poder que têm em suas mãos – vão construindo os alicerces da nova institucionalidade e do novo sistema político, criando espaços de protagonismo popular que vão preparando os setores populares para exercer o poder desde o nível mais simples até o mais complexo.

37. Este processo de transformação a partir do governo não é apenas um longo processo, mas também um processo cheio de desafios e dificuldades. Nada garante um avanço linear, pode haver retrocessos e fracassos.

38. Devemos lembrar sempre que a direita respeita as regras do jogo até onde lhe convém. Podem perfeitamente tolerar e até propiciar a presença de um governo de esquerda se este puser em prática sua política e se limitar a administrar a crise. O que tentarão impedir, sempre se valendo de meios legais ou ilegais – e nisso não podemos nos iludir – é que se realize um programa de profundas

transformações democráticas e populares que coloque em questão seus interesses econômicos.

39. Disso se deduz que esses governos e sua militância de esquerda devem estar preparados para enfrentar uma forte resistência; devem ser capazes de defender as conquistas democraticamente alcançadas contra forças que enchem a boca com a palavra democracia sempre e quando não se toque em seus interesses materiais nem seus privilégios. Por acaso, aqui na Venezuela, não foram as leis habilitantes[2] que tocavam levemente esses privilégios que desencadearam o golpe militar apoiado pelos partidos de oposição de direita contra um presidente democraticamente eleito e apoiado por seu povo?

40. Mas também é importante entender que essas elites dominantes não representam toda a oposição, que é fundamental que se faça uma diferenciação entre uma oposição destrutiva, conspiradora, antidemocrática e uma oposição construtiva, disposta a respeitar as regras do jogo democrático e a colaborar em muitas tarefas de interesse comum, evitando, assim, colocar no mesmo saco todas as forças e personalidades opositoras. Se somos capazes de reconhecer as iniciativas positivas que podem ter motivado a oposição e, de antemão, não condenar como negativo tudo o que venha dela, penso que isso ajudaria a aproximar muitos setores que hoje estão distanciados, talvez não as elites dirigentes, mas os quadros médios e amplos setores da população influenciados por eles, que é o mais importante.

41. Em contrapartida, penso que se ganharia muito mais se, ao combater suas ideias erradas suas propostas equivocadas, fossem utilizados argumentos e não agressões verbais. Talvez estes sejam muito bem recebidos pelos setores populares mais radicais, mas produzem rejeição em amplos setores médios e, também, em muitos setores populares.

---

[2] Lei que concede poderes ao presidente para legislar por decretos.

42. Outro desafio importante para esses governos é a necessidade de superar, no meio do povo, a cultura herdada, mas não só lá, também nos quadros do governo, dos funcionários, dos militantes e dirigentes do partido, dos trabalhadores e seus dirigentes sindicais (individualismo, personalismo, carreirismo político, consumismo).

43. Por outro lado, como os avanços costumam ser muito lentos, e frente a esta situação, não poucas pessoas de esquerda se desanimam, porque muitos pensaram que a conquista do governo seria a varinha mágica para resolver prontamente os problemas mais sentidos pelas pessoas, e quando essas soluções não chegam com a rapidez esperada tendem a se desiludir.

44. Por isso é que penso que, da mesma maneira que nossos dirigentes revolucionários devem usar o Estado para mudar a correlação de forças herdada, devem também realizar uma tarefa pedagógica frente aos limites ou freios que encontram em seu caminho – o que chamamos uma pedagogia dos limites. Muitas vezes acredita-se que falar ao povo das dificuldades é desanimá-lo, desalentá-lo, quando, ao contrário, se os setores populares são informados, se a eles é explicado por que não se pode alcançar de imediato as metas desejadas, isso os ajuda a entender melhor o processo em que vivem e a moderar suas demandas. E também os intelectuais devem ser alimentados com informação para que sejam capazes de defender o processo e para que possam realizar uma crítica séria e construtiva se for necessário.

45. Mas esta pedagogia dos limites deve ir acompanhada simultaneamente de um aumento da mobilização e da criatividade populares, evitando domesticar as iniciativas das pessoas e preparando-se para aceitar possíveis críticas a falhas da gestão governamental. Não apenas se deve tolerar a pressão popular, mas se deve entender que é necessária para ajudar os governantes a combater os desvios e erros que podem ir surgindo no caminho.

46. Sinto-me frustrada de não poder falar de tantos outros temas, mas devo finalizar essas palavras e para fazê-lo quero ler algumas das várias perguntas – que coloco no livro – que acredito que possam nos ajudar a avaliar se os governos mais avançados já mencionados estão dando passos no esforço para construir uma nova sociedade socialista:

47. Os governos mobilizam os trabalhadores e o povo em geral para levar adiante determinadas medidas e aumentam suas capacidades e poder?

48. Entendem que necessitam de um povo organizado, politizado, capaz de pressionar para enfraquecer o aparelho estatal herdado e assim poder avançar no processo de transformações proposto?

49. Entendem que nosso povo e especialmente as e os trabalhadores têm que ser atores de primeira linha?

50. Ouvem e dão a palavra às pessoas? (povo)

51. Entendem que podem se apoiar neles para combater os erros e desvios que vão surgindo no caminho?

52. Recebem recursos e são chamados para exercer o controle social do processo?

53. Em síntese, contribuem para criar um sujeito popular cada vez mais protagonista, capaz de ir assumindo cada vez mais responsabilidades de governo?

54. Nesse sentido creio ser de transcendental importância a proposta de discussão nacional aberta a todos os setores sociais do país sobre o tema do preço do petróleo. Parece-me transcendental porque o povo, e não o partido, é convocado a discutir. Penso que o papel do partido deve ser o de envolver-se plenamente nele sendo o instrumento facilitador de tal debate.

55. Quero terminar este texto insistindo em algo que não me canso de repetir:

56. Para que possamos avançar vitoriosamente neste desafio é necessária uma nova cultura de esquerda: uma cultura pluralista

e tolerante, que priorize o que nos une e deixe em segundo plano o que divide; que promova a unidade em torno a valores como: a solidariedade, o humanismo, o respeito às diferenças, a defesa da natureza, rejeitando o afã de lucro e as leis do mercado como princípios orientadores da atividade humana.

57. Uma esquerda que se dê conta que a radicalidade não está em levantar as bandeiras mais radicais nem em realizar as ações mais radicais – seguidas apenas por uns poucos porque assustam à maioria – mas que seja capaz de criar espaços de encontro e de luta para amplos setores, porque constatar que somos muitos os que estamos na mesma luta é o que nos faz fortes, é o que nos radicaliza.

58. Uma esquerda que entende que se deve ganhar hegemonia, ou seja, que se deve convencer em lugar de impor.

59. Uma esquerda que entende que mais importante do que o que fizemos no passado, é o que faremos juntos no futuro.

GRÁFICA PAYM
Tel. [11] 4392-3344
paym@graficapaym.com.br